国家自然科学基金重点项目
“中国产业集群的理论与实证研究”资助

花卉业的全球化和地方集群创新

杨锐　李萍　著

中国建筑工业出版社

图书在版编目（CIP）数据

花卉业的全球化和地方集群创新/杨锐，李萍著. —北京：中国建筑工业出版社，2010
ISBN 978-7-112-12006-2

Ⅰ. 花… Ⅱ. ①杨…②李… Ⅲ. ①花卉-种植业-经济发展-研究-世界②花卉-种植业-产业经济学-研究-世界 Ⅳ. F316.13

中国版本图书馆 CIP 数据核字（2010）第065829号

花卉业的全球化和地方集群创新

杨锐　李萍　著

*

中国建筑工业出版社出版、发行（北京西郊百万庄）
各地新华书店、建筑书店经销
北京嘉泰利德公司制版
世界知识印刷厂印刷

*

开本：880×1230 毫米　1/32　印张：7¾　字数：224 千字
2010 年 5 月第一版　2010 年 5 月第一次印刷
定价：**30.00** 元
ISBN 978-7-112-12006-2
（19262）

本书认为在“全球—地方”张力下，地方集群创新发展的症结在于潜在地方能力提高的要求与现有能力增长缓慢之间的矛盾，导致了集群所在区位失去最佳的生产要素边际成本优势，给地方产业集群升级与转型带来潜在的危机。根据集群的创新逻辑，本书提出了集群创新的分析框架（NRCE 模型）：网络(Network) - 资源（Resource） - 能力（Capability） - 企业家精神（Entrepreneurship)。利用 NRCE 模型，作者对陈村花卉产业集群的演变过程进行深入分析并发现：（1）本土 - 台资企业的关系随集群演进，经历了“弱竞争—强竞争—竞合”的关系演变；（2）网络关系随集群演进由简单线性到复杂多样性；（3）资源随集群演进经历量变到质变再到新企业衍生；（4）地方能力在产业集群演进不同阶段的表征具有层次性；（5）陈村花卉产业集群创新成功的关键在于地方能力的动态演进；（6）企业发展战略随集群演进而在实时调整。

* * *

本书由中国风景园林网（www. chla. com. cn）策划

责任编辑：杜　洁　石枫华
责任设计：李志立
责任校对：王雪竹

序

2010年初，纯白晶莹的雪花漫天飞舞，这是我们的收获季节。我主持的国家自然科学基金重点项目（编号40535027）的最终成果将要陆续出版了。在科学出版社同时出版了三本书，包括《超越集群——中国产业集群的理论探索》（王缉慈等著）、《全球化、集群转型和创新型企业－以中国自行车产业为例》（梅丽霞著），以及《产业集群合作行动》（林涛著）。展现在读者面前的是中国建筑工业出版社的《花卉业的全球化和地方集群创新》。四本书在研究视角、概念和写作风格等方面并不统一，而是各具特点、相互补足。为使大众能够看懂，由王缉慈主笔的《超越集群——中国产业集群的理论探索》在理论综述方面省去了很多笔墨，尽量深入浅出，少了枯燥的教条，多了生动的实例，可以作为入门读物。《全球化、集群转型和创新型企业》在全球化波动和全球价值链的理论方面着墨较深，并力图把一个产业（自行车产业）的创新道路说透，其寓意是需要仔细回味的。《产业集群合作行动》则可望对集群的发展实践提供帮助。尽管该书的理论性比较强，但这正是我国集群政策所需要的。只有在理论上把行为主体的合作行动论述深透，才能正确地去实践。《花卉业的全球化和地方集群创新》则建构了一个产业集群创新的系统性分析框架（NRCE模型）：网络（Network）—资源（Resource）—能力（Capability）—企业家精神（Entrepreneurship），并对产业集群的创新逻辑进行了论述，并以花卉产业集群为例进行了深入探讨。后三本书正好补充了《超越集群——中国产业集群的理论探索》一书在文献综述，以及在集群政策和规划方面论述的不足。

根据发达国家创新性产业集群的经验，我们研究团队研究了规范的产业集群理论和概念，分析了影响发展中国家广义的产业集群形成和演化的本地和全球力量，探寻了我国集群形成的国内外背景。对各类产业集聚现象进行了全面描述，从全球观点分析了我国在劳动密集型产业、高新技术产业和创意产业的集聚机制，并从调研和观察鲜活的实例中，研究了区域行为主体的合作行动和培育创新型企业的重要性。在全球价值链的权力集中化和生产片断化的背景下，分析了我国产业集群升级的战略选择。与此同时，分析了产业集群的劳动力问题和环境问题。由此，形成了适应国情的、有多角度的解释力和较强的政策意义的科学理论体系。研究发现，现阶段我国产业集群有可能被跨国采购商和合同制造商等企业利用，而对创新型国家和创新型区域的支撑作用尚未充分发挥。针对各地以“产业集群”为名进行地产开发的问题倾向，提出超越“打造产业集群”的思维定势，加强制度创新，发展真正的创新集群的政策建议。

正如本书中所言，创新并非产业集群发展的充分必要条件，创新会使集群这种组织富有竞争力，但是集群发展过程中未必一定能促进企业创新。集群能否促进企业创新发展，取决于集群发展过程中建构的网络结构及其创新活动发生的学习网络。当前我国诸多外向型制造业集群没有具备集群创新的条件，更没有体现应有的创新功能。以企业为行动主体，通过网络治理，各主体得以进行联合行动、发挥协作效率，形成健全的地方能力，才能最终实现价值增值和知识创造。地方能力是产业集群创新的核心能力。在全球产业愈来愈地方化，地方产业愈来愈全球化的时空背景下，地方集群能否成为全球网络（包括生产网络、贸易网络、知识网络）中重要的功能节点，越来越取决于地方能力的三个构件：全球联结能力、地方技术能力和组织模式调适能力与集群演进阶段的组合匹配性。

本书所定义的花卉产业集群，是以产销一体化企业及专业贸易公司为主，其他关联企业为辅，在花卉专业市场所在区域集聚而形成的价值创造网络。在广东顺德陈村，有430多家来自美国、法国、日本、韩国、英国、荷兰、泰国、菲律宾、新加坡等国家和我国香港、澳门、台湾地区以及内地14个省、市、自治区的花卉及相关企业，包括了物流、生产、科研机构、政府职能部门、协会等。围绕“花卉世界”（专业市场）所在区域，聚集形成一个相互关联的网络结构。引入资金达30亿元，年交易额达20亿元。陈村花卉产业集群在“本土-台资”企业跟随互动中适时的调整了地方能力的内涵，从而在集群演变的后期，成功地实现了转型升级，避免了升级困境。

我很高兴地看到本书的问世。我认识杨锐是在2005年，在我创办的地方产业集群研究网的论坛上，他很活跃、很好学、有创新思维，他的执着钻研引起了我的注意，我挑选他参加了2005年在杭州举行的“第五届产业集群与区域发展国际学术会议”的筹备会，那时才与他见面，没想到竟是一位很嫩的青年；至于另一位作者——李萍，则要追溯到更早，由于波特1990年的《国家竞争优势》一书的影响，我多年关注作为国家竞争优势产业的荷兰花卉产业及其产业转移，而在花卉报工作过、对花卉产业有独到的见解和实践分析能力的李萍于2007年来到我的专业，加入我的研究团队，我指导她研究花卉产业集群，她吃苦耐劳，勤奋学习，阅读了不少产业集群和花卉产业方面的英文文献，很快上路，取得了好成绩。在书中作者杨锐和李萍都很好地发挥了各自的特长，默契配合。我衷心希望他们相互帮助，相亲相爱，走好生活和学习的每一步。

王缉慈
于北京大学
2010年1月7日

前　言

前30年是生产的中国，后30年是创新的中国。这是对我国改革开放发展时序中经济社会发展的既往总结和未来展望。在我国前30年的改革开放历程中，产业集群勾勒出让世界羡慕不已的经济发展曲线，尤其是沿海地区具有地方特色的产业集群已占到本区域工业增加值的50%以上，为当地带来了财富的迅速积累。然而，时过境迁，在金融危机之下曾经发展势如破竹的产业集群犹如巨石下的卵，应接不力。沿海经济体是典型的外向型集群经济，其对危机的表征甚是明显，感受也甚是深刻。于是，转型发展在各层面被人们所聚焦，并反思原有发展模式。然而，症结不在于实施外向型经济发展战略自身，而是在于这个外向发展模式是否使得这些经济体获得自生能力。

从2008年往回看的30年，沿海地区把握了世界经济转型的机会，建构出一个相当具有国际竞争力的产业集群生产网络，也利用其累积了大量的资本。这30年，历史给沿海地区的发展重心在生产，这段时间也正值国际产业转移的第三次浪潮，也只有在生产领域沿海地区才有发展机会。在当前，面对新问题、新形势和新考验，我们同样只有创新转型发展。这是沿海地区再次面临的一个重要历史转折——由前30年生产的中国向后30年创新的中国转变。

产业集群的创新发展是当前我国众多产业集群转型发展须面临的一个共同课题，尤其是在全球产业转移新趋势的推动以及金融危机冲击的影响下，集群创新必须以全球的新视野来重新审视已有定位、重塑已有优势。全球花卉业在最近十几年里出现了明显的转移动向，而受本次金融危机的影响，各大洲的花卉产业集群都在积极调整步伐，呈现出一派创新活跃的景象。我国的花卉业起步、发展都滞后于发达国家，尤其是市场模式和新品种研发。不过，广东顺德陈村的花卉产业，是一个典型的成功案例。之所以典型，一是，陈村具有千年底蕴的花卉种植历史和源远流长的地域花卉文化；二是，陈村坐落于广州顺德市，是我国改革开放的前沿哨地，一方面具有敏锐的市场嗅觉和创新精神；另一方面具备承接海外产业转移的条件；三是，陈村花卉业集群是典型的台商嵌入，并与本地花卉企业良性互动竞合，发展得比较成功；四是，陈村花卉产业集群所依托的花卉世界园区的运作比较成功，运作模式值得研究和推广。鉴于以上原因，本书以陈村花卉业为主要案例来分析全球产业转移下的集群创新。

本书不但对经济学、管理学、经济地理学和农学等相关学科的专业研究人员具有重要参考价值，而且对于政府领导者、花卉企业管理者，尤其是致力于花卉产业园区研究和运作的有识之士都具有重要的阅读和参考价值。王缉慈教授曾一再叮嘱我们，要认真修改，要出精品。但是，由于成稿时间仓促及作者自身知识和实践经验有限，难免有种种不足，如云南斗南、山东青州等发展较好的花卉产业集群尚未纳入本书案例研究，这是很大的遗憾。更有其他有待完善之处，请同行批评指正。

目　录

第1章
全球产业转移下花卉业发展新趋势

1.1 全球产业转移及其新动向

产业转移是指产业从一个国家（或地区）转移到另外一个国家（或地区）的过程，它可能是由于经济发展、技术进步、资源供给和市场需求发生变化引发，也可能由产业本身发展周期引发。从产业发展的本质来看，产业转移究其实质是价值规律和市场竞争的表现。当不同市场区域在某种商品或服务的价值上具有梯度时，就存在一种准租空间。这种价值上的梯度差有多种成因，如制造方式、资源成本、要素禀赋以及制度成本的差异等。由于不同市场空间之间存在着多种区隔，如运输成本、通信成本、经济成本和制度成本等等，这种差异可在相当长时期内存在。[1]产业转移是产业追求价值发展的必然现象，深刻把握产业转移的新动向，对于产业转移具有重要的意义。

随着经济的进一步发展和产业不断演化，很多产业出现了一些新的动向，如：(1) 产业内和产业间的融合趋势不断加强。融合正成为产业发展的一个重要特征，尤其是二、三产业的融合发展，引发了制造企业向服务的转型以及生产性服务业的快速发展。(2) 产业内集中度不断提高。产业竞争环境的激烈，不仅钢铁、汽车等传统产业领域集中度不断提高，一些高新技术产业和新兴领域也出现了行业集中的现象，如光电子、半导体、软件等产业领域。(3) 新模式、新产品不断涌现。在新的产业发展动向下，全球产业转移也面临一些新的动态，只有把握产业转移的动态，才能更好地"承接国际产业转移"和"转型升级本地产业"。全球产业转移主要呈现出以下特征：

一是亚太地区作为全球产业转移重要目的地的地位继续巩固。全球制造业的直接投资越来越多地被吸引到亚太地区，从钢铁、石化等传统制造业到汽车、船舶等装备制造业再到半导体、软件、通信设备、光电子等高新技术产业，以及花卉等农业也日渐从欧美、中国台湾地区转移到中国大陆。亚洲地区（除日本外）吸引外商直接投资（FDI）从年均924亿美元（1994—1999年）提高到2005年的1996亿美元，占全球FDI的18%，仅次于欧洲，其中东亚和东南亚占亚洲的77.8%。此外，美国先锋公司、孟山都公司、瑞士先正达、德国巴斯夫等跨国种业巨头抢滩登陆中国种业市场。目前，全国有49家持有效证照的外资企业，包括独资、中外合资、中外合作等各种类型，外资进入步伐加快。中国种业市场份额已从2001年的200亿元增长到目前的500亿元左右，并已成为世界第二大种业市场，而未来10年增长潜力更为显著。这必将吸引更多的跨国种业集团进入中国市场。

二是外包正成为产业转移的重要途径。由于竞争的激烈，一些企业开始改变原先主要以将生产基地搬迁到发展国家以降低成本为主的做法，更倾向于采用外包的方式来降低成本，而自己专注于核心业务和核心环节以获得更大的竞争优势。在电子制造业、软件业、制药、服装等领域的制造外包已经成为主流趋势，而且这种趋势正向其他行业扩散。20世纪90年代中期，通过外包实现的成本节省比例仅为20%左右，而现在充分利用服务外包的公司已成功地将其运营成本平均节省了30%甚至更高。在花卉业中，生产外包也是当前产业转移的重要形式，如我国台湾地区的蝴蝶兰企业把众多的种苗生产基地放在我国大陆地区，如顺德陈村以及上海金山等地。

三是产业转移向产业链中高端环节扩散。随着全球产业结构高度化趋势进一步加强和市场竞争日趋激烈，全球产业转移已经从低技术零部件制造、加工组装环节的转移，开始向高技术零部件、整机制造、客户服务、研发设计等中高端环节扩散。越来越多的跨国企业开始注重智力资源的全球配置，充分利用发展中国家的高素质人力资源为自己服务。

四是产业集群是全球产业转移在空间上的重要表现形式。(1) 产业集群作为产业发展的一种组织形式有其自身的优势，如交易成本节约、合作创新的便利性、专业供应商、区域品牌等；(2) 发展中国家的地方政府为了吸引投资以促进地区经济发展，往往会提供诸多政策优惠，旨在打造“产业集群”。然而，正如王缉慈教授所指出的，要超越“打造产业集群”的思维定势，必须超越“产业集群必定是创新的空间”的思维。集群发展的任务是孵育创新性的集群，而不是继续打造追逐低成本的集群。真正的产业集群理论的价值恰恰是增强自主创新能力，创造国家竞争优势。[2]

1.2　全球产业转移下花卉产业发展三大趋势

1.2.1　什么是花卉产业

现代意义上的“花卉”二字最早出现于《梁书·何点传》（6—7世纪）中：“园内有卞忠贞家，点植花卉于家侧。”这里的“花卉”指的是有观赏性的花草树木。从“花卉”二字的出现及其概念的发展，表明中国人在与自然的交往中逐渐加深了对于观赏植物的认识。《中国大百科全书·观赏园艺卷》中对花卉的定义是：花卉（flower and greenery）通常指具有一定观赏价值的草本植物。其花、叶、茎、果或形态奇特，或色彩艳丽，或具有芳香。广义的“花卉”还包括草本或木本的地被植物、花灌木、开花乔木以及盆景等。

农业部统计的“花卉”是指以植物的花为主要劳动成果，或以观赏、美化、绿化、香化为主要用途的栽培植物，是农产品的一部分。根据花卉的最终用途和生产特点，将花卉分为切花切叶、盆栽植物、观赏苗木、食用与药用花卉、工业及其他用途花卉、草坪、种子用花卉、种球用花卉和种苗用花卉。花卉统计按商品性和生产性原则进行，即只统计花卉中的商品生产部分，个人或单位自养自赏的部分和采集野生花卉产品作为商品的部分原则上不予统计。本书中所有花卉统计数据中均采用此标准。狭义的“花卉企业”，一般生产切花、盆花、盆景、种苗、球根、草皮等，做园林植物配置材料或个人消费商品销售，可获取较大的经济效益；而广义的“花卉企业”还包括经营温室、滴喷灌设备、肥料及基质等的资材配套企业等。本书采用广义的“花卉”概念及狭义的“花卉企业”概念。

中国花卉生产面积已经占到世界花卉栽培总面积的1/3以上，花卉生产已经具有相当大的规模。随着经济的快速发展和人们生活水平的提高，花卉业的生产规模和产值不断扩大，在社会生活中的重要性将越来越高，花卉的市场需求潜力也在不断扩大。花卉业被列为21世纪最有发展前途的10大行业之一。花卉是世界各国农业中唯一不受农产品配额限制的产品，被誉为“朝阳产业”。近10多年来，世界花卉业以年平均25%左右的速度增长，远远超过世界经济发展的平均速度，是世界上最具有活力的产业之一。较早的数据显示，1989 年全球花卉消费额只有 300 亿美元，1994 年已达到 1300 亿美元，2000 年消费总额高达 2000 亿美元，11 年间年平均增长率达 18.8%，呈明显刚性增长趋势。花卉产业具有较高的需求收入弹性和价格弹性，其市场需求会受到收入变化而产生敏感性波动。

花卉产业是从单纯的观赏栽培和花卉文化发展过程演化而来的一种经济现象，是将花卉作为商品，进行研究、开发、生产、加工、贮运、营销以及售后服务等一系列的活动。花卉产业在生产与管理过程中，有五大功能体系：(1) 市场体系，是在社会需求下形成的，我国的花卉产业从一开始就是在市场经济背景下发展起来的，从来没有“计划”色彩，市场的发育程度直接决定了产业的兴旺与否；(2) 生产体系，主要提供能够以产品形式流通的商品；(3) 加工体系，包括粗加工、精养护、分级包装、预冷贮藏、染色及造型等，该体系越来越为花卉企业所重视，在技术扩散飞速的今天，能够种出合格的花卉产品是最基本的前提，加工体系的完善与否决定了产品能否在市场竞争中获得成功；(4) 服务体系，创造附加值利润的过程，包括产品销售服务、养护咨询、专业物流、售后服务、数据分析等；(5) 科教体系，由科普宣传、技术培训、中等教育、高等教育、科学研发等组成。

1.2.2 花卉产业的全球转移路径

全球产业转移不仅仅波及传统制造业、装备制造业和高科技产业，花卉业也正按照自身的逻辑在全球尺度上进行转移。从目前的发展状态来看，花卉产区也已经由发达国家向发展中国家转移。荷兰、意大利、比利时、哥伦比亚和北美是全球花卉传统生产中心，由于其国内土地和劳动力成本过高、能源紧张、环保压力大等原因，很多企业都在国外寻找生产基地，新的生产中心在拉丁美洲（如厄瓜多尔、哥斯达黎加、危地马拉和墨西哥）以及非洲（如肯尼亚、津巴布韦、南非、赞比亚、乌干达和坦桑尼亚）快速发展，在国际市场中起着愈来愈重要的作用（见图 1－1）。

在全球性花卉产业转移进程中，我国承接地区具有两个明显的特征：一是，东部沿海地区，如广东、浙江、海南等省份的部分城市。二是，具有雄厚花卉产业基础的内陆地区，如云南。产业转出地区主

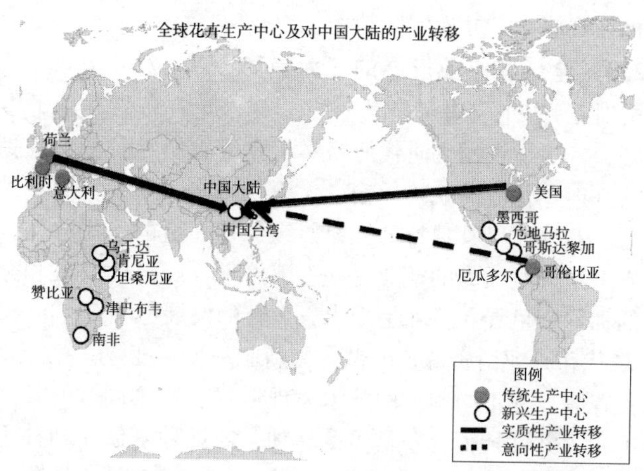

图 1－1　全球花卉生产中心及对中国大陆的产业转移
（资料来源：本书绘制）

要是来自：以荷兰为中心的欧洲，美国，具备良好产业基础且市场日渐饱和的中国台湾地区以及哥伦比亚等拉美国家。

（1）欧洲对我国大陆的产业转移表现在，荷兰安祖（昆明）公司（Anthura）2007 年在昆明的云南省花卉产业示范基地内成立独资公司，专门生产安祖花种苗供应中国市场；荷兰的康乃馨专业育种公司希维达（Hilverda）以及最大的非洲菊公司荷兰夸克尔福劳瑞斯特公司（FloristdeKwakel）等也纷纷来到云南，设立自己的独资公司，租用土地、建设温室。

（2）中国台湾对祖国大陆的产业转移表现在，20 世纪 90 年代台湾田尾的产业发展趋于成熟，但却也开始面临成长停滞的窘境，同时期陈村却是正在迎接长期荒废后的复苏。巨大的发展落差与经济诱因，促使田尾地区业者展开集体性的商品贸易与直接投资活动，在两岸之间，建立起紧密的跨界产销网络。

（3）美国在 21 世纪初期就有公司在云南设立企业，不仅在生产环节“先下手为强”，更致力于推广先进的温室配套设备，比如美国贝尔国际农业系统咨询公司。

（4）哥伦比亚等拉美国家也希望在中国扩张其生产业务，在 IPM CHINA（中国国际植物展览会）大型展会中，已有参展商抱此意向，但目前仍在观望中，并无实际动作。

1.2.3 全球花卉业发展的三大趋势

人类对花卉①的喜爱和赞美亘古未变，花卉贸易从两千多年前的丝绸之路，到地理大发现时代海路对丁香等香料花种的血腥掠夺，直至现代花卉产业化后的航班运输，无不在历史长廊中留下了神秘、芳香的印迹。花卉业以其独特的魅力始终保持旺盛的发展势头，如今已成为世界上最具有活力的产业之一，随着世界经济的发展和全球一体化进程的加深，世界花卉业呈现出三大新的发展趋势。

1. 现代花卉业由资源依赖型向创新驱动型转变

现代花卉业在不同国家的技术表现形式有所不同，但归纳起来大抵有以下六大共性特征：一是优良品种，通过种子创新和种子加工技术，使得一个品种的个体达到近乎完美的一致；二是机械化的生产养护设施，如全程自动控制的温室及配套设备、精准的滴灌设施等，提供花卉产品最适宜的生长环境；三是生产动力以机械动力为主，诸如燃油动力、电力等；四是使用化肥、农药、除草剂等；五是劳动生产率、商品化程度的日益提高以及标准化生产让花卉的全球流通成为可能；六是生产技术依靠科学指导和教育传授。事实证明，南非、中国等花卉种植资源大国并不是花卉贸易大国，反倒是气候湿寒的荷兰依靠高超的温室技术和组培技术很好地克服了温度不宜、品种稀少的缺陷，成为世界花卉第一强国。毋庸置疑，现代花卉业仍要与各国的农业资源禀赋相适，但它不再单纯依赖于资源。

2003 年联合国贸发组织的相关报告指出，“花卉业是高度动态的产业，其生产正在转变为技术密集型和资本密集型”。创新驱动花卉产业发展的例子比比皆是：目前世界著名的园艺种子公司要么已经被荷兰人收购，要么研发主管是荷兰人，选育高品质的优良品种让荷兰人掌握了贸易的主动权；同样，中国台湾地区在对荷兰温室结构的本地化改良工程之后，兼顾了降温、通风、抗风、抗震、采光等技术问题，为蝴蝶兰栽培系统的标准化夯实了基础，最终台

---

① 花卉的概念分广义和狭义两种。狭义的花卉是指有观赏价值的草本植物；广义的花卉还包括草本或木本的地被植物、花灌木、开花乔木以及盆景等，一般包括切花切叶、盆栽植物、观赏苗木、食用药用花卉、工业及其他用途花卉、草坪、种子用花卉、种苗用花卉和种球用花卉等。本书采用广义概念。

湾的蝴蝶兰温室发展为微电脑环控标准温室，极大地促进了蝴蝶兰产业的发展。

2. 花卉产区已经由发达国家向发展中国家转移

荷兰、意大利、比利时、哥伦比亚和北美是全球花卉传统生产中心，由于其国内土地和劳动力成本过高、能源紧张、环保压力大等原因，很多企业都在国外寻找生产基地，新的生产中心在拉丁美洲（如厄瓜多尔、哥斯达黎加、危地马拉和墨西哥）以及非洲（如肯尼亚、津巴布韦、南非、赞比亚、乌干达和坦桑尼亚）快速发展，在国际市场中起着重要作用。另外，亚洲的泰国、韩国、印度和中国大陆与台湾地区都在朝向集约生产花卉的方向前进。值得指出的是，由于日本花卉从晚秋到早春期间生产成本高，因此亚洲中高档花卉的生产也在过去的十几年中转移到日本以南的国家和地区。我国台湾地区由于受日本殖民的影响，其田尾等传统花卉产区的发展方向很大程度上传承了日本的喜好，并与日本保持着较为密切的贸易往来。而我国大陆每单位花卉生产平均成本是日本的1/5，是台湾地区的1/3，因此地处亚热带、毗邻台湾的我国南方地区承接产业转移的优势较为明显，由此便形成了从日本到中国台湾再到中国大陆南方地区的花卉生产转移路径。

3. 流通模式变化导致全球范围内的资源重组

近年来，新的花卉流通模式开始与旧模式并举——欧洲花卉市场的主要驱动力从拍卖中心转向了超级市场和连锁商店，传统拍卖的功能日见弱化，购买力已经逐渐从批发商和拍卖市场转为由大卖场零售商所主导，像瑞士、英国这样的花卉消费大国，其超级市场售卖的份额已占到45%～75%。比起拍卖中心，超级市场的花卉质量准入标准更为严格，直接卖给大卖场零售商所增加的物流成本，以及油价上涨导致的温室运行成本上升，都令消费国的中小规模种植企业感到危机重重。从另一方面讲，这种转变为广大的产业转移承接国提供了大量机遇，目前非洲种植者已经成为了主要受益者。为了提升产业承接国种植者的议价能力，他们必须在优良的生产方式上加大投资，包括温室、通风及加热设备，在花卉质量上下功夫。在全球一体化背景下，新需求模式的出现会导致种植、供应和流通各环节的资源重组。

1.2.4 我国花卉业正处于生产、消费的转型期

1. 花卉生产正由数量扩张向质量效益转变

我国花卉业起步于20世纪80年代初期。但在起初，花卉没有形成一定的“商品”量，在种植业中所占的比重微乎其微。进入“七五”后，我国花卉业开始迅速恢复和发展。花卉业虽然起步晚，但在短短的20年中，从无到有，从小到大，基本走完了发达国家近一个世纪所走的路程。

总的来说，我国花卉产业目前的发展状态是：生产规模快速扩大，市场消费稳步增长，花卉质量不断提高。从2001~2008年期间，花卉种植面积年均增长32%、销售额年均增长25%、出口额年均增长65%。由数据可以直观地发现，我国花卉生产正由重“数量”向重“质量”转变。纵观2000年以后的变化，生产面积增长率不断缩小，销售额较为稳定，出口受全球金融海啸的影响波动较大，2006年以后的出口额有所回落，但比起2005年以前均有所进步。2006年是花卉业进入本世纪的第一个发展高峰期，全国花卉生产面积72.2万公顷，花卉销售额556.6亿元，出口额6.1亿美元。与2005年相比，花卉生产面积下降了10.86%，而销售额和出口额分别提高了10.59%和296%（图1-2）。这一可喜变化表明：我国花卉业发展正朝向由数量扩张向质量效益提升的转变；花卉产品品质有了新的提高，花卉业的市场竞争力在不断增强。花卉产品进出口贸易额（尤其是出口额）的变化反映了我国花卉生产力和花卉生产水平获得了一定的发展。

2. 花卉消费已开始进入百姓的日常生活

我国的花文化历史悠久，加上近几十年来国民经济持续较快增长拉动城乡居民收入增长较快，城乡居民消费结构正在发生明显变化，根据诸多的研究表明[3]，我国农村居民消费结构已经进入新阶段，消费结构的升级趋势十分明显。农村消费正从数量扩张型的满足温饱向注重生存质量型的小康转化。[4]花卉消费也已进入人们的日常生活。随着老百姓手头越来越富足，对花卉的品种、品质要求也开始趋向高标准化。这些都是国内花卉消费趋旺的基础。当前，我国居民的花卉消费正处于消费转型期。一是，花卉消费实际上是一种文化消费和精神消费，因此有专家把花卉产业归入文化产业。人们的花卉消费行为

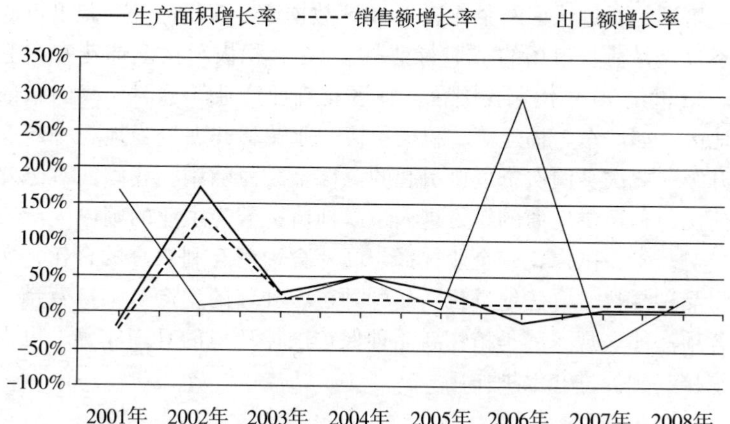

图 1－2　我国花卉业发展现状（2001—2008 年）

是受经济条件、花文化、个人情趣以及花卉品质等主客观环境影响的。二是，团体消费有所下降，个体消费在增加。根据最新的调查显示，每年春节，北京、上海、广州等地团体消费比例有所下降，个体消费增加。三是，行业协会对花卉消费的重视。中国花卉协会会长江泽慧在 2008 年 1 月的五届三次常务理事会工作报告中，明确指出"把扩大花卉消费提到重要议事日程"。更好发挥市场在资源配置中的基础性作用，促进花卉业发展由主要依靠投资拉动向消费、投资、出口协调拉动转变。同时，普及花卉知识、宣传花卉文化，提高插花花艺和组合盆栽水平，用花卉美化环境、美化生活、陶冶情操，让花卉走进千家万户、走进日常生活。四是，作为文化消费的承载品，一些特定的环境条件如情人节、春节、清明节、圣诞节、母亲节等这样的节令消费具有刚性增长的特点，一般不会受经济走向变化的影响，仍然具有持久的消费力。

3. 我国花卉业正逐步进入国际花卉商品链

一是，我国花卉社团、协会或企业史无前例地与各种国际花卉组织紧密互动：中国花协于 2007 年成为国际园艺生产者协会（AIPH）第六区区域代表和执行委员会成员；中—荷 MPS（Milieu Project Sierteelt，观赏植物生产环保项目）认证合作项目取得新进展，到 2007 年末，共在 80 家花卉企业开展了认证试点，对 160 家花卉企业进行了认证培训，通过认证的企业进入 MPS 数据库，获得的是一张出口欧洲而不仅仅是荷兰市场的“通行证”。二是，积极承接全球花卉产业转移。20 世纪 90 年代末我国台湾地区花卉业产业转移时，我国东部沿海地区，如广东、福建等，积极承接产业转移并促进当地花卉产业转型升级；此次美国次贷危机引起的全球金融海啸中，我国面对国外育种公司与种苗供应商的纷纷进入，以种苗扩繁为主业的国内生产者积极应对。不少国内花卉企业选择与国外育种商互利双赢的合作，通过获得品种授权，合法地进行新品种种苗、种球的生产与推广营销，国内各项法律法规尤其是植物新品种保护法律环境的日渐完善，也为产业承接起到促进和保护作用。

1.3 我国花卉产业集群创新发展面临的研究问题

21 世纪是“牵一发而动全身”的全球化和地方化同时并存的时代。一方面是产业资本、信息、技术、知识等要素资源全球性流动；另一方面，具体的某个产业或其某个环节又倾向于在某个区位聚集发展，这是全球化赋予这个区位的机会。但是，这也无形增加了区位“滑动”的潜在危险。总之，在当今没有哪个国家、地区、产业、企业可以“独善其身”。本书就是想探讨具有独特个性的花卉产业如何在这个“流动空间”的世界里实现升级和创新。本书主要研究的问题有：

1. 产业集群创新的内涵

产业集群走创新驱动的路径是其发展的必然趋势，也应该是集群推动区域经济发展的重要常态。尤其是对我国正处于经济社会转型的时空背景下，深入分析产业集群的创新逻辑，对把握转型发展的内涵，以使集群的生产力能持续推进具有重大意义。

2. 花卉产业的特性

传统农业区位理论认为花卉产业是劳动密集型和土地密集型的产业，生产成本在其产业布局和产业转移中，起着决定性的作用。然而事实表明，花卉业最发达的国家如荷兰，并非自然条件最好。产业的特性并不是一成不变的，而是随经济社会的发展在不断更新和发展的，要研究一个产业的升级等问题，首要的是要搞清楚这个产业的现时特性。因此，花卉产业的现时特性就是本书要研究的重要问题。

3. 花卉产业集群的概念及先进国家或地区花卉产业集群发展模式

尽管产业集群的概念已经运用很广泛，但并不都能套用其概念模板，什么样的产业集群完全取决于研究的是什么产业。针对花卉产业而言，其产品的生产对自然条件有着天然的依赖性，这意味着生产环节在地域空间上的集中只能是相对的，从某种意义来看甚至是分散的。表面看起来，这似乎与集群所强调的地理“集聚”特征相违。甚至有学者曾对农业是否能提“集群”画问号，但是从发达国家的花卉产业发展的成功实践看，又确实存在花卉产业的集群式发展，因此首先需要理清究竟什么是花卉产业集群。其次，对先进国家或地区花卉产业集群的发展模式进行总结和分析是花卉业后进国家或地区学习的重要内容，吸收他们的成功经验，增强后进者后发优势。

4. 花卉产业集群创新与升级的动力机制

本书从产业集群创新的理论基础入手展开集群创新的逻辑演绎，在此基础上，提出本书的理论核心部分，即集群创新分析框架——NRCE 模型。该模型认为，集群本质上是一个兼具生产、交易和社会互动属性的中间性网络组织，创新所需资源不仅借以网络转移，而且还借以网络不断被创造，这些资源源源不断地在组织学习的过程中实现价值增值，并形成集群可持续发展的地方能力。此过程始终离不开企业家精神的发挥来协调各类创新及其关联活动。本书以陈村花卉产业集群为案例分析，从集群的演化过程入手，以 NRCE 模型剖析陈村花卉产业成功升级和创新过程中的动力机制。

5. 陈村花卉产业发展的成功经验对我国花卉产业升级的启示

陈村花卉产业集群是我国花卉产业中很典型的案例，它是联结国内外两种资源的载体。陈村花卉产业存在的问题也反映了中国花卉产业存在的问题。分析这些重要的启示对我国花卉产业的发展是相当重要的。

1.4　本书分析框架

笔者从 2003 年起，从未间断对花卉产业的关注和思考。通过对国内花卉界权威媒体《中国花卉报》（1999—2008 年）、《中国花卉园艺》杂志（2001—2008 年）以及《温室园艺》（2005—2008 年）的文字及数据资料进行深入分析，阐述我国花卉业发展现状及前景。其中，《中国花卉报》是我国花卉业历史最悠久的新闻刊物，能及时反映业内各种动态；《中国花卉园艺》杂志是中国花协的会刊，花卉产业政策宣传全面准确；《温室园艺》则通过与中国食品土畜进出口商会花卉分会合作，公布最新的进出口数据及专业的热点分析。通过世界银行网站、联合国贸发组织网站以及国际花卉网站（如 http：//www. flowercouncil. org/、 http：//www. floracultureintl. com/、 http：//statistics. defra. gov. uk/、http：//www. sivepo. nl/等）获取最新的国际花卉资讯，对国际花卉贸易进行关注、分析。其次，实地调研是此项研究的重要环节。调研主要包括重要花木博览会、主要花卉产区/市场调查以及重点花卉企业访谈（表 1 – 1）。

实地调研历程 **表 1 – 1**

2007. 10. 24 ~ 2007. 10. 28	第五届中国苗木交易会暨第三届全国苗木经纪人大会
2007. 11. 5 ~ 2007. 11. 11	广东陈村花卉世界企业访谈、问卷搜集
2007. 11. 25 ~ 2007. 11. 29	海口市花卉产业调研、美兰区生产基地参观、企业访谈
2007. 12. 1 ~ 2007. 12. 3	IPM CHINA 2007 第六届中国国际植物展览会
2007. 12. 4 ~ 2007. 12. 5	湛江花卉业调研、麻章区生产基地参观、企业访谈
2007. 12. 22 ~ 2007. 12. 31	杭州花卉业调研、萧山花木城商户访谈
2008. 1. 5 ~ 2008. 1. 10	北京市花卉业调研、旁听中国花协理事会工作报告
2008. 1. 21 ~ 2008. 1. 22	陈村花卉世界补充参观、佛山国通物流城参观
2008. 12. 1 ~ 2008. 12. 3	IPM CHINA 2008 第七届中国国际植物展览会
2009. 9. 10 ~ 2010. 1. 7	上海种业集团、上海花卉批发市场调研

本书的分析框架如图 1 – 3 所示。

前言
产业集群创新理论基础
产业集群
结构嵌入性
价值发展
资源依赖理论/能力观
企业家精神
Network（网络）—Resource（资源）—Capability（能力）—Entrepreneurship（企业家精神）
集群创新的概念及分析框架
全球—地方花卉贸易格局
国内外典型花卉集群模式
陈村花卉集群发展状态
花卉产业特性
花卉产业集群
陈村花卉集群
创新转型问题
中国花卉业创新对策
研究结论及后续研究

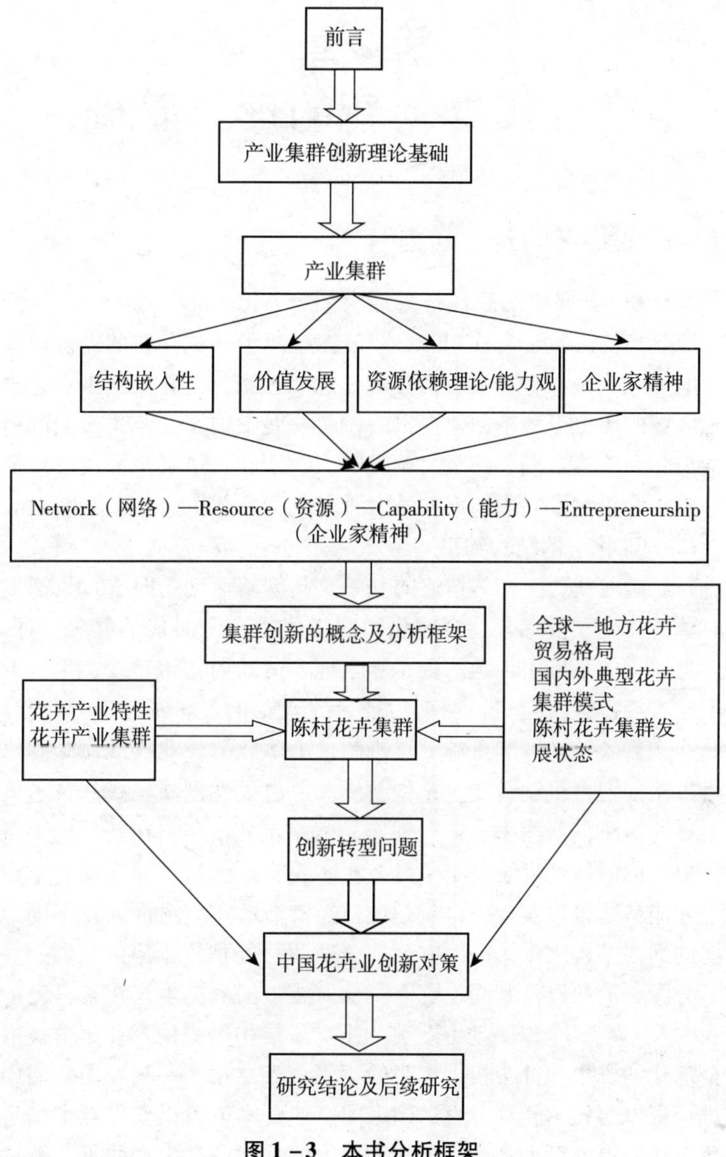

图 1－3　本书分析框架

第2章
产业集群创新的理论基础

2.1 产业集群的基本问题

2.1.1 发展中国家集群形成背景

产业集群（Industrial Cluster）虽然起源于客观存在的经济地理现象，但是“当前在世界流行的集群概念和理论，是在发达工业化国家某些区域的历史经验基础上提出的，而发展中国家工业化初期的所谓集群与此有天壤之别，甚至大相径庭。”[1]因此，了解产业集群形成的全球时空背景对发展中国家的学术研究或实务操作具有重要意义。

1. 全球化下的结构约束

新经济时代，生产力增进的基础及其创新活动的时空背景都发生了显著的转变。信息化、全球化和网络化是这个时代的显著特征。[2]生产力增进的基础由传统的资本、土地、劳动向知识转变，生产方式由工业大规模生产向“以网络为平台的智能化大规模定制生产方式”转变[3]；创新活动及其资源配置机制，由单纯的企业权威命令和市场价格机制向混合机制转变[4]；创新模式也由线性创新模式和技术创新为主导的回路创新模型，走向创新的网络范式。[5]~[7]在新的历史条件下，生产力的持续发展与竞争只有在体现企业网络之间互动的全球网络中才能最终得以实现，也就是说，经济活动愈来愈嵌入在不同地理尺度的网络结构之中。另一方面，全球化已经把资本家的机器——生产、分配、消费以及利润投资——与发展中国家的生产要素紧密的结合在一起，在“全球—地方”张力下，发展中国家的产业集群被嵌入在全球化的资本、社会权力扩张的逻辑框架之中——只要向发展中国家进行资本与技术转移，发达国家的产业资本就可以获得在本国生产中所无法获得的巨大利润，导致全球价值链中产品生产的垂直解构和贸易整合。[8]在这个过程中，呈现出两个显著特征：（1）全球价值链纵向劳动分工差距在日益扩大；（2）跨国公司是全球价值链分工的主导力量。发展中国家地方产业集群的成长，一方面是嵌入在全球网络结构之中，另一方面，这个网络结构中的权力和资源分配及流动方式的不对称性会制约发展中国家地方产业集群的升级转型。

2. 结构约束下的节点功能

经济全球化的本质是全球范围的资本主义化，它取决于自身的内在逻辑——资本积累、竞争和利润最大化。[9] 迪肯在《全球性转变》一书中对全球化和国际化进行了比较，他认为国际化描述的是经济活动跨越国界在地理范围上的扩张；而全球化更为复杂，它是国际上分散的经济活动在某种程度上功能的一体化，在本质上反映了经济活动组织方式的质变，而且在时空上是高度不均衡的。[10] 全球化过程的推进，对每个城市的生活形态、产业发展、城市发展变革及其功能演变等都有很大的影响，这对于城市而言——全球产业转移的空间载体——如不能成功与全球网络联结或发展出处于其中的竞争力，那它们都将面临被“边缘化”的危险。同样，在国际分工和生产体系垂直分离及全球产业转移背景下，植入全球价值链上的节点——地方产业集群，其功能要么面临被结构性固化的潜在危险，要么争取以某个领域竞争优势（Territorial Competition Advantage）在全球经济分工网络中成为全球网络中的重要功能性节点而获得新生。

全球信息通信技术的快速发展和广泛应用，为全球范围内资源和能力的分散与整合提供了新的机会，创造了新的市场需求，拓展了竞争的地理范围，竞争要素也日益复杂；也为发展中国家的各地理区位提供了与世界接轨、成为重要功能节点、服务市场得以扩大的机会。这是产业要素在全球尺度上的地理分散和在地方空间集中的矛盾性表现：一方面，价值链活动在全球尺度上被分散，地方供应商有机会通过全球联系而获得知识，增加地方财富和员工收入。另一方面，产业在地方（节点）上的空间集中还取决于两个要素：一是节点在网络“流动空间（Flow Space）”中的流通地位来决定；二是源于该节点本身“地方条件（Location Conditions）”的情况。就像 Storper（1997）所认为的[11]，全球化的网络与流动空间必须藉由地方空间的实践与接轨才有机会实现其利润，即真正的本质并不在网络形构，而是地方社会经济条件的体现上，即每一个在全球网络体系下的城市及其产业都必须依其本身现有的条件成为全球性分工体系下的一个功能性节点。

2.1.2 产业集群的内涵

不同人们在使用集群概念时存在概念上和经验上的混淆。[12]正如Martin & Sunley 指出："对集群概念的模糊主要源于其定义，因为波特根据地域范围和内部的经济社会机制来界定的集群概念非常含糊，会让使用该概念的不同分析者可以用不同的方式来界定具体的概念表述以迎合自身的目的。" Feser & Bergman（1999）也指出"集群对不同的研究者和决策者具有不同的内容和意义"。[13]国内著名产业集群研究专家王缉慈教授从行为主体的角度，认为产业集群应包括的3个特征：(1) 行为主体地理上邻近；(2) 产业间联系；(3) 行为主体间互动。邻近、联系和互动这三方面缺一不可，相互交织。王缉慈认为：产业集群是一群在地理上邻近的企业和机构（通常称为行为主体），它们具有产业联系而且相互影响。通过行为主体的联系和互动，在区域中产生外部经济，从而降低成本，在行为主体相互信任和合作的学习氛围中促进技术创新。集群中相互学习和促进创新的效应可能产生，也可能不产生。[14]

然而，不同视角的集群概念似乎均是从产业集群的外在表现形式展开的现象归纳，而并非集群作为一种有效的生产力组织形式的内在逻辑提炼。究其原因，其症结在于人们对产业集群的概念渊源的偏颇理解和在时空更替中对原义扩展所带来的模糊性。实际上，无论是产业区还是产业集群均是经济的社会组织形式，其表现形式是：与地理位置相近的竞争者及关联公司在交易的基础上组织生产。[15]马歇尔在他的两部专著《经济学原理》、《工业与贸易》中都阐述了他对产业区的观点。其中他说明了一个企业置于其他企业附近的益处："一个孤立的工厂主，即使他有丰富的普通劳动力，也会经常需要有特殊技能的劳动力。同时，对一个技术工人来说，如果他在这个工厂失业，他很难轻易找到一个避难所。"[16]在一个产业区，除了有专业技能的人能更容易地找到工作同时雇主能更容易找到有专业技能的工人外，马歇尔还指出了其"少见的重大优势，不能轻易动摇的氛围"。"商业秘密不再是秘密，而是众所周知的公开形式，小孩都能无意识地知道许多"，正如马歇尔把英国的谢菲尔德（Sheffield）描述为"无墙工厂"（Factory Without Walls）。这种"无墙"也即是"外部经济"的形象指代，包括两个层面：一是“硬”外部经济性。如基础设施共享、专业劳动力市场资源等等。二是“软”外部经济性，如知识溢出、合作研发、人员互动等。

在后续的案例研究中，越来越多的学者开始强调“软”外部性对集群创新的重要性，认为集群是嵌入在一个更大的社会经济结构之中，其中的集体制度和文化对集群的绩效有显著影响。[17]就像A·萨克瑟尼安在其名著《区域优势：硅谷和128公路地区的文化与竞争》一书中所指出，在竞争中起作用的不是单个的企业家或小型企业，而是工业区或区域的经济结构。在她看来，128公路地区是一个被她称为“以相互独立的企业为基础的供应系统”，而硅谷则是一个“地区分散化以网络为基础的工业区”。[18]格兰诺维特在“硅谷网络”的大型社会学研究项目中也得出类似的结论，认为“硅谷成功最关键的方面是其网络”。[19]

从马歇尔的“无墙工厂”到后期诸多学者所强调的“网络”，均指明集群内经济活动的社会性嵌入为集群创新提供了“肥沃的土壤”，而这种土壤正是基于协作主体之间的接近性（Closeness），接近性既超越了地理邻近性（Proximity）的局限性，同时又包括了协作主体之间的共同语言、行为交流模式、工作习惯和社会规范等内容。正像Staber（1996）所言“产业区不是一个大经济范围里的孤岛，而是通过联系与其他区域的行动者相互联结”。[20]在实际分析中，要确定一个产业集群的地理范围，也是一件不现实且无意义的工作。在任何地理尺度上，包括国家、区域或城市范围均有产业集群存在。然而，并不是说地理维度在集群研究中不重要，只是说地理维度不是集群的充分条件。群聚（Clustering）只是企业或其他机构在关联经济活动上对区位选择的一个经济过程的结果，它们聚集在彼此附近，以便可以享受专业的劳动力市场、信息、技术、专业供应商或其他资源等。重要的是，这些关联活动的聚集得益是基于特定的价值链范畴。产业集群是基于特定价值链上的生产、分配和交易活动在空间上的聚集，在此前提下，地理聚集才具有竞争优势，而在其他价值链范畴下，可能其他的组织形式更加适合和有效。

本书认为，产业集群是在一定空间范围内，各主体基于特定价值链及其扩展活动所形成的网络组织，价值发展是其物质内容。

1. 特定价值链

产业集群的所有经济性活动或非经济性活动均是围绕一个特定的价值链来展开。

2. 网络组织

这是产业集群的本质属性。产业集群的内部行动主体的微观经济活动是嵌入在经济网络和社会网络的复合结构之中。作为一种经济制度的产业集群，原本就是网络互动的社会建构。[21] 网络组织的结构和规模决定了集群的创新绩效。

3. 价值发展

产业集群是地区产业发展实现更高配置效率和生产效率的组织形式，其发展的物质内容是实现价值创造和价值发展，包括员工的人力资本、股东利润、地方能力、地区社会地位或形象等内容，也包括集群内主体的生产力的提高，如企业、合作机构和知识机构，以及集群所在地区的整体价值发展。价值发展的源泉在于专业化分工带来的知识积累和基于“多重联系”的集群组织自发或有组织地高效配置技术、信息、人才、政策及其他产业要素资源且协调成本能得以降低。

2.1.3 产业集群的特征

王缉慈教授在其新著《超越集群——中国产业集群的理论探索》中提出，产业集群应具有3方面的特征：（1）行为主体地理上邻近；（2）产业间联系；（3）行为主体的互动与合作。本书在继承王缉慈教授的观点同时也进行了一些拓展。我们时常强调集群的地理邻近性，可实现“邻近效应”（Proximity Effect），促进知识的流动和溢出，可为企业的技术创新及知识学习创造有利的条件。但是，在本质上，地理邻近性是为了在创新系统中使得不同参与者实现更加紧密的互动，地理邻近性只是产业集群这种经济社会组织的外在表现景象之一，它并不是聚集并发生互动的充分条件，“集而不群”的工业区发展事实就是一个有力的证据。其他的特征还包括本书所强调的：集群内主体间的战略关系、集群内企业间的“合作性竞争”等。本书从产业集群的本质属性出发，认为产业集群有以下特征。

1. 价值链中的交换活动（Economic Exchanges）

这是产业集群存在的基本条件，没有经济交换，集群就不存在。交换不仅包括经济层面的资源交易，更包括社会层面的关系互动。主体经济活动的发生，如果仅仅依赖纯市场交易，并在特定地理空间上的聚集，也可以产生“硬”外部经济性，如基础设施共享、市场聚集效应等。然而，这种聚集可能会形成集群，也有可能不形成，这受聚集动态过程中社会层面的关系互动的质量和内容的影响。

2. 组织间的战略关系（Strategic Relations）

组织间战略关系是产业区的一种重要特征。[22]经济互动会直接影响集群内企业的竞争地位，企业所采取的战略就会相互影响。一般来说，组织的战略行为根据改变的速度可划分为三类：在短期，包括价格、广告、销售人员的努力；在中期，包括生产技术（决定了成本结构）、生产能力、产品特征（质量、产品设计、交货延迟、店面选址等）、广告（影响消费需求）、市场进入或退出；在长期，包括R&D（工艺革新影响技术上的产品边界、产品创新创造新产品）。具体来说，战略行为包括：战略互补（Strategic Complements）和战略替代（Stategic Substitutes）。如果我们假定产业集群是一个“超产权”的企业集合，那可以判断，企业间采取的战略互补，也完全符合企业聚集的战略利益目标，[23]也即，只有参与者 i 的边际利润关于参与者 j 的策略 S_j 递增时，[24]这种共同的战略利益才能实现，即：

$$\frac{\theta^2\pi_i\ (R_i\ (S_j),\ S_j)}{\theta_{s_i}\theta_{s_j}}>0 \tag{2-1}$$

集群内组织间的战略关系发展需要相互协调。

3. 专业化（Specialisation）

相似或关联经济活动的区域集聚和组织间战略关系的存在可促进一定程度的专业化，这种专业化强化了组织间的相互依赖：集群内的所有企业均需要依赖其他企业或组织的产品和服务的需求和供给。也正是因为集群内这种“绑定关系”的存在，使得企业倾向与集群内具有相似特征的企业建立多种联系。

4. 合作性竞争（Copetition）

集群内的竞争是一个集群成功的关键条件。[25],[26]竞争促进了集群内企业的专业化分工、效率提升和创新活动。集群内的组织同时存在竞争与合作，在竞争的领域展开竞争，如广告宣传、产品质量、高级人才引进等等方面；在合作的领域开展合作，如共同研发、人才联合培训、整体品牌形象塑造等。宁波慈溪观海卫镇的欧式插座企业联合体，就是由产业区内规模较大的欧式插座生产企业组成的一个“企业联合体”，其专门负责欧式插座的一些共性技术研发、质量检测、产品认证及行业标准制定等事务。另一个例子是，由慈溪6家大家电企业与中科院自动化研究所合建的宁波杭州湾信息技术研究院，以解决企业生产中的技术疑难问题。同样，在花卉产业领域也出现另外一种形式的竞合现象，“目前企业间的竞争的主要问题是来自市场，企业能否及时跟进市场的转变才是企业成功与否的关键。企业竞争主要来自内部而不是外部。27位原维生员工，出去之后自立门户，和维生有合作关系，形成共赢。”

5. 创新与扩散（Innovation and Diffusion）

集群有促进创新和知识扩散的便利条件，然而这种便利只有当某种协调行动被采取时才会发生。行业间企业或非企业关系的网络化是知识、资本、产品和智慧联结的重要通道。然而，当前我国多数制造业集群面临创新网络“黑洞”，主要问题是在于集群网络中“横向网络”的缺失，[27]详细分析见本书第3章。

6. 共同的文化情景和产业空间（Common Culture Context and Industrial Space）

产业集群中的微观经济活动是嵌入在特定的社会经济网络结构之中的，具有相似的文化情景。[28],[29]产业形成和演化过程实质就是“组织—技术—制度”共同演化过程，承载着这些实体的地理空间既是过程进行的“受体”，也是于其中的“主体”，支撑着这一共同演化的实现。在这个共同演化的过程中，产业会形塑特定属性、特征、功能和文化的产业空间，这又会反作用于产业的成长。一个特定的产业集群，一定会拥有符合自身发展特性的空间属性，这也是产业集群发展的一个重要特征。

2.1.4 产业集群的属性

国内学者对产业集群的制度分析[30]和组织属性研究[31],[32]已经成为当前深化产业集群研究的一个新的切入点和热点。[33]吴德进（2004）指出“产业集群是一种中间性体制组织”。[34]陈国宏等（2009）则以产业集群的生产特质与交易特质作为其组织分析的逻辑起点，认为“产业集群兼具市场组织的交易特质和企业科层的生产特质，是一种中间性组织”。[35]交易和生产特质是任何一个经济组织的基本属性，但对于产业集群而言，这个属性还不够完全。产业集群之所以具有很高的生产力，其与市场、企业这两种组织形式的一个显著区别，在于集群网络中伴随“交易”和“生产”过程所建立的“多重关系”。正是基于此，网络组织可自发或有组织地高效率配置技术、信息、人才、政策及其他产业要素资源，没有资源配置的高效率，就不可能“用较低的组织成本获得较高的生产一体化程度，用较低的交易成本获得较高的交易市场化程度”。[36],[37]本书的研究进一步指出，产业集群不仅具有生产特质、交易特质，更具有独特的社会互动特质。

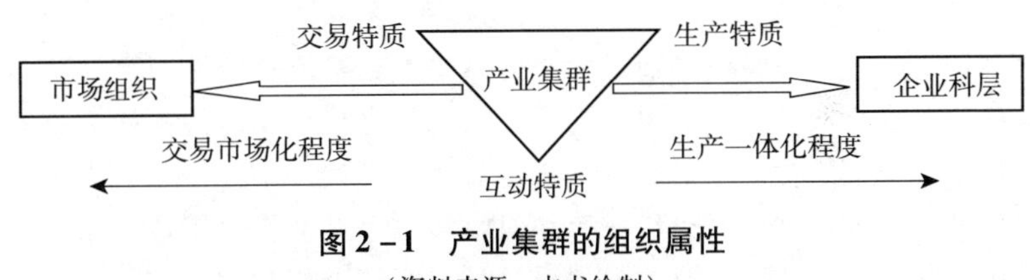

图2－1　产业集群的组织属性

（资料来源：本书绘制）

集群内的经济活动得以展开离不开各种形式的交换活动。交换是两个（或更多）行动之间进行资源交易的一系列互动。交换有两个核心要素：一是，它要求行动者之间具有一定的关系；二是，它导致了资源交易。这样，交换具有社会性，因为关系可以视为互动[38]，在互动过程中一个行动者要考虑另一个（些）行动者的行动。[39]

实际上，人类学家从很早就开始注意到交换的关系方面，指出很多类型的交换并不是建立在经济或理性计算基础上的。例如，拉德克利夫·布朗将安达曼群岛上的交换描述为“一种道德的交换——给参与交换的两个人带来友好的感情”（P.471）。[40]马林诺夫斯基在分析特罗布里恩群岛的库拉交换（Kula exchanges）时，指出了经济交换与社会交换之间的巨大区别，“（交换的）真正报酬在于他的位置赋予他的声望、权力和特权”（P.61）。[41]列维－斯特劳斯在论证自己的观点时列举了莫斯（Mauss）、弗思（Firth）和其他人类学家的研究，指出包括经济交易在内的交换时“另一个秩序世界的媒介与工具：影响、权力、同情、地位、情感”，“是交换本身而不是交换物真正具有意义”。[42]孔德（Comte）、涂尔干（Durkheim）、斯宾塞（Spencer）、齐美尔（Simmel）、米茨塔尔（Misztal）等社会学家，都认为，社会交换的关系取向表现在具体行动者的交换承诺或关系维持之信任，而不是在交易的具体资源的功用上。

对人类而言，社会结构中存在着两类最终的（或原始的）报酬：经济地位和社会地位。经济地位是建立在财富（商品和它们的符号价值表示，如货币）的积累和分配基础上的，社会地位是建立在名声（由社会网络和集体的认可程度来表示）的积累和分配基础上的。为此，林南（2005）把交换中的理性分为：交易理性和关系理性。[43]

典型经济交换中的交易理性，其目的是获得经济资本（通过交易获得资源），关注点在交换的交易方面——资源是以价格和货币的形式进行交易的，有时候是通过中介交易的。交换的效用是使交易利润最优化。理性选择是建立对具有不同的交易收益与成本的各种关系的分析基础之上。在这个基础上，存在着两个交换参与规则。首先，如果与某一个人保持关系可以产生相对收益，那么会作出维持关系、进行进一步交易的决策。其次，如果关系不能产生相对收益，那么又有两个决策选择：（1）寻找另一个可以产生相对收益的关系；（2）维持关系，承受或降低交易成本。要在这两个选择之间进行决策，就要对新的替代关系可能产生的收益与维持当前关系可能要付出的或可能降低的交易成本进行权衡。经济交换的关键分析关注短暂性或重复性交易中的对称交易。从重复的交易中得益更多的行动者，不仅使自身富裕起来，而且共同创造了一个富有的集体。这就是交易理性“看不见的手”的作用的观点。

社会交换所涉及的关系理性关注的是交换的关系方面——关系的维持与发展通常是通过认可（或对另一个行动者会传播它的期待）的中介作用实现的。参与社会交换的动机是通过网络与群体的认可获得名声。交换的效用是使关系收益（社会关系的维持）最优化。也存在与交换理性类似的两个交换参与规则。持久的关系有助于通过社会联系来扩展与传播对一个人的认可。持久关系的增多可以提高传播认可的可能性。为了促进对认可的传播，维持和发展持久关系是至关重要的。关系理性依赖于群体和群体成员的存在。嵌入在社会网络中的资源越多，关系越强，集体从群体中获益越多，群体中每一行动者的相对收益也越大。关系理性是建立在最适群体——成员之间具有持久的关系——生存原则的基础之上的。而交易理性是依赖于一般化的媒介货币——每次交易都需要一种有凭证的可见化形式的资本。

经济交换理性与社会交换理性[44]　　表 2－1

要素	经济交换理性	社会交换理性
交换的关注点	交易	关系
效用(最优化)	交易中相对于成本的收益（付出成本的交易）	关系中相对于成本的收益（付出成本的关系）
理性选择	可供选择的交易	可供选择的关系
	交易成本与降低交易成本	关系成本与降低关系成本
短暂性的报偿	货币（经济信用、经济债务）	认可（社可信用、社会债务）
一般化的报偿	财富（经济地位）	名声（社会地位）
解释逻辑	自然发展	人类发展
	行动者的生存	群体的存在
	收益最优化	损失最小化

综合以上对交换中的理性基础的分析，本书认为，产业集群本质上是一种中间性组织，具有市场交易特质、企业科层生产特质和社会互动特质的组织属性。组织属性的理性基础表现为交易理性与关系理性的权衡。根据不同主体的行动导向建立关系组合（Portfolio of Ties），采取不同形式的资源转移模式。

2.2　产业集群创新的理论基础

2.2.1　价值发展

产业发展有两个表现维度：配置效率——从横向上来看，同一时间点上的产业内和产业间形成怎样的结构才能使现有资源的利用达到最优；生产效率——从纵向上来看，在时间流中产业借助于技术和组织等生产方式内在地实现自己的发展。胡建绩（2004）在国内首次提出了价值发展论[45]，并运用于产业发展的研究。[46]他认为，商品的价值量是由再生产该商品的社会必要劳动时间决定。根据马克思的劳动价值论观点，同任何其他商品的价值一样，劳动力的价值也是由生产从而再生产这种特殊物品所必需的劳动时间决定的。商品作为商品经济财富的元素形式，是一个矛盾体，其矛盾性源于作为价值的物质承担者的使用价值的生产与使用价值的实现有一个现实的时间差。使用价值的形成与价值实现之间的时间差决定了商品的价值量是由再生产该商品的社会必要劳动时间决定的。因此，不同时点的社会必要劳动时间会随着生产力的变动而变动，不同程度的生产力意味着不同程度的社会必要劳动时间的差异，这种差异就表现为价值发展。

产业发展的实质乃价值发展。经济的发展过程是社会必要劳动时间的不断节约过程，因为时间的解决乃是自由实现的根本条件。劳动不仅仅是人的一种谋利活动，它同时是人作为人的一种生存方式。在劳动这种生存方式中，人的自我创造已经被蕴涵了。这种创造性活动的展开，就是人类社会的生产方式。在资本主义时代，发展的内生性，或者规模经济和技术进步的内生性是这样实现的：价值创造的尺度是个别劳动时间，但是价值实现的尺度却是社会必要劳动时间，二者的差异性正是生产者的牟利空间。这就吸引每个生产者去尽力降低自己的个别劳动时间，而降低个别劳动时间的途径就是技术进步和规模经济，进而推动产业的发展。

产业发展的收益增加源自价值发展。规模经济和技术进步在作为推动产业发展的动力背后，隐藏的是价值的发展过程。一方面，规模经济是源于社会的精细化分工，而这正是产业不断向前发展的过程，同时也是价值不断发展的过程。正是因为专业化分工的发展和市场规模（包括品种数量和市场容量）的扩大，推动了产业从无到有、从小到大的发展。产业的发展、厂商规模的扩大，又反过来为专业化分工的深化提供了可能，因此，正如斯蒂格勒所言，在不断壮大的产业中，典型的情况应是垂直非一体化。另一方面，技术的创造性活动，若要创造更多的价值，除了增加劳动者以及劳动时间之外，还要提高劳动者在相等时间内创造价值的能力，而这就是价值发展。

产业发展的成本节约也可实现价值发展。分工与协作既是生产力发展的结果，又反过来推动生产力进一步发展。与此同时，协作是需要消耗资源的，所消耗的资源可以看做是分工必须支付的成本。一般来说，分工成本存在于两个层次：（1）在企业层面，即所谓的企业管理成本，包括内部组织成本、委托—代理成本、外部交易成本和管理者时间的机会成本。[47]（2）在产业层面，即产业间动态关系的转换所产生的成本，称这个成本为“耦合成本”，指社会总劳动时间动态分配的社会成本。[48]在价值发展中，不同产业的市场价值会因产业的生产率发展速度不同而发生不同的变化，从而会引起不同产业按社会必要劳动时间计量的劳动时间量的需求变化。在商品经济中，这个劳动时间量的变动的决策权在企业手中，在于企业所积累资源的可转移的程度，易转移或切换则可以节约更多的个别劳动时间，降低耦合成本，带来价值发展。

产业集群是产业发展的一种表现形式。产业发展与产业集群的形成、发展以及再生息息相关。产业发展的实质——价值发展，自然地也就是产业集群发展的实质。具体说，产业集群的价值发展，在于产业采取集群这种产业组织形式，能够通过创新活动实现知识积累和协调成本降低，进而充分实现收益的增进。

2.2.2　经济活动的结构嵌入

1. 经济活动的网络结构嵌入

从新经济社会学的视角来看，经济行动是被社会定位的，经济制度是一种社会建构。[49]其有三个基本前提：（1）行动是理性的；（2）经济现象是嵌入于社会结构之中的；（3）经济行动不能仅用个人的动机来加以解释，而是被社会定位的，制度不能自动生成，而是被社会构成的。[50]新经济社会学把经济现象分为三个层次：个人经济行动、经济产出和经济制度。进而，新经济社会学的研究内容就是研究嵌入与经济行动、产出和制度三者的关系。新经济社会学把嵌入分为两种，一种是关系嵌入，是指经济行动、产出制度受行动者个人之间的关系影响；一种是结构嵌入，指经济行动、产出与制度受全体网络关系的结构影响。[51]

或许正是因为新经济社会学的理论假设较新古典经济学更加贴近经济现实，基于新经济社会学的理论发展和分析方法在不断完善；同时，在多学科边界处涌现出了众多富有成效的研究成果，产业集群研究领域也不例外。如 Thomas（1996）建构一个社会网络阀值模型解释创新的扩散机理，[52]从个人网络层面切入创新扩散的研究，认为创新通过外部影响和意见领袖进行扩散。Webster et al.（2002）等人利用社会网络分析技术来证实网络结构对技术创新扩散的效应，[53]并分别分析了“弱关系优势理论”、“结构对等性”和“结构洞”三个网络理论对产业集群内部创新扩散的影响。Giuliani（2005）作者利用社会网络分析理论对智利葡萄酒产业集群内部知识的流动和创新进行实证研究，[54]认为：（1）集群里的知识网络结构是与企业知识储备的异质性分布有关联；（2）商业互动和企业间的知识流动并不都是一个平行同步发生的现象。作者还强调企业知识储备的异质性如何导致知识的不均匀分布以及企业的有选择性学习。Gilsing（2005）则从关系的密度和强度对集群网络中创新的影响，[55]并把创新网络分为利用网络和探索网络。Noteboom（2005）从“嵌入”类型：制度嵌入、结构嵌入和关系嵌入来对集群的动态性展开分析。[56]

杨锐（2007）在《基于网络视角的集群创新研究——以苏州 IT 产业为案例分析》中提出了集群创新的一个分析逻辑：微观过程 + 中观结构。[57]这个分析逻辑与创新的逻辑——“反映的是自下而上的创造力”[58]——是内在一致的。一方面，任何经济行动是嵌入在动态的具体的社会关系模式或社会结构之中。[59]结构对行动者既有限制的功能又有机会赋予的功能，且结构对行为的影响往往是系统性的。[60]因此，也只有找到组织系统的结构本质才能找到问题之解决方案。另一方面，经济行动是产业集群内经济活动的微观基础，只有把握经济活动发生的微观过程，才可能对集群创新有深刻细腻的刻画。

2. 网络结构对知识创新行为的影响

产业集群本质上是一种具有“多重关系联结”的网络组织，它是网络社会结构中的一个子结构，必然要受到社会结构及网络对经济运行结果的影响，诸如雇佣关系、价格、生产率及创新扩散。Granovetter（2005）从四个原则分析了社会网络对经济行动绩效的影响：[61]（1）规范和网络密度；（2）弱关系强度；（3）“结构洞”；（4）经济与非经济行动的相互渗透，也即经济活动的“社会嵌入”。网络结构的特征会影响知识转移的难易程度，进而影响到创新资源的获取。[62]尽管在网络结构与创新的关系问题上，目前有两种相反的观点：密集的、嵌入性的且与自我有众多相互联结的网络结构[63],[64]和开放式的、具有结构洞的网络结构。[65]但是，可以肯定的是，网络结构对微观主体的知识创新有显著影响。现在学界普遍认为，一个具有最高生产力的网络结构应该具有社会凝聚性（Social Cohesion）、结构洞（Structural Hole）和有效规模（Effective Size）的特征。在关系强弱对创新影响的研究上，各学者的观点可概括为：弱关系可联结不同的企业和外部网络，获得多样的、异质的、简单的知识，强调新观念和新视角引入对创新的重要性，其中，起调节作用的弱关系对创新尤为重要。强关系可在频繁互动的行动者间有效的传递信息，有助于复杂知识、黏性知识的转移，但却缺少新颖的观念和工作方法。

网络结构对知识创新影响的差异，背后凸显的是组织间学习的不同逻辑。杨锐（2010）根据对苏州IT产业集群的深入分析，[66]研究发现：(1）网络结构具有中心势不高、强的关系联结、派系性互动和中介协调者等特征。整体网络中心势不高，强联结尤其是企业与非企业组织间的强联结在整个网络关系中占据主导地位；不同企业类型在空间上表现出层次结构明显的分布状态；企业网络互动有明显的“派系或小团体”特征且互动形式多样；非企业组织或机构在网络结构中扮演“中介者”的协调角色。(2）基于不同知识基础的创新活动需要不同的关系组合和相应调适的网络结构。总的来说，基于不同知识基础的创新活动都需要一个平衡（综合）关系的网络结构，但是各有差异。一是，基于分析性知识基础的创新活动强调在扩展网络有效规模的同时要侧重与部分重要知识源建立强关系联结，与此同时，要保证整个网络凝聚性的适度性，过高的凝聚性会对产品创新产生负面作用。二是，基于合成性知识基础的创新活动需要强调网络凝聚性，这有助于企业在生产制程等业务或操作上的学习，但是不利于整合网络成员的理论知识学习，这也是我国很多地区原生型集群缺乏“源动力”的根本原因。因此，尤其需要发挥结构洞或中介者的协调作用，以改善集群网络关系组合和提高地方对集群发展的环境审视，这有助于基于分析性知识基础的组织展开学习和对互动“小团体”之间关系的重组，推进知识的更广泛流动。三是，既有分析性又有合成性为知识基础的创新活动，如管理创新，尤其强调在供应商网络中构建强对偶互动关系和一定程度上的网络有效规模，既要展开合作性学习又要发展竞争性学习。(3）网络互动是基于技术相似性和技术关联性在行业内部和行业间展开。在行业内部，往往是技术层次高的、具有技术相似性的企业间和最终产品组装企业间具有很高互动倾向；在行业间，则是以终端产品生产企业为核心展开的跨行业的互动行为，基于产品中的技术关联性是这个群体互动的特征，目的在于获得技术支持、技术寻求等。

网络联结及其结构指标对创新绩效的影响[66]　　表 2-2

知识基础	指标	平衡网络	强联结网络	弱联结网络
分析性	产品创新	+ + + +	+ + - +	/ / / /
合成性	制程创新	+ + + +	+ + + +	/ / - /
分析+合成性	管理创新	+ + / /	+ + / +	/ / / /

（注：每组4个符号依次代表点度中心性、结构洞、社会凝聚性和网络有效规模变量）

由表2-2可知，在一个平衡关系的网络结构中，网络结构中有效规模、凝聚性和结构洞特征对产品创新、制程创新有正显著影响；网络关系联结对产品创新、制程创新和管理创新均有正显著影响。该结果吻合其他学者的观点：最优的网络结构兼具有凝聚性和范围之特征。[67]~[69]因此，无论从理论上还是实证分析都可以得出，一个最优的网络结构至少应该具有两个特征：平衡的社会凝聚性和有效的网络范围。

3. 高效率的网络结构型态

综合上述分析和已有的研究成果表明，生产力最高的网络结构应该具有内部凝聚性、结构洞存在和有效范围的网络型态特征。

（1）结构洞

结构洞是由 Burt（1992）首先提出的，他的定义如下：结构洞是两个接触者间的非冗余关系（Non-redundant Ties），这是一个行动者可以占据而获利的空间，一个网络中的“好位置”。博特所提出的结构洞概念，认为个体若处于原本不相连的数个群体之间，所联结的群体数愈多愈异质，则所占有的优势就愈大，包括可实时地获取独特的信息、有较大的权力可控制信息及资源在群体间流动，成为所谓“得利的第三者”。在社会网络分析中衡量一个行动者作为桥的程度的指针就是中介中心性。[70]因此，在集群知识网络中，若存在知识流动的派系结构，则在不同派系（Clique）之间若存在桥节的第三方，则将有利于知识在集群内的扩散，但是，是否有利于推进集群的整体创新，还取决于“中介者”的身份属性。在网络计量上，中介中心性（Betweenness Centrality），指如果一个点处于许多其他点对的测底线（最短的途径）上，就说该点具有较高的中介性。一个点的中介性测量的是该点在多大程度上控制他人之间的交往，它“是很有用的一个指数”，[71]衡量一个行动者作为媒介者的能力。自博特提出“结构洞”理论开始，学者们均强调联结“洞”之间的“桥”的作用。在网络分析中，之所以重视桥的概念，就是两个分离的群体（或派系）之间，若彼此信息要交流、意见要沟通、知识要传递，作为桥的人就非常重要。在博特的结构洞理论里，中介性高的行动者就掌握了信息流以及商业机会，因而可以获得中介利益。其量化公式如下：

$$C_B(n_i) = \sum_{j}^{n} \sum_{k}^{n} b_{jk}(n_i) \quad (2-2)$$

$j \neq k \neq i$ 并且 $j<k$，其中，b_{jk}（n_i）$=g_{ik}$（n_i）$/g_{jk}$，g_{jk}表示点 j 和 k 之间存在的测地线数据，g_{jk}（n_i）表示点 j 和 k 之间存在的经过点 n_i 的测地线数目。

（2）社会凝聚性

社会凝聚性通过影响个人利他行为的意愿而对知识的转移产生影响。一方面，凝聚性同关系强度一样，直接影响行动者利他行为的动机以及互动行为，若存在一个强力第三方的联结，其他参与者会更倾向产生合作，对有不合作行为的一方，第三方则会从中协调或对不合作者进行有效的制裁，从而使得行动者围绕第三方展开基于竞争的合作；另一方面，凝聚性培育合作规范、互惠期许。凝聚性在培育网络内部的一种合作行为规范的同时，也指导个人的社会利他行为，今天对他人的知识共享、信息传递，有朝一日也期许对方给予自己方便。凝聚性增加知识拥有一方帮助他人的意愿，从而便利知识的转移。社会凝聚性量化指标可用下属公式表示：[72]

$$C_{ij} = \sum_{p=1}^{N} D_{ip} D_{pj}, p \neq j \quad (2-3)$$

其中，D_{ip}，D_{pj}表示行动者 i 和 j 各自联结第三方 p 的联结强度。网络密度指的是一个网络图中各个点之间联结的紧密程度。它是用来刻画网络的性质的一个概念。

（3）网络范围

网络范围是指网络联结跨越机构、组织或社会边界的程度[73]，其包括的成员数量越多，网络范围（规模）就越大，所能获得社会资源的机会就越多。网络范围强调网络外向联结的多样性，测度网络多样性的指标可用“有效规模”来测度，即网络中企业 i 的有效规模的测度定义为企业 i 在整个网络里拥有全部关系数减去企业 i 的自我中心网络里平均的直接关系数目（除去与自身的关系数）。[74]网络有效规模强调行动者建立跨越组织边界的网络联结以获取和利用创新所需的外部知识。

4. 网络结构中知识流动的“马歇尔均衡悖论”

(1) 不同学派对知识流动的论述

既然集群创新的本质是通过知识创新实现价值发展，那么知识从哪里来？芮明杰等学者（2004）引入动态知识价值链，提出了知识创新模型，对 Nonaka 的 SECI 模型进行修正，认为企业知识链的主要环节包括知识获得、知识选取、知识融合、知识创造、知识扩散和知识共享，并构建了组织知识创新模型：知识场—知识创新过程—知识库。

在芮明杰“组织知识创新模型”之中，假定了组织所需的知识是可以从“知识场”获得的。这个“场域”可以看作是由特定的社会行动者相互关系网络所表现的各种社会力量和因素的综合体，借助这个网络系统，社会成员或社会团体通过信息沟通、社会互动和社会资本的获取与占有，来改变社会关系及其中蕴含的资源。[76]对于具有网络组织属性的产业集群而言，就涉及跨边界的知识流动和知识创新问题，于是，“知识场”原本在组织内知识创新模型中作为一个外生变量，在组织间知识创新模型中就变成一个内生变量。因此，组织是否可以轻易获得以及如何获得所需要的知识——就需要从理论和实证检验上去验证。

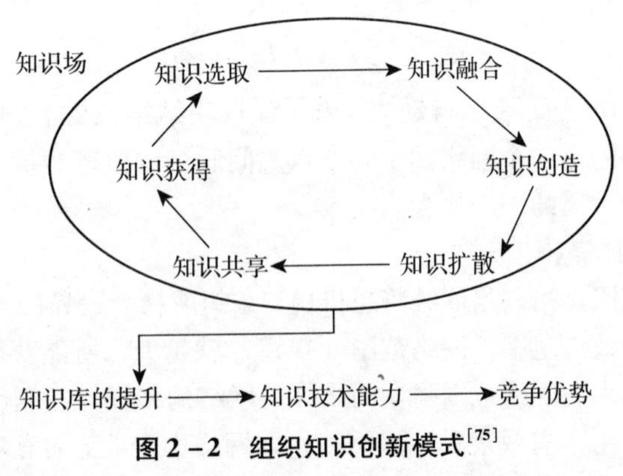

图 2－2 组织知识创新模式[75]

依据对“知识”概念的不同理解，Giuliani（2002）把产业集群内知识流动与知识创造之各学者的观点进行了梳理，至少分为三个视角：[77]“溢出和集体学习”（Spillover and Collective learning：SCL）；“新熊比特主义 I”（Neo－Shumpeterian I：NSI）与“新熊比特主义 II”（Neo－Shumpeterian II：NSII）。

知识流动的三个不同视角　　表 2－3

学派	视角	知识观点	主要观点
新马歇尔学派	SCL	公共物品	扩散创新能力
经济地理学派	SCL	俱乐部物品	创新环境
新熊彼特主义者	NSI	非公共物品	强调隐性知识的作用
新熊彼特主义者	NSII	非公共物品	进一步细化了隐形知识，一种战略资源

新马歇尔学派[78]~[80]继承了马歇尔的知识概念。该学派把集群视为中观层次的学习聚集地，用他们的话讲，是一种“认知实验室”（Cognitive Laboratory）①。在集群内，通过知识溢出和劳动力流动，知识被认为在空气中自由扩散，并通过这种方式产生“扩散创新能力”。

经济地理学者更多关注地理和区位维度，不过，仍把知识和技术的变化理解为通过非正式接触，如“咖啡馆效应”（Cafeteria Effects）、用户—生产商关系、技术劳动力流动、展示效应（Demonstration Effects）及企业衍生等途径引致的知识扩散机制的结果。在这个学派的观点下，知识提高是由于外部性，但是知识本身被视为“俱乐部物品”（Club Goods）[81]，对于集群内的企业来说都是免费可获得的，而对于集群外部的企业来说则不可获取。正如“产业区的发展源于专业区域，那里企业与支撑机构紧密的社会互动所产生的高度信任，有助于鼓励隐性知识的转移，获得外部经济和交易成本的节约。紧密的合作关系、知识的自由流动，产生了区域创新综效和创新能力的演化，产业区成为一个创新环境”。该学派坚持认为知识扩散机制对提高地区创新能力非常重要，“合作、信任、集体学习和不确定因素的下降

① 认知实验室与企业的研发实验室不同，由于地方性知识溢出，这种“认知实验室”能以某种方式产生和建立基于内生基础上的创新。

对创新和总体经济的成功是非常重要的，尤其是中小企业，同时这些要素也因地理邻近性而得以相互促进”[82]，其他学者也强调地方集体学习对避免集群锁定在既定技术轨道的重要性。[83],[84]

新熊比特主义Ⅱ在熊比特主义Ⅰ的基础上把对隐性知识的内涵进一步细化，把隐性知识看作是企业的一种重要战略资产[85],[86]，认为每个企业需要地化的隐性知识与吸收外部显性知识。根据知识的可编码性与可言语性，Cowan et. al（2000）把知识分为：(1)“显性知识”。可言语且可编码化知识，可解码，并且他人容易得到。(2)“显隐性”知识。不能言语但在一个群体里有可编码的共同知识基础，且存在解码本（Codebook），但是对于外部人来说则不是显现的。(3)“纯隐性”知识。不存在解码本且不能言语。[87]如下表所示。

显性知识与隐性知识分类　　表2-4

		编码（codified）	
		N	Y
言语（articulated）	N	纯隐性知识	显隐性知识
	Y	Φ	显性知识

根据上述的划分，实际上，是在“纯隐性”（Pure Tacitness）知识和“显隐性”（Apparent Tacitness）知识之间划了一个边界。显隐性知识就是集群内（或局部团体内）流动的知识，对于圈内人来说是可编码的，能够通过共同的语言逻辑、“认知社区”（Epistemic Community）① 进行编码实现彼此间的知识转移和传递；对社区外的人来说则是较难理解社区内人沟通所用的技术语言、行话等，如果得不到相应的解码本则很难获得相应的知识。在这个前提下，学者们开始对之前所述的知识扩散机制的观点产生了质疑，面对面的接触仅仅可获得“谁知道什么，及他/她在哪里工作”的信息，而具体化的科学、技术知识仍然是私有物品，除非在共享一个协议后进入同一个俱乐部。[88]此外，主体之间关系的强弱直接影响到知识转移的内涵和难易程度。[89]同样，劳动力流动也不都会产生有效的知识转移，只有劳动力

① 认知社区是个体或企业网络，他们彼此共享同样的可编码的语言（技术术语、行话等），但是对于外部人来说则是不容易明白和掌握。

在流动前就已掌握实质性的技术能力或某特殊专业技能才会产生有价值的知识扩散。[90]因此，知识的流动并不像新古典理论认为的那样，所有知识都容易转移，知识流动也不是无成本的，也并不是可以被所有的经济行动者所获得。知识并不能视为公共物品，尤其是隐性知识，它是在企业边界范围内经过长时期积累的、具有高度资产专有的特征。这些隐性知识是很难模仿的，所以也不是随处可得的免费物品。

(2) 隐性知识是创新活动的重要战略资源

隐性知识被认为是一种用来解释企业层面或地区层面的竞争优势的战略性资产。在经济全球化背景下，根植于本地的隐性知识是参与全球竞争的关键资源。[91]类似学者所代表的学派也都强调企业作为技术变化的引擎，并把企业当着隐性知识仓库："企业具有知识生产的功能。企业知识可视为一种地方性的不能完全转移的产品，在特定地理环境下的企业生产性知识的积累是地方产业系统演化的基础"。这样的隐性知识"是这样一种地方化的知识，它嵌入于一个地区中的外部知识、显性知识与隐性知识的混合知识体系中……它通过边干边学及边用边学获得，它构成了集群中劳动力的技能与经历，以及他们针对外部环境改进产品及生产流程的特殊技能……由于本地知识大多数是隐性的，属于暗示性的，并且嵌入于组织体系内及企业所在的经济、区域及产业环境之中，它难以被其他非利益相关者学习、模仿、转移、使用等"。[92]

产业集群可以视为创新主体（企业）为获取隐性知识而形成的一种特殊组织形式。在组织层面，田中野次郎（Nonaka）在《知识创新型企业》一文中指出了，隐性知识在认知和创新过程中所起的重要作用，他认为"隐性知识根植于组织路径和流程中，协调着成员共同的行为，使沟通与协作更具效率。"在集群背景下，特定的机制使得隐性知识的传递与扩散构成了学习的主要方面，这种知识的存量及其整合成为影响创新能力的重要因素。现代信息技术的发展，企业所拥有的显性知识可以很快被编码、传播，为其他企业所模仿。从某种意义上说，随着经济全球化和商品国际化进程的加速，显性知识已成为稍有实力的创新主体的共有资源，甚至已成为一种普遍性资源，而根植于本地的隐性知识成为参与全球竞争的关键资源和作为一种重要的战略资产。[93]

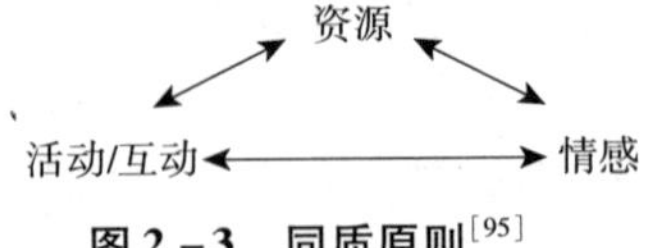

图 2－3 同质原则[95]

(3) 知识流动的"马歇尔均衡悖论"

产业区内的知识真是如马歇尔所描述的那样，是"弥漫在空气中"的吗？我们先来看看社会学中的一些原则对这个问题的展开有很大助益。从霍曼斯（1950）[94]的情感—互动假设到林南（2005）[95]的情感—互动—资源假设，都在阐明社会互动倾向于在有相似的生活方式和社会经济特征的个体之间发生。如图 2－3 所示，在情感、资源与互动之间存在着三角互惠关系，它不仅把互动与共享的情感联系在一起，而且还把互动与资源的相似性联系起来。

根据上述原则，一个重要的推论是：那些在社会结构中处于彼此接近位置的个体更可能发生互动。在一个经济联系构成的网络结构中，"互动"是实现目标的手段。这里的目标即是获得某种"资源"，而这种互动又往往发生在"相似的"位置上。正如一些学者所指出，一个企业与其他企业建立知识联结的倾向与相互知识禀赋的相似或相异度有关。[96]在一个集群里，企业间的知识交流，一般来说，依赖于：1）知识基础。企业已积累的知识储量直接影响到企业间能不能交流以及交流的效果如何；2）认知距离。能够识别和吸收来自其他集群企业可潜在转移的知识的能力。与传统的知识溢出观点相比，知识交流遵循一些行为结构规则，即由企业吸收能力的相对值——企业间的认知距离——所决定。当企业具有相似的吸收能力时，知识交流更可能在一个互惠的基础上发生，[97]"互惠交流是调节信息交换的一个基本原则"[98]。3）网络位置。企业的知识禀赋差异可能致使彼此在集群知识网络内扮演不同的认知角色，如技术守门人（Technological Gatekeeper）、强互惠交流者（Strong Mutual Exchanger）、弱互惠交流者（Weak Mutual Exchanger）和外部明星（External Star）。[99]这些不同的认知角色会对集群内的知识网络结构及其创新绩效产生重要影响。4）员工社区。除了企业间的认知距离，集群内部知识网络的结构也受到地方知识员工群体形成的影响，这些员工群体往往在生活空间上具有某种程度上的聚集性，形成具有特定环境的员工社区。他们彼此拥有共同的语言、技术背景、共享价值观、共同愿景、共同语言、共同的叙事等。亦即当群体内个体对事物的解释与看法愈趋一致，有助于沟通、合作与协调，进而产生较高的社会资本。这有助于主体会从同一群体里的其他人那里寻求帮助建议和信息，这种关系自然而然地网络化发展并成为一种惯例，加快推进群体内知识交流和创造的进程。同时，这类知识工人的群体为了寻求互补性资源的获得也会与其他群体建立联结，以便得到解决他们具体技术问题的不同途径或经验分享。

社会互动的“同质性原则”，可假定企业倾向与集群其内部成员建立更多的知识联结，而与外部成员联结较少或没有联结。艾尔巴把子群内部的关系与子群之间的关系称为凝聚子群的“核心—边缘”。借助 Bargatti & Everett (1999)[100] 所推荐的“核心—边缘”关系缺失模型来识别产业集群知识网络中知识流动的结构化特征。

$$\delta_{ij} = \begin{cases} 1 \ if \ c_i = core \ and \ c_j = core \\ 0 \ if \ c_i = periphery \ and \ c_j = periphery \\ \bullet \end{cases} \tag{2-4}$$

分析结果表明，核心位置的企业之间互动密切，相互联结频繁；边缘企业与核心企业连接较为疏松；边缘企业之间的相互关系则更加稀疏。核心—核心关系的密度值高达 0.569，说明核心企业倾向在核心圈内展开知识交流活动。尽管边缘—边缘关系密度为 0.173，部分边缘企业也被其他边缘企业作为知识源，但从边缘　核心关系密度（为 0.231）看出，多数边缘企业还是把核心企业看作是主要知识源。同时，也反映了核心企业具有较高的平均吸收能力，这无疑推进了集群整体渐进的学习进程。为了寻求技术支持和信息，边缘企业也受到激励与核心企业发展更多的知识交流。核心企业的网络位置，可进一步从图 2－4 的 16－core 的凝聚子群结构看出，核心子群的每一个企业至少与该群体里的 16 个其他机构有联结，显示出该核心子群里成员间的高密度互动关系。

核心和外围关系密度[101]　　　　**表 2－5**

维度	关系密度		平均吸收能力	
	核心	边缘	辨识能力	获取能力
核心	0.569	0.231	4.35	4.33
边缘	0.231	0.173	4.03	3.94

（注：Final Fitness：0.406）

集群内的知识网络具有核心/边缘子群的结构特征，而且这些核心群体均是由吸收能力强的企业子群体组成。如图 2－4 所示。

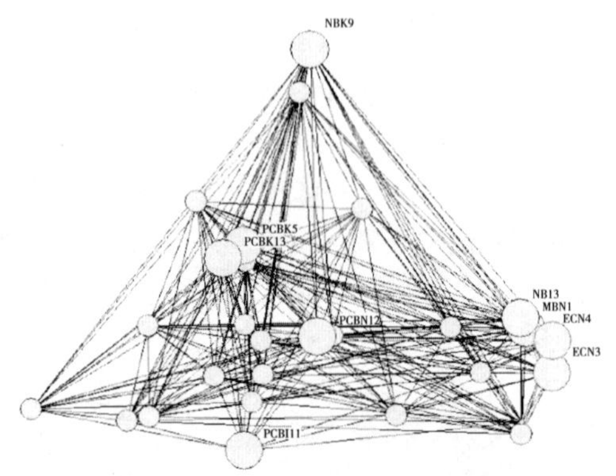

图 2－4　16－core 核心子群图

（注：该图的节点直径与节点的吸收能力成正比）

以上分析表明，集群内部的知识网络存在派系的结构特征，创新活动中知识流动并不是如马歇尔式的知识观那样，认为在集群内通过知识溢出和劳动力流动，知识能自由扩散，并通过这种方式产生扩散创新能力。实际上，集群内知识的流动呈现出“派系”特征，或者说在整个集群内部的知识网络里还存在某些封闭的“次团体”。这些子群对整个集群网络知识传播以及创新效率都具有重要影响，尤其是作为集群竞争优势来源的战略性资源的隐性知识，其传播更是受到主体间关系的强度及互惠程度的影响。然而，派系的存在，一方面，在派系内部由于相对较高的封闭性而带来的较高品质的社会资本有助于隐性知识的迅速传播；另一方面，在整个集群网络上看，派系的存在使得各个派系间知识的流动和吸收较为困难，从而使得整个集群的创新效能的下降。

对于集群内的知识流动，无论是理论上的逻辑阐述，还是在实证检验，都验证了知识，尤其是隐性知识，在空间上的流动是不均匀的、非随机的，而是有选择性的、有边界的。根据热力学第二定律我们知道，知识在空间上流动的这种不均衡性只是短期内的特征，而在

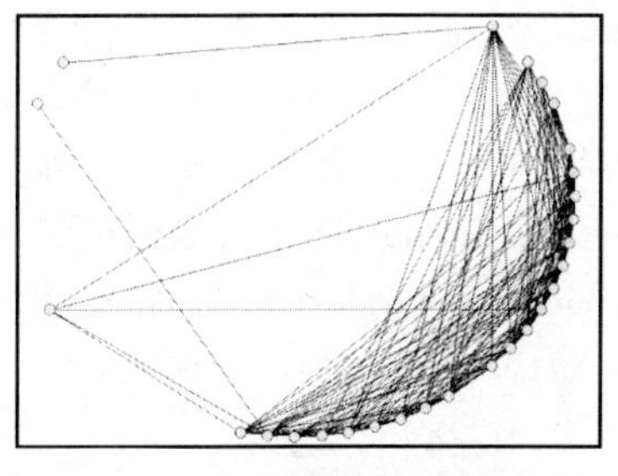

图2-5　知识流动子群图（1）

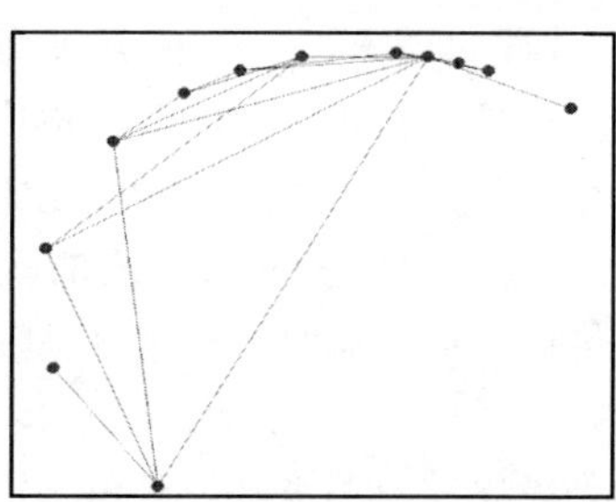

图2-6　知识流动子群图（2）

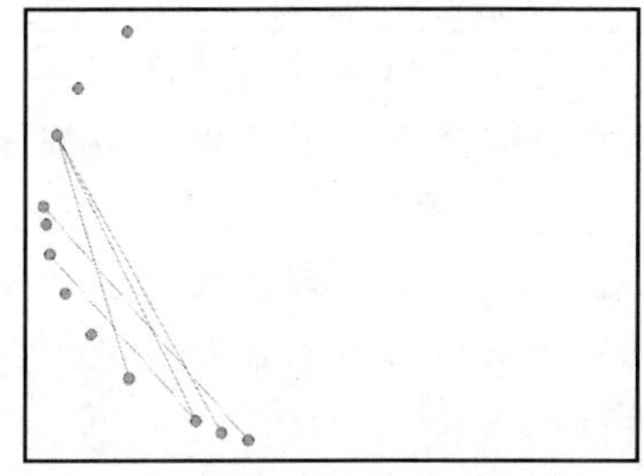

图2-7　知识流动子群图（3）

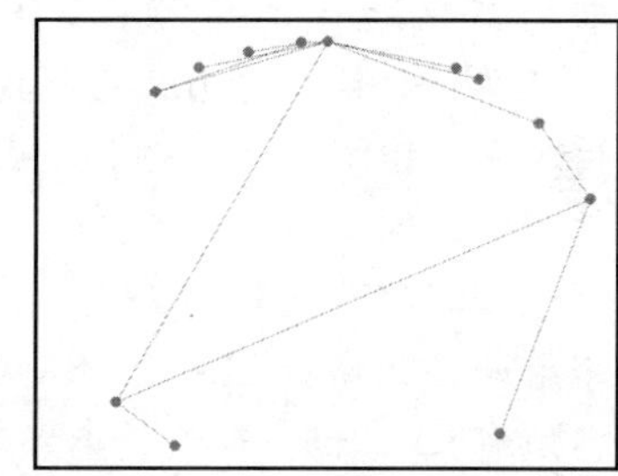

图2-8　知识流动子群图（4）

长期，是会达到均衡的。因此，我们把集群内知识流动的长期均衡性与短期的非均衡性、选择性的不一致性，称为马歇尔均衡悖论。

2.2.3　资源依赖理论与组织能力观

1. 资源依赖理论

根据理查德·L·达夫特（2008）的组织间分析框架，从组织间关系的两个维度：竞争和合作，以及组织类型：不同类和同类，把组织间的关系概括为四类。

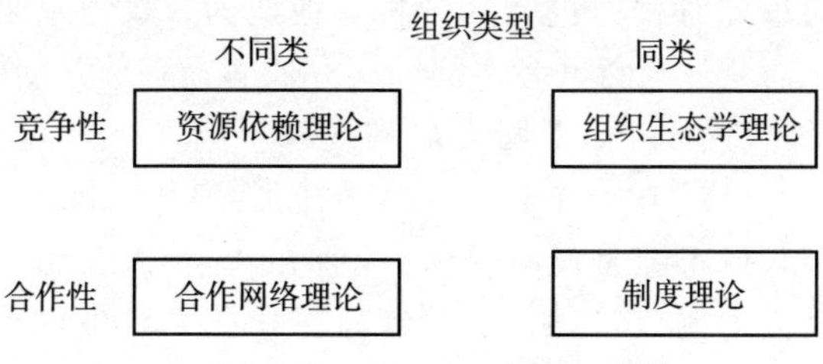

图2-9　组织间关系分析框架[102]

在产业集群中，以上四种类型的组织间关系在产业集群内都存在。但是，若从特定价值链角度来看经济活动的空间聚集的话，则组织间关系更侧重于不同类组织之间的“资源依赖”和“合作网络”。由“多重关系”组成的集群环境，是组织生存所必需的稀缺的价值资源的源泉。资源依赖（Resource-Dependenc），是指组织既依赖于环境，又力争通过控制环境中的资源而减少这种依赖性。[103]如果重要的资源被其他组织所控制，组织就会变得脆弱。

资源依赖理论认为，组织总是努力减少自己在重要资源供应方面对其他组织的依赖性，并试图影响环境以保障所需的资源。[104]为此，组织努力在与其他组织的联系和自身的独立性之间保持平衡。组织是通过调整与其他组织的联系，以及操纵或控制其他组织来保持这种平衡的。[105]为了生存，组织需要向外伸展，以试图控制和改变环境因素。对外部环境中的资源的管理，通常可采取两种策略：（1）与环境中的关键要素建立有利的联系，包括：所有权、合同/合资、董事的增选与连锁、聘任经理人员、广告宣传与公共关系。（2）改变所处的环境领域。[106]包括：改变领域、政治活动/规章条例、行业协会、非法活动。

企业对某种资源的依赖性大小取决于两个方面的因素：一方面，是该种资源对企业的重要程度；另一方面，是控制着该种资源的组织对该资源的配置和利用拥有多达的决定权或垄断权。[107]于是，就有两种策略：一是资源策略，就是调整或改变这种依赖关系或通过连锁董事制，吸收供应厂商的董事会成员进入本公司董事会。二是权力策略，利用自己在行业里或价值链中的权力施加对供应商的影响。北卡罗来纳大学的诺克（D. Knoke）教授从关系网络的角度对权力进行了分析。他认为，权力不是个人或群体的特征，而是社会行动者之间的实存或者潜在的互动模式。“任何对权力的界定都由如下两方面构成：影响（Influence）和支配（Domination）”[108]在一个权力关系中，影响和支配不是互斥的。抽象的一个人或组织是没有任何权利的。一个人或组织之所以拥有权力，是因为他/它与他/它者之间存在关系，可以控制、影响他人。资源依附理论背后所隐含的逻辑，实乃权力关系在经济社会活动中的配置的相对关系。这种权利关系无论在单个企业内部，还是组织间，抑或是地区层面均发挥影响。

企业内部核心资产的变化决定了企业权力关系的变化，权力关系的变化决定企业性质及其演进。许秋起等人（2007）认为“企业是一个权力关系的网络”，[109]甚至认为企业权力结构与企业创新能力之间存在联系。组织运作的过程就是行动者在一定的规则条件下争夺权力的过程。换言之，组织现象的本质不是正式的组织结构、严格的规章制度、职位权责，而是行动者之间的权力关系。[110]同样，经济地理学界所强调的产业集聚体中厂商间治理结构的依赖性，在本质上，也不能脱离全球商品链中的不对称权力关系的影响，[111],[112]而区域作为一种“关系性资财”以及“非贸易联系”[113]的特征也还需要更多时间才有可能形成。[114]生产互动的联结关系是固着于地表空间上，透过权力关系的了解，可反映出生产地理联结的概念化过程，一方面可展现厂商内与厂商间动态的本质，了解权力如何透过地理位置的移动，如何构建与嵌入关系于地方上；另一方面则是可清楚描绘跨界的地理空间透过在地聚集的形式，组织行动于网络中，展现生产过程与附加值的分配情形，所以地方聚集的研究是重要的。[115]而且，对于发展中国家的产业集群，以低端嵌入全球价值链的方式只能获得微薄的租金所得和面对全球价值链中主导者的升级制约。[116]大量本土企业试图通过“嵌入”全球价值链获取技术、产业升级的机会，但实践证明这种产业进步的“外资依赖路径”并不成功。

综合上述的分析，我们认为，资源依赖理论展示的是建基在组织现有资源基础之上的组织间相互关系。根据对相关文献的梳理，组织间关系（Interorganziatonal Relationship：IOR）的类型和特点如表2－6所示。

IOR类型及其特点　　　　**表2－6**

IOR	特点
对偶联结	互动的最简单形式。两组织在互惠的基础上实现某个共同的目标。有两种对偶联结形式：一是正式制度设置，如合资企业（Joint Ventures），共建研发中心等。二是非正式的合作，仅仅是为了彼此合作增加各种的生产活动效率。如人员互换，交叉任职等。

续表

IOR	特点
组织集	一个组织所建立的跨组织联结的总数。只关心“中心节点”与其他节点的联结，而不关注“其他节点”之间的联结，这种形式不是一个真正的网络。这种形式要解决两个问题：（1）影响联结规模和成分的要素；（2）中心节点如何处理与其他节点间的冲突？如 MNC。
行动集	本质上一种目的性网络。各个组织联合起来，一起共事实现具体的目的。该形式是各组织的“互动组”。这个形式的协调行为，取决于以下因素：（1）行动集中的组织数目；（2）某个有权力的组织承担领导者角色的程度；（3）成员价值观、态度等行为特征的相似性；（4）其他行动集所带来的影响。如 TD-SCDMA 产业联盟、技术联盟、采购联盟等。
网络	网络由各个节点及其间的相互联结构成。要关注三个问题：（1）网络结构形态及其演化；（2）关系性质：强关系（Strong Ties）和弱关系（Weak Ties）；（3）关系内容（Contents of Ties）；（4）结构洞（Structural Hole）。

产业集群作为一种中间网络组织，表明组织间的关系，从集群层面来看，呈现的是网络类型。从管理学角度看，资源依附理论就是要求组织对嵌入在组织关系结构之中的重要资源进行管理。其逻辑就是要通过对组织的管理和再设计，调适与其他组织之间的关系以最大化交易理性收益和关系理性收益，并降低组织对环境的依赖程度和一定程度的独立性。为此，得把握 21 世纪经济生产方式的新变化及其之下的组织新转向。即“以网络为平台的智能化大规模定制生产方式”。[117]那么，在新经济和新企业的转变背景下，必然要求相应的“新管理”，这种新管理既适用于企业层面，同样也适用于集群层面。它是与新经济、新企业相适应，旨在实现快速知识创新目标，对新企业具有隐性特征的知识资源进行有效智力整合的一种全新管理范式。然而，新管理范式也是要立足于企业自身的资源基础（Resource Base）之上的，于是，可以根据企业资源基础—所有权一体化程度和资源依赖—协调一体化程度两对视角把集群中网络关系的治理类型进行分类。

第Ⅰ类形态的集群，这类形态的集群有如下特征：一是，集群内企业专业化分工比较精细、各自所掌握的知识面比较狭窄，主要集中在所从事的业务领域；二是，企业对外部资源的依赖性都比较高；三

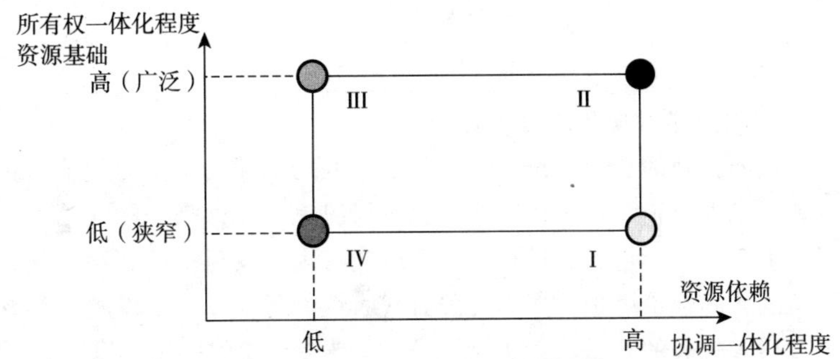

图2-10　不同形态集群的治理机制

是，要求协调一体化程度比较高，以应对集群对外部资源的依赖性；同时，在纵向层面，企业间所有权一体化程度比较低。在这类集群中，往往存在一个第三方组织在网络中充当各个分散个体一致对外或对内协调如信息共享、竞争限制等方面的角色扮演者。在实际案例中，这一角色经常是由行业协会或类似中介组织扮演。如伯明翰的珠宝区（Birmingham Jewellery Quarter）、浙江特色的块状经济，尤其是依托专业市场发展起来的块状经济。

第II类形态的集群，是由第I类形态演变而来，随着企业自身知识基础的日益积累和不断延伸，业务涵盖范围的拓展，企业会倾向采取所有权一体化程度更高的纵向治理机制，以解决第I类集群因对外部资源依赖较高及网络中的协调者（或关键角色）与网络其他成员之间的委托代理等所引发的问题，以及加强对外部资源索取的话语权（如对资金、对高级专业人才、行业标准定制等）。在实际案例中表现为M型企业集团或钱德勒式企业，如富士康企业集团。

第III类形态的集群，这类集群的特征是：一是，对外资源依赖程度低，不需要集体的统一协调，因此，协调一体化程度也低；二是，企业自身的资源基础较为广泛且具有一定程度的所有权一体化，如马歇尔式工业区。

第IV类形态的集群，这类集群的特征是：一是，企业资源基础较为狭窄，具有专业化分工的特征。二是，对外资源依赖程度低，协调一体化程度很低，企业间协调采取的是相互协调。三是，企业间的所有权一体化程度也最低，网络调适是这种形态的主要协调机制，如第三意大利工业区。

2. 组织能力观

(1) 组织能力观及地方能力

组织能力观的兴起源于波特竞争战略的局限性，也得力于美国企业界和学术界对企业管理实践的反思。组织能力观，是一种强调以企业组织生存、经营行为和过程中的特有能力为出发点，制定和实施企业竞争战略的理论思想,[118]有几种有代表性的观点：一是以哈默和普拉哈拉德为代表的“核心能力观”。这里“核心能力”是指蕴含于一个企业生产、经营环境之中具有明显优势的个别技术和生产技能的结合体，它注重企业价值链中的个别关键优势。另一种观点是以斯多克、伊万斯和舒尔曼为代表的“整体能力观”。“整体能力观”主要表现为组织成员的集体技能和知识以及员工相互交往方式的组织程序，强调价值链中的整体优势。三是以 Teece 等为代表的“动态能力”，“动态”一词是指组织为了因外部环境变动，而拥有的不断更新的能力。“动态能力”表现为公司整合、建立及重新配置内部与外部能力来应对快速变动环境的能力。[119]当产业技术的变动速度较快或变动幅度较大时，未来市场竞争将充满更大的不确定性，这时，企业的创新反应能力就显得极为重要。而“能力”一词则强调修正、整合及重新配置组织内部与外部的技能、资源来配合环境变动需求的能力。Teece et al. (1997) 对动态能力的定义颇受其他学者的肯定及延伸。例如，Helfat (1997)[120]提到动态能力为使厂商可以创造新的产品与程序以响应变动市场情况的能力，同时比竞争者更能应对变动、不确定的市场环境，并借着这样的能力来维持竞争优势并增加在市场上的价值。Eisenhardt & Martin (2000)[121]则认为动态能力为企业使用资源的过程——特别是整合、重组、取得及释放资源的过程，创造与发展新的能力以符合甚至创造市场机会。Zollo & Winter (2002)[122]也认为动态能力为，在追求效能改善下，透过组织系统地产生与修正它营运例规等共同活动的一种学习而来的稳定模式，并认为动态能力来自于学习，它们为修正营运的常规组成厂商的系统化方法。Zott (2003)[123]沿用 Teece et al. (1997) 对于动态能力的定义，并视动态能力为一组引导资源分配的常规或过程。

综上三种主要的能力观，当组织的研究范围从单一企业扩展到产业集群层面，组织（集群）能力观就被赋予了新内涵，它既要体现组织的整体属性，又要刻画成员的个体特征。“地方能力”是基于集群所在地的特质和产品生产知识的复杂性所建立起来的能力。它是一个能力组合，是一个地理尺度上的概念，因此，在强调产业集群创新能力的时候，我们更强调其所在地的地方能力，这种思维导向本身就隐含了地方能力与集群的相互演化关系。在产业集群中，地方能力则表现为企业对价值链中流动着的管理、技术、产品、流程、信息及创意等资源进行有效联结、学习和创造的能力，包括三个构件：1）全球联结能力（GLC）。通过不同形式的联结（正式和或非正式的）获取全球价值链上的价值资源；2）本地企业技术能力（LTC）。表现在企业内部对新知识的创造、对内部既有知识与外部新知识的集成和对组织间知识的开发再利用；3）组织模式调适能力（OAC）。组织模式是企业与外界环境接触的介质，为了适应日新月异的外部环境、推进地方能力的持续形成，就要不断调适它，一方面要提高它感知外界环境变化的敏感度，另一方面要不断增强它与其他组织适应的能力。

(2) 全球联结能力

全球联结能力（Global Linkage Capability，GLC）是一种社会网络的关系能力（Relationship Capability）和资源的整合能力（Integrating Capability）。[124]~[128] CLC的存在强调：一是由于隐性知识是嵌入在网络结构之中，惟有目的性的联结（或行动）才能获得所需的资源；[129] 二是对于能力的动态性发展特征来说，知识源的持续更新尤其关键，企业需要对现有或新知识的创造、演化抑或是二者的新组合，而推动这些活动的组织战略活动被视为企业的动态能力。这些动态能力可改变企业的知识基础。[130] 三是关系联结的质量直接影响知识转移的效果。在集群内，联结更多的是体现一种社会互动。企业要获取外部知识，尤其是隐性知识，更多的是藉由网络互动和集体学习来实现知识转移，影响知识转移的因素主要有三个[131]：1）所转移知识的特征；[132],[133] 2）知识接收者和发送者的动机；[134] 3）企业的吸收能力。[135],[136] 就第二点来说，“动机”的发生和执行与双方关系联结质量息息相关。

(3) 企业技术能力

经济新增长理论表明，技术和人力资本是经济增长的引擎，技术能力的积累在长期经济增长中起到至关重要的作用。[137]~[139]尤其是基于岗位技术能力的人力资本积累，对经济持续发展更加的重要。[140]工业化是技术、组织和产业构成向更高生产力领域的转型并带来经济增长的长期进程，需要来自政府和产业界的共同努力，是一个政府与产业协同学习的过程。从东亚国家的发展历程，尤其是韩国的工业化历程，可以清楚发现技术能力积累的重要性。韩国工业化道路的成功很大程度上源于政府与产业界对“地方产业技术能力”的重视。在利用外资和国外技术引进的同时，政策性引导本地产业积累内生增长的技术能力。因此，无论是承接国际产业转移还是国内产业转型，必须重视技术能力的培植。

技术被看作是“在实践任务上的科学及其他组织知识的系统性应用”。[141]具体说，就是把投入转化为产出的具体生产流程以及在实施这种转化中采用的构成这些活动的知识和技能的总和。[142]无论对技术怎么界定，技术由两个要件构成：实体物品（如产品、工具、设备、蓝图、工艺和流程）和信息化的符号物品（如专业知识——在具体生产活动中积累的较为隐性的技能和专业技术）。

技术能力（Technological Capabilities）定义为专业技术知识积累的过程或组织学习的过程。[143]在这个“积累或组织学习过程”中，生产企业能够更有效率地利用设备与人力资源，获得效能更高的知识与技能。这个过程旨在提高生产效能和绩效改善，其可在企业内部如生产车间、品质控制、流程改善、产品设计、测试、采购以及研发等部门发生并以多种方式呈现。任何一个生产企业都需要这些活动，但未必都需要在企业内实现，这就涉及到技术能力的分类及其能力侧重。技术能力可以分为：投资能力、生产能力和学习机制。其中，投资能力，是指拥有可以用于甄别可行的投资项目、适宜的公司区位、采购合适的技术、设计和建设工厂、施工管理、试产和营运的一整套知识和技能。生产能力，是指一个工厂运作、改善所需的技能和知识集合。既包括生产活动中的基本能力，如品质控制、维修、计划等基本活动，也包括高级的能力，随着外部环境的变动而所需的调适和创新能力，如流程改善、产品设计、新产品导入等相对复杂和系统性的知识和技能。在技术能力的三个构件中，学习机制是最核心的要素，它是生产能力和投资能力动态变化的动力机制。它能够帮助企业获得新的或改善现有的投资能力和生产能力。对于技术能力的学习主要有三个目的：获得具体操作的新技术、改善已有的技术和创造新技术。[144],[145]

当然，技术能力并不是自动形成的，它依赖于企业持续的有效的组织学习。技术学习是指企业利用各种知识来源形成技术能力的学习行为和学习过程。后发工业国企业的技术学习来源一般分为三种：1）从国外引进技术进行学习。发达国家作为技术创新的先行者，一般也是技术贸易的输出国。后发工业国的企业可以通过国际贸易进口凝聚着先进知识的资本货品、或者通过购买技术许可证等技术贸易、或者利用外国直接投资带来的技术转移、或是通过商业性的展览、培训、信息交流、或者通过大众媒体以及学术交流等渠道从国外获得先进的技术或者知识。2）从国内公共科研机构、商业组织或者其他渠道进行学习。本国的高等院校、科研院所以及上下游企业都可以为企业提供新的知识来源。3）企业内部的学习。它包括干中学、用中学等能够提高生产能力、投资能力的学习和“研发中学”等能够提高创新能力的学习。

全球联结能力拓展了企业可触及的资源半径，但是未必就一定能够动用。这依赖企业或组织的吸收能力相对水平。在影响知识转移的三个因素中，吸收能力至关重要，尤其是在知识学习和技术能力积累愈来愈建立在组织间互动学习机制的背景下，如果缺乏对等的吸收能力，知识转移不仅颇具成本[146]，而且过程也是比较难，转移效果非常差。因此，企业技术能力的提高不仅可带来直接的经济效益等好处，还可通过其提高组织的吸收能力，进而提高企业在同行中的“知识地位”，并获得社会性认同。

（4）组织模式调适能力

产业集群是兼具经济性和社会性的中间性组织。组织是一种有意识地对人的活动或力量进行协调的关系，是两个或两个以上的人自觉协作的活动或力量所组成的一个体系。组织既是结构的有形体系，又是关系网络或力量协作的无形系统。组织模式调适能力，是指组织自身因所处价值链中的竞合关系变化而有渐进修复、调适有形体系或无形力量协作系统的意愿、技能和知识。无论是微观层面的企业组织，还是中观层面的集群组织，组织运作模式对知识流动都具有显著的影响，都需要进行组织模式的调适。

在实际的企业运作中，组织模式调适的能力常常表现为商业模式创新。一方面，地方企业商业模式创新，尤其是在集群视角下具有最佳效率的组织模式是改变地方产业集群在全球价值链上的地位，形成新竞争优势的有效方式。[147]另一方面，当前的企业运作模式已经严重束缚了企业灵活应对环境变化的弹性和创新动力。组织模式的功能要适应甚至超越企业生产活动所处的价值链位置。[148]在 2005 年经济学人智库发起的调查中，54%的首席执行官认为，到2010 年商业模式的创新将是比产品和服务创新更重要的创新，新的商业模式取代传统的产品成为企业竞争优势的驱动力。在经历了要素驱动与投资驱动两个阶段之后，中国企业开始向更高的境界迈进，那就是商业模式的创新。从西方发达国家的产业增长路径分析可看出，商业模式创新直接整合了企业的战略意图和产业链资源。一是企业获得或保持竞争优势并转化为核心竞争力的有效组织，能给企业带来快速增长和先占竞争威胁；二是引致产业组织的演变，打破产业的原有竞争格局；三是能够引领产业的高速增长，能给企业带来较高的商业与金融价值。

2.2.4 企业家精神与创新

1. 企业家（企业家精神）概念

“企业家”（Entrepreneur）一词源于法语 Entreprendre，意思是中间人或中介。到了中世纪，“企业家”指的是与政府签订固定价格合同，承担盈利（亏损）风险的人。最早论述这一概念的是法国经济学家理查德·坎蒂隆（Richard Cantillon）。在他的论述中，“企业家”就是在市场中充分利用未被他人认识的获利机会并成就一番事业的人。坎蒂隆在其著作《商业性质概论》中写道，“任何种类的自我雇佣的人，只要一个人不是受雇于他人或为工资而工作，他就是一个企业家。”“企业家阶层与雇佣人员阶层的关键区别在于企业家生活在不确定的状况下，他们今天以确定的价格购买商品和劳务，但未来的销售价格却是不确定的。”

法国经济学家、作家萨伊（J. B. Say，1767—1832）将“企业家”推广使用。他在 1800 年前后曾这样说过：“将资源从生产力和产出较低的领域转移到生产力和产出较高的领域”。他认为，最主要的任务是做与众不同的事情，而非将已经做过的事情做得更好。萨伊是亚当·斯密的忠实崇拜者，然而他本人对经济思想的贡献，也就是企业家和企业家精神的观念，却与古典经济学的理论格格不入①。萨伊作为新闻记者经常访问英国，熟悉了亚当·斯密和托马斯·马尔萨斯的作品。在亚当·斯密的《国富论》中，没有对资本的所有者和对企业进行组织和经营的管理者或"承办者"进行正式划分。萨伊注意到资本家和"承办者"的作用与职责是不同的，即使在这两种角色集于一身的情况下也如此。萨伊不满意于以前使用的"承办者"（Undertaker）和"促进者"（Promoter）这样的词语，于是赋予了新的表达方式"企业家"。这个词从此进入国际管理词汇。可见，萨伊将提高生产力和产出的职责赋予了企业家。

最早将企业家作为独立的生产要素提出并进行研究的是英国经济学家阿尔弗雷德·马歇尔，他在其著名的《经济学原理》中系统地论述了企业家的作用。他认为，一般商品交换过程中，由于买卖双方都不能准确预测市场的供求状况，因而造成市场发展的不均衡性，而企业家则是消除这种不均衡性的特殊力量。企业家是不同于一般职业阶层的特殊阶层，他们的特殊性是敢于冒险和承担风险。

美籍奥地利经济学家约瑟夫·熊彼特对企业家的研究最有影响力，他发展了马歇尔的理论，也是第一位回归萨伊观点的主要经济学家。熊彼特在 1912 年出版的《经济发展理论》一书中指出，企业家就是"经济发展的带头人"，也是能够"实现生产要素重新组合"的创新者。熊彼特将企业家视为创新的主体，其作用在于创造性地破坏市场的均衡。他认为，动态失衡是健康经济的"常态"（而非古典经济学家所主张的均衡和资源的最佳配置），而企业家正是这一创新过程的组织者和始作俑者。通过创造性地打破市场均衡，才会出现企业家获取超额利润的机会。熊彼特认为有可能发起创业活动的五种生产要素结合方式：新产品和服务、新生产方法、新市场、新的供给来源和新的组织形式。

---

① 古典经济学讲求将依然存在的事物予以最优化，这与目前经济理论的主流思想（包括凯恩斯主义、弗里德曼货币学派以及供给经济学派）是一致的。它注重使现存的资源发挥最大作用，并力求均衡的建立。由于无法解释"企业家"这一现象，因此将"企业家"归为"外部力量"，与气候和天气、政府和政治、瘟疫和战争以及科技归为一类。

“创新实务派大师”彼得·德鲁克（Peter F. Drucker）在1985年出版的《创新与企业家精神》回到了萨伊对企业家的定义，同时又发展了熊彼特的理论。在德鲁克看来，“企业家”（或“企业家精神”）就是：（1）大幅度提高资源产出；（2）创造出新颖而又与众不同的东西，改变价值；（3）开创了新市场和新顾客群；（4）视变化为常态，他们总是寻找变化，对它作出反应，并将它视为机遇加以利用。同时他认为，企业家精神是一种行动，而不是人格特征。可见，从坎蒂隆到德鲁克，“企业家”已经从个人的品格特性转变为一种行为特质。由此，“企业家”和“企业家精神”得以通用。

2. 政府支持与企业家精神

政府支持对企业家精神的促进作用可从 Maryann（2007）[149]对生物产业集群的研究中得以了解。马里兰拥有282家生物技术公司，企业家们从别处跳槽来到这里创业。企业家精神对应于外部要素：由于联邦雇用政策的改变，出现了不完全就业的熟练劳动力，这为私有企业接触联邦政府并商业化新技术提供了新的机会。更重要的是，企业家抓住集群发展势头，并从早期的创业企业中衍生出许多新企业。企业家从风险资本中兑现，创建另一个新企业。企业家还要游说政府资源，尝试改变本地大学合作姿态。一旦企业家抓住了机会，集群便产生，且有道德的、自续的循环便出现了。[150]有三点外在要素激励了企业家才能，为生物技术集群的产生创造了条件：（1）预先存在的资源；（2）企业家精神与奖励办法；（3）政府提供的基础设施。这些要素能降低企业家精神的机会成本，促进新财富的形成。

因此，从以上企业家精神演进的过程可以看出，企业家精神既延续了原有的内涵，秉承熊彼特和德鲁克的学术观点——企业家精神是一种行为。另一方面，它又被赋予新的时代特征，即强调企业家精神的能动作用——对政府决策产生影响。本书认为，企业家精神是一种社会行动，这种行动不仅能够为企业提高持续的盈利能力，而且还能影响一个地方产业的形成与发展，甚至影响地方政府的经济决策。

3. 创新是企业家精神的内在属性

许多学者支持“创新是企业家精神核心”的观点。德鲁克（1985）就明确肯定了企业家的社会创新精神，并把这种精神系统地提高到社会进步的杠杆作用的地位；熊彼特（1912）也认为企业家就是具有创新精神，实现“新组合”的一个特殊群体，其个性特征上应体现出富于创新意识，具有先见之明，用新的方法把生产诸要素组织综合起来进行经营。

根据德鲁克的观点，创新来源于：（1）机构内部和外部的变化，包括意料之外的事件、不协调的事件、基于程序需要的创新以及不起眼的产业与市场结构的变化；（2）人口变动、观念转变及新的知识。企业是创新真正实现的市场主体，而在整个企业创新的社会活动中，创新始终离不开企业的创新战略，实施不同的创新战略就意味着采取不同的实现创新结果的路径。

波特（1985）认为企业家必须在两类市场战略间作出选择。

一是领导型战略创新。需要企业家有很强的创新能力和冒险精神，还需要将这种冒险精神联系到相关新知识的主要来源和消费需求的反馈上。熊彼特（1911）在论述企业家是创新的开拓者时指出“只有当他实际‘实施新的组合’时，他才是一个企业家；而一旦他建立起自己的企业，也就是当他安定下来，如同其他人经营各自的企业那样经营这个企业时，他就失去了这个特征。……因此，很少有人在他几十年的活动生涯中总是一个企业家……”，事实上，熊彼特笔下的这类首次实行整合创新的企业家实施的就是“领导型战略创新”。

二是跟进型战略创新。需要对竞争者熟悉且有很高的智慧，以此实现对竞争者的评估、学习和借鉴，以降低自身成本。约瑟芬·斯姆彼特是创新经济理论领域的“教父”，他是一名杰出的经济学家，同时担任奥地利政府商业部长。他曾说：“在一个创业者完成创新后，其他的创业者必然会意识到这种创新，然后不可避免地就会模仿它，结果就会出现新的创新活动。这样循环的创新活动就会消除所谓的‘垄断性利润’①，从而达到一个平衡状态。”他所说的这类模仿为主的企业家实行的就是“跟进型战略创新”。[151]

① 创业者在战略上取得竞争优势的途径就是科技创新，即一种新产品或服务，或是新产品或服务的生成过程。而且短期内这是创业者致富的唯一创新途径。斯姆彼特把它叫做“垄断性利润”。

第3章
集群创新分析框架

在我国前30年的改革开放历程中，产业集群描绘了让世界羡慕不已的经济发展曲线，尤其是沿海地区具有地方特色的产业集群已占到本区域工业增加值的50%以上，为当地带来了财富的迅速积累。然而，时过境迁，在金融危机之下曾经发展势如破竹的产业集群犹如巨石下的卵，应接不力。沿海经济体是典型的外向型集群经济，其对危机的表征甚是明显，感受也甚是深刻。于是，转型发展在各层面被人们所聚焦，并反思原有发展模式。然而，症结不在于实施外向型经济发展战略自身，而是在于这个外向发展模式是否使得这些经济体获得自生能力。

从2008年往回看的30年，沿海地区把握了世界经济转型的机会，建构出一个相当具有国际竞争力的产业集群生产网络，也利用其累积了大量的资本。这30年，历史给沿海地区的发展重心在生产，这段时间也正值国际产业转移的第三次浪潮，也只有在生产领域沿海地区才有发展机会。在当前，面对新问题、新形势和新考验，我们同样只有创新转型发展。这是沿海地区再次面临的一个重要历史转折。这个转折在于沿海地区必须利用以前历史所奠基的基础，重塑新的国际经济空间，也就是要开始思考在"全球—地方"张力下集群创新发展的症结和逻辑，已由前30年生产的中国向后30年创新的中国转变。

3.1 "全球—地方"张力下的集群创新发展症结

沿海地区的产业集群在"全球—地方"原有张力下形成，注定也要在新张力下面临转型。这种张力来自地方能力组合内部的调适问题及其与集群演进阶段的匹配性。在全球产业愈来愈地方化，地方产业愈来愈全球化的时空背景下，地方集群能否成为全球网络（包括生产网络、贸易网络、知识网络等）中重要的功能节点，越来越取决于地方能力的三个构件：全球联结能力（GLC）、地方技术能力（LTC）和组织模式调适能力（OAC）与集群演进阶段的组合匹配性。四者之间具有一定的内在适配关系。[1],[2] 按照集群的成长轨迹，可将其演进过程划分为三大阶段：形成初期、稳定发展期和转型压力期。

集群形成初期：在“全球—地方”张力下，依据产品生产知识的复杂度和地方能力（LC）的质量，当要素边际成本（FMC）最有效时，以企业为表现的某个价值链环节在特定空间上聚集，地方集群在该区位上初步发育，此时，$LC_0 \subseteq f[\overline{LTC_0}, \overline{GLC_0}, \overline{OLC_0}]$，且$\overline{LTC_0} > \overline{GLC_0}$。

集群稳定发展期：$LC_1 \subseteq f[LTC(Power_0, L\dot{T}C_0), G\dot{L}C_0, O\dot{A}C_0]$（$Power_0$ 是资源交换关系中的权力大小）且 $L\dot{T}C_0 < G\dot{L}C_0$，企业组织模式也随着合作对象的要求而进行相应的调整。在此阶段，集群处于国外购买者或生产者驱动下快速发展阶段，地方能力增长速度较快。

集群转型压力期：$LC_1' \subseteq f[LTC(Power_0, L\dot{T}C_0'), G\dot{L}C_0', O\dot{A}C_0']$且 $L\dot{T}C_0' < L\dot{T}C_0 < G\dot{L}C_0 < G\dot{L}C_0'$，$O\dot{A}C_0' > O\dot{A}C_0$。在潜在地方能力发展要求与实际地方能力发展不协调的现状下，即 $LC_1' > LC_1$，使得 $FMC_0 < FMC_1$。由此引发地方集群面临区位滑动的危险或转型压力。

在转型压力期，外部环境变化迅猛，地方企业面临愈加严峻的竞争压力，弱势企业尤其面临着原有地位所带来的制约，潜在地方能力提高的要求与现有能力增长缓慢之间的矛盾导致集群所在区位失去最佳的生产要素边际成本优势，给地方产业集群升级与转型带来潜在的危机。这个矛盾也是地方产业集群难以创新发展的症结所在。

3.2 集群创新研究的结构和关系视角

随着产业集群的发展和研究的深入，集群创新日益成为研究领域和实务领域中的一个热点问题。1998－2008 年间，在中国期刊网中，以“集群创新”为主题进行模糊搜索，有 4936 条，每天有 1.4 篇集群创新为主题的论文出刊。其中，核心期刊 1401 条，占全部篇数的 28%。然而，若以关键词并按精确方式来搜索“集群创新”则只有 47 条，仅占核心期刊篇数的 3%。这种现象表明，一方面与集群创新的论文层出不穷，数量惊人；另一方面，真正聚焦在集群创新议题并深入研究的论文则寥寥无几。本文从 47 篇核心期刊论文中挑选出 23 篇进行梳理和总结发现，目前学界对集群创新的研究所采取的分析视角、分析对象及分析结论存在诸多重叠，处于各家之说的混沌状态。这种状态不利于对这个问题的深入研究，有必要对集群创新的研究进行一个阶段性的梳理和整合。

对国内关于集群创新的部分文献进行梳理，基本上可以划分为两个维度：中观结构和微观过程。[3] 中观结构视角，主要是从系统观、网络观等来分析集群创新的系统构建和环境塑造；微观过程关系视角，主要是从资源、学习、能力等创新要素来分析集群创新的资源获得和学习创造等内容。

集群创新的研究视角 **表3－1**

研究视角	创新条件	创新过程
结构视角	系统构建	环境塑造
关系视角	资源获得	学习创造

3.2.1 系统构建与环境塑造

1. 系统构建

这个问题集中在对集群创新系统的论述，一是论述集群创新系统的动态运行模式。有学者从系统要素间的互动关系出发来探讨集群创新系统的动态运行模式，并把互动关系分为核心网络和辅助网络内部各节点间的互动。[4] 这种互动的本质是知识互动，或者称为一种集群学习行为，体现为集群内部静态知识基础积累和集群成员动态学习互动。二是论述集群创新的系统结构。有两种观点，一种观点认为集群创新系统由三个层次的网络构成：核心网络、辅助网络和外围网络。[5] 不同的网络联结方式影响相应网络中的资源流动和相互关系。通过相互联结促进知识在集群内部创造、储存、转移和应用。一种观点认为集群创新系统分为三大模块：参与者创新主体和监督者模块、创新全过程（主体之间的联系）和运行创新计划模块、知识信息流动、法律法规政策组成的创新环境模块。[6] 然而，我们可以看出，上述两种系统构建观在本质上具有相似性。魏江等人是根据不同参与主体所形成的不同层次的网络在整个系统中的相对重要性（或位置）而展开分析；曹红军等人则是从创新所涉及的主体、过程和环境等角度来构建创新系统结构。

2. 环境塑造

环境塑造主要是与集群创新密切关联的内外部环境建设。一种是从“协调创新”角度，强调集群外部环境对集群创新影响的重要性。[7]认为集群外部环境的变化不但影响集群创新企业状态，而且影响集群的内部结构和行为方式。良好的集群外部环境是集群企业进行协同创新的必要的外部条件。并从地理区位环境、制度环境、社会文化环境、市场环境、技术环境等集群外部环境与集群协调创新的相互影响分别进行了阐述。一种是从“创新网络”角度分析环境塑造，这又分为两种思维导向：（1）把网络塑造视为创新活动发生的环境条件。集群创新网络被视为“主体获得和分享创新资源的合作创新体系”，[8]并由三个网络构成：主体网络、资源网络和活动网络。顾志刚(2007)[9]则进一步论述了发展中国家产业集群创新网络构建和技术能力提高的一个概念模型，认为外部技术资源的消化、吸收和内部化，需要产业集群内部创新网络的支持；内、外部创新网络的紧密联结，是发展中国家产业集群完成技术学习并实现技术能力提高的重要条件。(2）把网络视为主体从事创新活动行为互动的结果。一是把创新看作是互动主体接近性耦合与网络互动共同作用的产物[10]；一是把区域集群主体基于丰富的地理、社会和行业接近性所生成的互动网络看成是创新产生的基础，它纾解了主体间知识转移的障碍，使集群整体层面呈现出协同进化特征，而个体关系层面的竞争和合作催生了创新的“涨落”效应，由此推动了创新的不断生成演进。[11]也有学者认为集群创新网络反映的是要素之间的结构模式。[12]

3.2.2　资源获得与学习创造

1. 资源获得

拥有可用于创新的资源是创新活动得以展开的条件之一。一个企业的资源是其自身拥有资源和它所能动用资源的函数，包括所能获得资源的数量和质量；而资源的可获得性离不开主体与其他主体的关系联结和所属结构的限制。产业集群可以隐喻为一个拥有异质资源的“超产权”的企业集合体。对既有资源和潜在可动用资源的配置效率会直接影响集群的创新发展，而且也是非常必要的。产业集群的发展过程是对创新资源聚集和优化的过程，产业集群在形成发展过程中会形成对创新资源的不同聚集效应以及相应的流动过程。[13]其他学者，则进一步指出知识资源在集群创新中的核心作用。如吴先华等(2007)[14]从吸收能力、知识来源和创新绩效三个方面，探讨本地知识溢出对集群创新的影响。也有学者从结构层面深入分析了知识密集型服务业在集群创新系统中的创新桥梁功能，认为知识密集型服务业作为创新系统内的知识中介，扮演着四种不同的创新桥梁角色，创新桥梁的作用机理为知识获取、知识整合和新知识转移三大环节。[15]

2. 学习创造

学习创造是创新持续进行的重要过程。产业集群中的网络不仅具有资源配置的功能，更重要的是通过学习网络所带来的资源创造功能。当前，国内学者的研究，主要集中在与学习有关的压力、方式、动力和效率等方面。一种是强调集群成员间通过协调性的集群学习过程形成知识共享效应和要有一种良性竞争机制激励集群成员次第创新，即形成“挤压效应”。[16]一种是从创新主体应对创新动力的反应出发，把创新动力区分为主动型和反应型。[17]高闯，潘忠志(2006)[18]从博弈论角度分析了集群内企业的创新博弈行为，认为产业集群内的企业在技术创新开发活动中是趋于合作的。在学习方式上，蔡宁，吴结兵（2005）把集体学习区分为两种学习类型：第Ⅰ类学习和第Ⅱ类学习。[19]第Ⅰ类学习是群内个体间的学习，表现为组织间的有意识的互动。第Ⅱ类学习，被理解为系统的学习，是一种结构作用下组织间自发、无意识的互动过程。也有从管理学角度，把学习型组织的概念引入集群研究中，一种是从学习型产业集群的概念入手来构建集群创新系统[20]；一种是认为集群企业不仅要成为一个“学习型组织”，更要借助于集群创新环境成为一个“创新型组织”。[21]王敏等（2007）则探讨了集群创新系统的学习效率问题。[22]

3.3 集群的创新逻辑

3.3.1 集群创新的内涵

综观上述学者的观点，均忽视了从概念本源上探索集群创新的真正内涵。从马歇尔的“无墙工厂”[23]到后期诸多学者所强调的“网络”[24],[25]均指明：“产业区不是一个经济空间范围里的孤岛，而是通过关系与其他区域的行动者相互联结”[26]，产业集群的本质内涵，是指在一定空间范围内，各主体基于特定价值链及其扩展活动所形成的网络组织，价值发展是其物质内容。

创新并非产业集群发展的充要条件，即创新会使集群这种组织富有竞争力，但是集群发展过程中未必一定能促进企业创新。集群能否促进企业创新发展，取决于集群发展过程中建构的网络结构及其创新活动发生的学习网络。创新是知识流动的动态社会化学习过程，是在组织学习过程中实现的。一方面，对于既定的创新目标而言，获取创新所需要的资源是最重要的，经济学中资源的稀缺性特征决定了获取资源需要能力和成本；另一方面，创新始终离不开知识流动，这就涉及到学习活动所植入的情景。集群正是为这个问题提供了潜在的解决方案，它是企业创新活动植入的一个客观情境。集群创新就是从集群层面强调对企业创新活动植入的外在多重关系的治理，使得交易/交换更加有效率，实现协同发展的规模报酬递增，强调能力积累和协调成本降低，以联合行动实现集群整体功能的提升和跨越。

为此，可以这样来界定集群创新，它是一个组织间的动态学习过程。这个过程是以企业为行动主体，通过网络治理，各主体得以进行合作行动、发挥协作效率，形成健全的地方能力，持续实现价值增值和知识创新。

3.3.2　集群创新的逻辑

产业集群本质属性是一种中间性网络组织，具有市场交易特质、企业科层生产特质，以及社会互动特质。集群生产力的增进与竞争的持续，都是在这些企业网络互动中进行。如果集群出现了问题，那一定是网络的问题。如此，探讨集群生产力增进在网络互动中得以实现的逻辑，即集群的创新逻辑就是一个不可回避的问题。产业集群的本质属性就是其创新分析的逻辑起点，也即产业集群是以一价值链为主线的众多组织采取网络形式来进行组织间资源配置和创造的一种“多重关系”的结构。网络和组织即是集群分析的两个基本起点，其相关理论即可用于集群的相关研究。创新是在组织过程中学习实现的，是知识活化的社会化学习过程。一是，学习是以组织载体的学习，包括组织内学习和组织间学习；二是，组织的学习过程，是组织再物化和结构化的过程——知识的再生产过程和生产关系再生产的过程，此即学习网络管理问题；三是，组织学习发生在一定的社会实践活动中，这需要建立有效的内外联结，以获得学习所需的资源，尤其是嵌入在组织常规中的隐性知识，此即网络建构问题。

1. 网络（Network）

它是将“角色”或“机构”（企业、国家、个体、社会组织等）联系起来形成不同组织和空间尺度上的关联结构的过程，也是参与价值链活动的不同主体从事经济社会活动的外在环境（或结构）。企业与网络结构之间的关系是复杂的、动态的和模糊的，二者之间是双向的互动过程。[27]网络互动和结构对企业创新的影响，因创新活动而具有显著差异，基于不同知识基础的创新活动需要不同的关系联结类型和相应调适的网络结构。[28]因此，对网络结构的调适对于创新的促进和激发都至关重要。网络提供三个方面的思考：通过物质和非物质流实现的经济活动联系、网络被联结起来的不同方式，以及控制和协调网络的权力关系。[29]

因为网络可存在于不同空间尺度上，在分析学习网络的时候，一定要注意网络间的结构性问题。作为产业集群创新场所的学习网络，往往发生在组织与组织之间，因“协调失灵”而导致的学习中断就是一个潜存的问题。这涉及在集群视角下，一个高效率的组织模式设计问题，尤其是随着产品生产知识的复杂性、创新主体的日益多样化、分散化及组织间知识整合从传统的市场与科层的二维平面向第三维的组织共同体演进背景下，组织的模式调适是协调得以顺利实现的重要内容。

2. 资源（Resource）

产业集群持续发展的物质基础建基于价值发展，其源泉在于专业化分工带来的知识积累和基于“多重联系”的集群组织自发或有组织地高效配置技术、信息、人才、政策及其他产业要素资源。这里强调两个问题：一是资源能不断被创造；二是创造的资源能够有效的被转移。这两个问题是个双循环过程，其效果受网络关系联结和网络结构的影响。此外，资源的转移性，从更高的层面说，还要能够被“转移”到更高价值生产和价值实现的经济活动中。其中，一个最重要的就是人力资源的可转移性，这是确保社会再生产和缩短再生产该商品的社会必要劳动时间的重要基础。因此，在全球化波动的背景下产业集群转型的内涵必须包括企业的经济升级和劳动者的社会升级。[30]

3. 能力（Capability）

当前，我国东部沿海诸多地方产业集群发展的问题出在“由于潜在地方能力提高的要求与实际地方能力增长缓慢之间的矛盾导致产业集群所在区位失去最佳的生产要素边际成本优势，给地方产业集群创新转型发展带来压迫性的考验”[31]。创新所蕴含的是多种知识、能力和行为共同作用的物化表现。地方能力演化的滞后或其组合动态调整的不匹配，均会导致学习和知识创造的中断或停滞。在这里，我们之所以强调地方能力，是因为产业集群是一个经济组织的空间现象，在产业转移的背景下，强调地方能力对集群所在区位而言更加有发展的现实意义。地方能力是产业集群在某地区发展的过程性积累。它内置于产业集群的经济与社会网络结构之中。它具有几个特征：(1）动态性，地方能力包括全球联结能力、本地企业技术能力和组织模式调适能力，这三个构件随着集群周期的演进，相互之间需要进行动态调适。[32]（2）发展性，地方能力是发展的，既体现在整体上的能力增强，更要体现在单个企业的知识基础量上的增加和层次上的提升，其发展受到学习网络性状的严格约束。(3）嵌入性，无论是全球联结能力、本地企业技术能力，还是组织模式调适能力，均是企业或员工技能、知识和心智模式的概念化、社会化过程，这些能力是不可能独立存在的，总是嵌入在某个结构或主体之中，这也导致了一个能力演化的问题，即在某一群体发展路径中，主体能力是否能够跨界演化，或主体能力的进步是否有助于群体能力的发展。这个问题会涉及到空间功能的演变问题。在经济区位活动既分散又集中的背景下，一个区位亟需地方能力来利用、开发、协调不同区位上专业化集群的资源禀赋和形成自身的空间节点功能。

4. 协调（Coordination）

正如Becker（1992）的论点，分工的深化取决于知识积累和协调成本的降低。[33]对于集群而言，协调主要表现在组织间的协调，其一个潜在的负面影响即是因“协调失灵”而引起的学习中断或资源的低效率配置，进而影响知识基础的增进和阻碍分工的深化。协调本质是一个网络管理问题，其核心问题是如何通过价值链中的权力关系协调，来提高资源在网络中的配置效率。协调的结构类型之一，即是内置于主体间所建构的网络。然而，在实际运作中，通常需要发挥企业

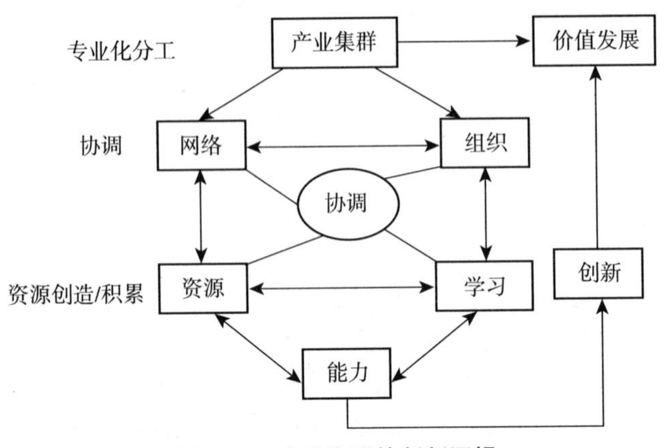

图 3-1　产业集群的创新逻辑

家精神的功能。[34] 一般来说，协调的成功需要满足以下几个条件：(1) 对协调采取积极的态度；(2) 认识到协调的必要性；(3) 把握与潜在对象协调发生的可能形式；(4) 对彼此兼容性和期望的评估；(5) 维持协调过程的能力。

3.4　知识资源、网络互动与学习网络

3.4.1　作为社会建构的知识资源

知识既是动态学习过程的投入要素又是其潜在的结果。在进入对集群中的知识进行分析之前，本节先对"资源"这个概念进行一个社会视角的认识。在经济学和管理学中，一个基本的理论假设是，相对于人的无限欲望而言，资源是稀缺的。在此前提下，展开对有限资源的最优配置，以实现主体的利润或效用最大化。这个假设是采取静态的观点，局限在现有资源的配置效率，这也是从穆勒到阿罗-德布鲁范式所分析的焦点。然而，在实际经济生活中，任何一个组织，不仅要适应环境并做出最大化行为，更重要的是要不断创造环境，获得自身的长足发展。这里的环境创造包括有（无）形资源的创造以及经济主体之间的相互关系创造。因此，对于一个组织的发展来说，不仅要强调配置效率，更要强调生产效率。

资源的价值只有放在社会生产关系加以考察才成为可能。恩格斯补充了马克思在《资本论》中对资源的观点，"其实，劳动和自然界

在一起它才是一切财富的源泉，自然界为劳动提供材料，劳动把材料转变为财富。”这定义既指出了自然资源的客观存在，又把人（包括劳动力和技术）的因素视为财富的另一不可或缺的来源。资源只有在人与人、人与自然的实践关系中才能展现其资源的价值，而资源的价值能够得以实现和发展，乃在于其能够可转移和潜在的可创造性。从这个角度说，资源本质上是社会建构的产物，社会性和可建构性是资源的本质特征。产业集群中的企业，彼此在空间上聚集，目的并不仅是为了获得基础设施共享、专业劳动力市场资源等硬外部性经济，更重要的是要通过知识溢出、合作研发、人员互动等软外部性经济的实现得以创造更多的知识资源。因此，可以认为，产业集群的存在是为了创造社会性资源。

3.4.2 网络是资源得以转移和创造的重要管道

对资源的不同建构方式会导致对资源的产出效果产生天壤之别。在传统上，资源的配置机制局限在企业科层权威命令和市场价格机制之间。网络形式的出现打破了这一传统“二分法”，网络不仅作为一种资源配置机制，而且还是资源创造机制。这主要源于网络的两个功能：“交换”功能和“协调”功能。[35]正是由于网络具有市场和企业无可比拟的协调作用，使得网络这些结合松散又相互协作的企业间关系不仅能够刺激了一系列不同物品的交换，而且还作为“一种获取组织外部专业知识资源的快速手段…”，[36]并能够采取多维视角来处理信息。创造了一个交流和相互承诺的多重网络，提高了信息的流通速度，并通过整合不同逻辑、理念和新颖信息，为进一步创新创造条件。

网络是资源得以转移的重要管道。这里的资源不仅包括企业现有资源，还包括潜在的可创造或动用的资源。产业集群可以隐喻为一个“超产权”的组织集。它是各种资源的集合体，在这个资源集合体中，最重要的是发挥企业间相互关系所建构的网络对资源的创造功能。因为，商品除了在流通中体现其经济属性，更重要的是在流通中再现其社会属性——组织与组织之间的生产关系。当商品表现为具体商品（如电脑、电子元器件、设备等）和抽象商品（知识、技术、教育、咨询、法律、流程、价值观、组织经验等）的时候，企业要创造更多的资源，就必须有能力聚集用于再生产的“抽象商品”，这就必须

"再现"凝聚在抽象商品之中的组织与组织间的实践关系——一旦抽象商品变成生产力增进的基础时，通向这种抽象商品之知识源的关系建构就尤为重要，而且流通于此类关系联结中的抽象商品也很难通过市场买卖。如果这些抽象商品都能够通过市场关系被买卖的时候，企业似乎就不需要再去构建独特的"动态能力"。[37]此外，这种组织间关系的建构会对产业结构的形塑有重要影响[38]：（1）提升行业进入壁垒；（2）可加速技术创新率；（3）对联结各方有潜在的转型效应；（4）联结本身已成为竞争的一个维度。产业集群的组织属性表现为主体对交易理性与关系理性的权衡，并根据不同行动的目的导向建构关系组合，实施不同形式的资源转移模式。而其中，通过网络能及时获得其他途径所不能得到的知识和资源，尤其是作为战略资源的隐性知识。

3.4.3 网络互动是作为战略资源的隐性知识得以转移的重要机制

从马歇尔至新马歇尔学派均认为，产业区内的知识是"弥漫在空气中"的公共物品。[39]事实上，无论在理论上还是实证分析，都验证了知识，尤其是隐性知识，在一定地理空间上的流动是不均匀的、不是随机的，而是有选择性的、有边界的，存在所谓的"马歇尔均衡悖论"。[40],[41]隐性知识作为参与全球竞争的关键资源[42]和一种重要战略资产，[43]它是嵌入在特定的网络互动模式之中的。要实现隐性知识的转移，需要集群内行为主体采取基于关系理性的网络互动行为。这种互动行为的发生得益于以下几个特点：

首先，网络互动会带来诸多潜在利益。（1）获得多样化信息、知识、技能和经验。网络互动可以学习其他企业的新技术和新运作方法，可降低新产品和产品制程的开发成本、缩短开发前置时间。（2）改善网络成员间的联结与协作状态，尤其是企业与其供应商之间。网络中领导型企业的能力被其他企业作为学习的标杆，有效的网络互动能激励学习产生综效和互补效果。（3）提高互动主体的反应能力。网络可提高参与者企业的反应速度，以及预知外界竞争环境的变化，及时学习新技术。（4）降低市场风险、道德风险、信息和交易成本。网络中的企业具有资产互补性，可共享资源，降低成本，也可共同分摊风险，并在网络中发展更多的非正式的决策机制，进一步降低成本。(5) 提高信任和社会凝聚性。网络互动培育共同的价值观、目标、规范和工作方式，这些可便利共同问题的解决，集体行动和创新行为。[44]

其次，网络互动常常发生在具有技术相似性和技术关联性的行业内部和行业间。在行业内部，往往是技术层次高的、具有技术相似性的企业间和最终产品组装企业间具有很高互动倾向；在行业间，则是以终端产品生产企业为核心展开的跨行业的互动行为，基于产品中的技术关联性是这个群体互动的特征，目的在于获得技术支持、技术寻求等。[45]

另外，网络互动不仅仅指微观主体间的互动，更是强调微观过程所构建的中观网络之间的互动，这才有社会发展整体层面的意义。尤其是在分工日益深化和细化的背景下，集群网络可能会衍生出边界明显的生产网络和外贸网络[46]，一旦这两个网络所建构的基础不同，这可能会导致网络间的“协调失灵”(Coordination Failure) 和网络间的学习过程的结构性阻碍 (Structural Block)，使得产业集群经济范围内的社会资源难以转移而失去整体竞争力。前者可能导致网络结构间的协调成本过高，在两个不同逻辑建基中的网络主体就会存在多均衡选择问题，其结果往往是导致低层次的均衡选择，即价格竞争——彼此因此而失去了合作可能带来的更多潜在利益，也加剧了彼此的过程损耗和不信任的增加。后者则让生产网络失去对“各类知识的地位”诉求的学习机会，并导致“地方能力演化陷阱”。[47]

3.4.4　学习网络是集群创新的场所

产业集群的竞争优势源泉就在于通过学习网络源源不断的创造隐性知识，并通过网络互动实现转移。学习是一个参与和反思的社会实践过程，而且是一个“使相对持久的变化在经验引起的潜在行为中发生的过程”。[48]这种相对持久的行为变化日益发生在多主体建构的学习网络之中，正如 Powell et al. (1996) 所言“当产业的知识基础既复杂又处于扩张的时期，专有知识源非常分散，创新地点会出现在学习网络中而不是单个公司中”。[49]

集群中的学习网络，实乃组织间学习，是指两个或两个以上的组织，建构一种或多种关系联结，并发展出以一定知识为基础的相互调适的学习方式，使得应对不确定性的能力不断积累和增强的动态协作学习过程。

具有以下特点：(1) 要建构一种或多种关系联结。首先，建构关系联结，是学习活动能够得以实现的行动前提。在两个主体之间没有任何联结发生，就不会有任何实质性学习活动。其次，构建的关系联结是多元的，一个企业需要不同的资源、知识和能力，就需要建立基于不同知识基础的联结形式。(2) 要具备相似或具有关联性的知识基础。组织间学习，不同于组织内部学习，学习活动是发生在两个或多个主体之间，这需要组织之间有相似的或有关联性的知识基础，否则即使有关系联结，也不能够展开彼此对话。(3) 发展相互调适的学习方式。学习方式是确保组织间学习活动持续推进的重要保障。有效的学习方式必然是高效学习过程的理论提炼，学习方式也不是一成不变的，它需要在学习过程中互动调适。(4) 不确定性变化和能力需求之间需要应对关系。组织间构建不同形式的关系联结和展开不同的学习方式，一是要应对环境不确定性、伙伴关系不确定性和任务不确定性；二是要增加处理不确定性的能力：在结构上，要发展多元的渠道、经常拜访、控制或协调；在流程上，要导向冲突解决、承诺和联合行动；在位置上，要在局部网络中发展紧密的关系联结，提升自己的网络地位；同时，也要在更大范围的网络中发展松散的关系联结，增加信息获得渠道。

由以上学习网络的特点可知，影响学习网络的因素包括：组织间联结关系形式、网络结构及其特征、知识基础及学习方式。基于不同知识基础的创新活动需要建构不同的网络关系组合和相应调适的网络结构。具体表现为：网络有效规模的扩展，有助于集群成员的理论学习，但是需要平衡与集群外部联结的关系强度。网络凝聚性的培育，有助于集群成员操作或业务学习，可能不利于理论学习。网络结构洞的搭建，有助于改善集群网络关系组合和提高地方对集群发展的环境审视，这有助于以分析性知识为基础的组织展开学习。网络联结的构建，有助于企业相互间产生“转型效应”，常常可驱使参与者采取更多的管理创新，这需要网络联结的有效性和稳定性。[50]

产业集群走创新驱动的路径是发展的必然趋势，也应该是集群推动区域经济发展的重要常态。尤其是对我国处于经济社会转型的时空背景下，深入分析产业集群的创新逻辑，对把握转型发展的内涵，以使集群的生产力能持续推进具有重大意义。

3.5　集群创新：NRCE 分析框架

长期以来，我国学界或政府在对产业集群的研究或治理中，均忽视了“微观+中观”的统一。这种忽视在一定程度上导致：当前我国诸多外向型制造业集群没有具备集群创新的条件，也没有从单纯依靠供应链物质联系向相互学习等非贸易联系的知识创新机制转变，[51]更没有体现应有的创新功能。根据前面的阐述，集群创新，它是一个组织间的动态学习过程。这个过程是以企业为行动主体，通过网络治理，各主体得以进行联合行动、发挥协作效率，形成健全的地方能力，最终实现价值增值和知识创造。这个过程展现的正是“微观过程+中观结构”的互动和（或）交换过程。[52]

集群创新取决于创新活动得以发生的结构、微观条件和微观过程，具体来说有如下几个方面：一是网络，集群自身的网络和与集群发展的其他关联性网络。二是资源，作为集群社会中可建构的资源，尤其是隐性知识等无形资源既是通过网络得以流动又是通过网络得以不断被创造。三是能力，这里关注的是地方能力，其包括三个构件，下文将详细阐述。地方能力是集群得以持续存在和发展的重要基石，也是地方优势得以转型的基础。四是企业家精神，一方面创新是它的内在属性；另一方面，企业家精神是地方能力能够动态演进和组织间协调得以实现的重要保障。[53]

前面提到，学习网络是集群创新的场所，产业集群的竞争优势源泉在于通过学习网络源源不断的创造隐性知识，并通过网络互动实现转移，逐步形成健全的地方能力。这个过程要满足以下几个条件：（1）学习网络建构及知识积累；（2）隐性知识能得以通过网络互动实现转移；（3）组织间协调成本能够降低；（4）网络间不存在学习的结构性障碍和协调失灵。NRCE 模型即是初步尝试解决以上几个问题。其中，地方能力包括：全球联结能力、本地企业技术能力和组织模式调适能力。因为，一方面企业自身的知识基础，尤其是建基于此的本地企业技术能力对企业创新绩效有显著影响，[54]是企业间展开有效对话和互动的基础；另一方面，获取或动用其他知识源的联结能力也是

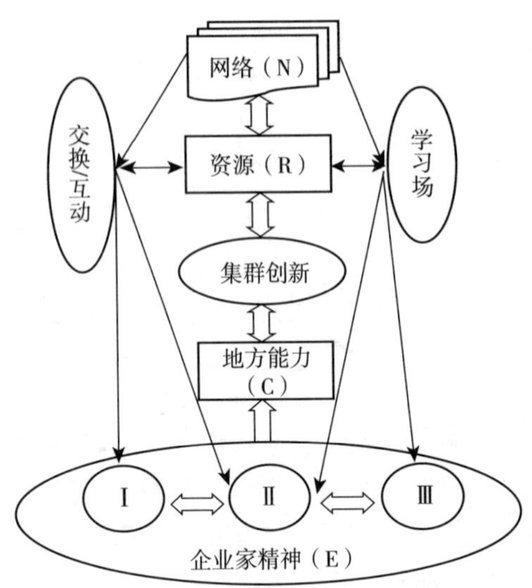

图 3－2　地方产业集群创新分析框架（NRCE 分析模型）[55]

（注：I—全球联结能力；II—企业技术能力；III—组织模式调适能力）

能力建构的核心。在以知识分工为基础的产业集群中，行动者要创新就要具备联结能力，从外部获取、动用他人所拥有的资源，这是创新发生的物质条件；三是，企业的组织模式调适和地方政府对创新活动运作环境的治理。目的是实现对外联结或互动的便利性（包括方便性和低成本）。因此，本书提出集群创新的系统性分析框架：（NRCE 模型）：网络（Network）—资源（Resource）—能力（Capability）—企业家精神（Entrepreneurship）。

3.6　地方能力与集群发展阶段

3.6.1　地方能力是产业集群创新的核心力量

产业集群创新强调的是健全地方能力的形成、价值增值和知识创新的过程。它通过地方企业的快速学习、资源整合，构建与外界竞争环境变化相适应的动态地方能力，以进入新市场或通过新的方式提高企业在原有市场中的话语权获得更多的租金。要保持地方能力的动态发展，需要地方集群内每个企业对知识源的持续更新，对现有知识的有效利用或对新知识的开发。地方能力的质量、动态演进都直接影响到地方产业集群升级的方向和速度。通过提升地方能力来获取并整合存在于不同专业区位上的分散资源，增强对技术吸收、转化的能力，就成为当前地方产业集群创新的关键问题，也是地方产业发展与转型的战略目标。

1. 全球联结能力

任何一个行动者为了获取创新所需资源，就必须要发挥能动性与集群内外的网络节点进行联结，这就需要全球尺度上的联结能力。一是集群内主体具有多样性特征。集群内包括了来自不同产业的不同经济主体，存在形式多样的交易/互动关系，包括员工之间、集团内部、集团与集团、集团与系列企业、集团与非企业，以及集团与政府之间的关系。多样的主体及互动关系是通过发展网络联结和合作形成的，企业乃至集群均需要具备足够对外界知识源的联结能力，这样才能整合来自不同技术领域和组织的知识，并结合既有技术和知识适时更新专业技能、解决新问题；二是集群内知识流动的具有选择性特性。集群内企业知识基础有差异性，而集群内知识流动也并不随机，而是存在内部“次团体”特征，[56]企业要获取或动用这些异质性和具有次团体特征的知识资源，除了具备社会、组织和认知等临近性之外，还必须有网络联结能力；三是有用知识具有隐性特征。隐性知识是组织维持竞争优势的战略性资源，是集群竞争优势的源泉，它嵌入在网络结构中的各节点位置上。并且知识的复杂度、隐性度和知识专用性会影响集群创新升级的方向、速度和强度。网络互动所形成的具有共同语言、共同理解意境特征的产业社会有利于企业间黏性、不能言语的隐性知识的转移，还能有利于创新活动开展的社会资本形成，这反过来又会对增强企业创新能力起到推动作用。

2. 本地企业技术能力

具备联结能力只是增大了企业获得资源的机会，而外界知识能否顺利沿着联结管道实现转移，除了集群运转的商业环境之外，更重要的是受所转移知识的特征、双方动机、吸收能力的影响。在这三个因素中，前两个因素可以通过提高联结能力来强化转移意愿，通过改善转移机制来实现隐性知识的转移，而吸收能力的提升则必须依赖于企业自身的努力，这依托于地方企业技术能力层次。值得指出的是，并不是所有的技术流动都能产生技术能力，企业与地方供应商和地方经济系统内的其他群体的联结是提高技术能力的关键。技术能力是专业技术知识积累或组织学习的过程。一是技术知识具有专业性。无论对技术能力如何划分，强调的均是对与生产活动直接关联的各类专业知识的获得、吸收、消化和整合。生产活动指向的专业知识属于行动者本身的主观经验和行动导向，是一种难以完全通过逻辑语言表达的情境类知识。它主要是关于如何去做的知识，包括各类技能、技术以及实践操作技巧。二是技术能力影响因素是多样的。影响技术能力的因素很多，包括知识基础、地方政策、转移模式、企业规模、生产活动领域、生产活动的组织类型、产品的标准化程度、所有权、员工培训、企业内部研发能力以及社会环境等。三是学习场发挥着重大作用。形成技术能力最关键的要素是学习机制，它能够帮助企业获得（改善）新的（现有的）投资能力和生产能力。在一个多重关系群体中，学习机制能否建立和发挥效果依赖于“学习场”的培育。“场域”的形成才能推动组织成员跨越组织边界进行社会互动、信息沟通、创意产生乃至企业家精神的迸发等。学习场能否建立和功能是否发挥，会影响到创新性知识在集群企业中的转移数量、速度和效益，也会影响整个集群的创新精神。

3. 组织模式调适能力

无论是微观层面的企业组织，还是中观层面的集群组织，组织运作模式对知识流动都具有显著的影响，都需要进行组织模式的不断调适。组织模式的功能要适应甚至超越企业生产活动所处的价值链位置。尤其是，在产品生产专业化分工的进程中，竞争的复杂性改变了企业组织和产业发展的影响要素，也改变了产业区位选择的要素。地方产业转型升级需要组织创新以应对竞争的复杂性，实现跨界（组织间）知识的有效整合，增强地方集中全球分散资源的能力和地方技术能力，提高高级生产要素在地方的集中度。

企业商业模式创新是地方能力形成的有效途径，可以提高产业的制造能力，降低企业的生产成本、分散市场风险。站在企业角度，商业模式创新是企业建立核心竞争能力的驱动力，可获得熊彼得租金；站在地方产业集群的角度，商业模式创新可以改变价值链的关键环节以形成地方产业集群独特的领域竞争优势，表现为创新能力与生产能力在组织上的分离，促进企业技术能力和全球联结能力的动态调适，加快一个地区外部经济形成并被整个产业所利用，从而引导和加快地方产业集群的升级进程。

3.6.2　集群发展阶段与关系演化

集群与一个企业、产业一样，其发展状态会经历一个演变过程。在空间上，集群的演进周期会形成受内生因素和外生因素共同影响的发展路径[57]；在时间上，国内学者根据进入该集群的企业数量，把这个过程划分为四个阶段：萌芽期、成长期、成熟期和衰退期。集群中企业的数量和工业附加值随着集群生命周期的不同阶段呈现出先上后下降的波浪型变化特征[58]；并把产业集群步入衰退期的因素分为内外因素，如产业集群的“锁定效应”、“过度竞争”、“机会主义行为”等。[59]这些观点均给出了集群发展历程中不同阶段的直观串联，然而，集群演进周期理论的实践意义在于能够为决策者做出正确决策，有利于集群转型。因此，更重要的是要剖析集群演进各阶段特征及其内涵变化。主要表现在两个方面：一是，集群不同发展阶段的内涵变化；二是，集群不同发展阶段上集群内企业关系变化特征。

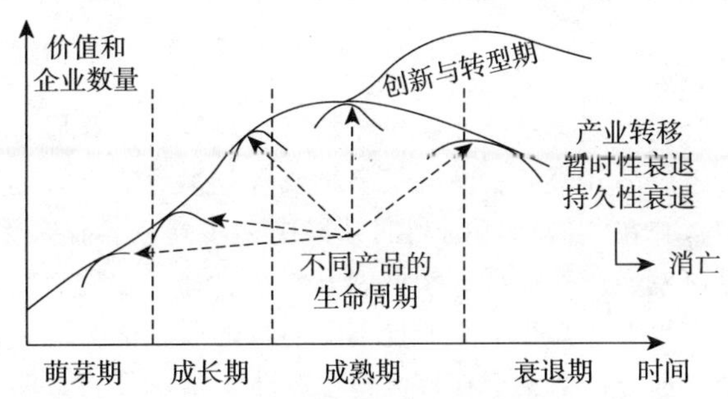

图 3－3　产业集群的生命周期演化[60]

产业集群发展形态演化指的是产业集群从某个具有阶段特征的整体结构与态势向另一个具有阶段特征的整体结构与态势的演化过程，主要包括两方面内容：集群要素结构演化和集群要素的关联演化。[61]但是，这种结构关系的演化，无法在高利润的分配阶段或在外部大事件触发所形成的群体性路径依赖下有自发变动的可能，关系结构改变，市场意识的真正成熟，要在集群网络的生产效益无法与劳动力、环境成本上升或国外市场需求巨变相抗衡的时候，才会变成是企业具体而全面性的问题。[62]本文从发展的角度，把集群的发展阶段分为：形成、扩张、成熟和转型。

集群演化的不同阶段 **表 3－2**

阶段	形成	扩张	成熟	转型
价值链特征	建立特定价值链	专业化分工协作	角色稳定	角色再定位
战略关系	关系建立	关系强化	关系张力	关系重组
企业进出	企业进入	大量企业进入	进入少退出少	进入少退出多
合作领域	研发、生产工艺 日常合作机制	研发、培训、工艺改善市场、基础设施	研发、培训 市场保护和转型	研发、培训 新合作机制
成功因素	地方资源 专业知识 国内市场需求	地方资源 专业知识 风险资本	地方资源 专业知识 平衡国内外市场	新地方资源 专业知识 企业家精神
政府角色	促进企业聚集 信息提供	鼓励外包、市场扩张，人才、技术等政策	引导企业整合，能力提升战略	企业整合 转型引导
地方能力	LTC 存量大于 NLC	LTC 增长较快，OAC、NLC 形成	OAC、LTC 增速 <NLC 增速	LC 重构

1. 形成阶段

市场机会的出现吸引企业聚集在特定地理空间，并展开合作，为市场提供特定产品和服务。围绕某产品或服务生产的价值链被一群企业构建起来，并在共同市场的利润开发中初步建立合作关系。然后，逐步在产品研发、产品设计等领域展开梯次合作。在这个阶段，本地企业技术能力等专业知识的重要性高于对外的联结能力，企业家精神也异常活跃，地方产业集群在该区位上初步形成和发育，转移过来的集群也会在此落脚。

2. 扩张阶段

企业间的专业化分工愈趋精细，分工协作的格局基本成形，企业（包括本地企业和外资等其他企业）开始在战略领域加强合作和寻求新的合作基础，拓展新的市场。合作领域包括产品流程改善、产品范围拓展、风险资本引入成立新企业。此时，不断会有新企业进入，市场竞争会趋向于激烈。企业技术能力开始快速发展，网络联结能力也在信息网络的建设中逐渐形成，以满足业务范围的地域性拓展的需要。

3. 成熟阶段

在集群所建基的价值链上，企业间的角色支持达到一个相对稳定状态，相互调适的空间也较小。同时，为了确保已有的市场地位和应对竞争压力所需要的话语权，企业在竞争领域展开的竞争也日渐激烈，相互支持的战略关系在内外市场的压力下，开始有变异的蠕动。一些企业可能考虑退出集群，一些企业可能开始转向更高价值的价值链。[63],[64]成熟阶段，集群也会有自动或被迫分解的潜在危险。这个时候，地方能力的实际状态与潜在的转型需求的矛盾开始加剧，突出表现在地方企业技术能力增长严重滞后于联结能力发展所需要的匹配水平。

4. 转型阶段。集群内的企业转型压力与日俱增，若要继续生存下去，必须进行：一是角色再定位、关系的“解构”和“再重组”；二是新合作机制的建立；三是发挥企业家精神实现二次创业。不过，更重要的是企业和地方政府都要能够正确把握地方能力的调适方向和对应能力的匹配性。

无论产业集群发展处于哪个阶段，始终伴随阶段运动的是企业间生产关系的演变：不稳定关系⟶内部导向的稳定关系⟶不稳定关系。在集群中，一方面，关系理性所建立的“绑定关系”既可以弥补市场交易理性和企业科层权威命令的不足，带来资源的高配置效率。另一方面，又会在阶段演变中，形成固化的、内部导向的稳定“盲目

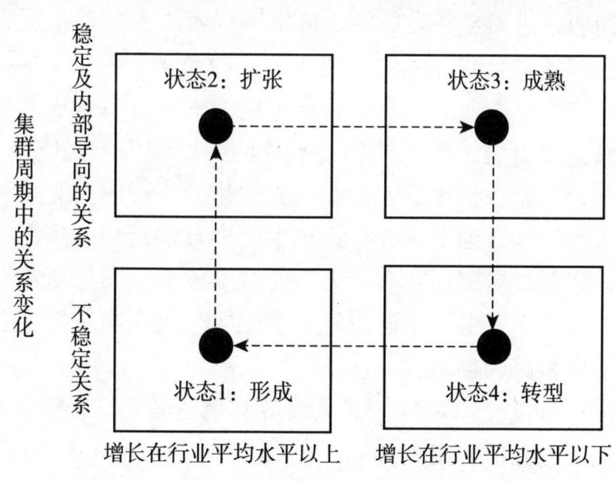

图3－4　集群中的关系演变

关系”，这会大大降低对外部环境变化的机动性，阻碍集群的发展。[65] 到集群转型阶段，这种僵化的关系又要面临被解构和再重组，再次形成不稳定的关系，进入下一个发展循环。

3.6.3 能力演化与群体路径、网络结构嵌入方式

1. 能力演化

在本书我们强调能力的地方性，尤其是在产业全球转移的时空背景下，作为一个地区来说，培植能带来自生发展的能力是成为全球光滑空间中“黏性地方”（Sticky Place）的重要基础。从另一个角度说，只要当能力的形成不是自生的时候，我们才强调能力要从派生能力向自生能力的演化。

在进入能力演化的概念前，需要先引入能力边界的概念。边界是特定主体在既定行动中所能触及的功能或最大活动空间（或领域），类似经济学中的生产可能性边界，它既是现有行动的限制又是取得新突破的基点。个体能力既会影响到能力边界的扩展、突破和变异，同时又会反作用于个体的能力积累和行动绩效。

边界的形成通常面临两种市场环境：市场主导和非市场引导，如外部大事件冲击，[66] “大事件”主要是指对一个地区或一个产业等对象的发展路径有直接、深远影响的事件，甚至会改变原有的发展路径，包括国家政策、体制转型、突发事件、产业政策、企业购并等。每种市场环境中，能力边界形成的初始条件对企业、产业发展路径的影响是不同的，进而会在发展的轨迹中形成不同质的、特征各异的能力边界。在市场主导的环境中，企业形成完备的自生能力；[67] 在非市场引导的环境中，企业形成不完备自生能力——能力形成的初始条件不是自我修炼获得的，是由外部大事件的持续性引导或支持所形成。竞争市场中，不完备自生能力沿着产业演化的历程中会有两种路径取向：一是市场利基逐渐变薄，企业自生能力日益衰弱，集群的脆弱性日渐彰显，集群发展路径要么消失，要么政策继续扶持企业获得原有市场利基；二是不完备自生能力发生了变异，逐渐向新的完备能力演化，集群实现新路径创造。

Martin & Sunley（2008）[68] 认为变异和调适是集群路径发展中对内生和外生因素的反应，发展路径不会锁定在某个均衡状态。[69] 这种动态的、非均衡的演化观点更加强调主体能动性以及“反应性系列事

件”对路径演化的影响。[70],[71]因此，能力演化是指主体突破现有能力边界进入一个新能力领域。从好的一面来说，能力演化是主体能力积累和质变的交替过程，其本质是不断突破原有能力边界的约束或改变约束条件，形成完备性自生能力，实现新路径创造。因此，地方能力演化即是要强调地方技术能力、网络联结能力和组织模式调适能力的动态积累、质变和与集群发展历程中不同阶段的相互调适。

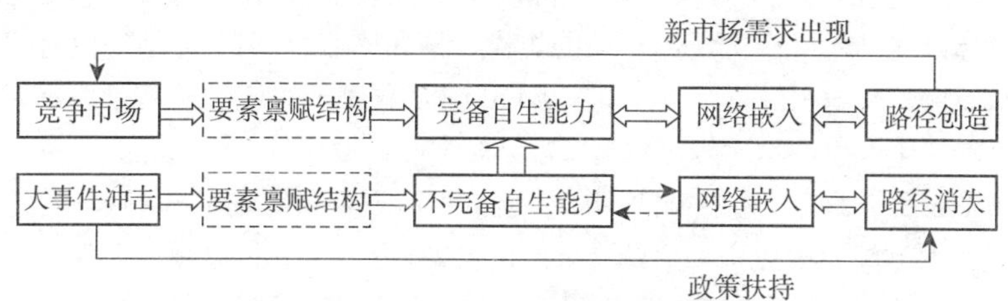

图 3－5 产业集群发展路径演化模型

2. 群体路径

群体路径根据其形成外部条件，可以分为自生完备能力导向的自发性群体路径和被外部大事件冲击而形成的衍生性路径。大事件影响下的派生性路径一旦形成，会在“强历史”[72]依赖性的作用下很长时间内难以改变，除非再一次受到另一个“大事件”的冲击或群体能力边界的自发性突破。“大事件”对特定群体的影响逻辑依次是：个体观念、行动等⟶社会网络（通过网络结构）⟶社会信号⟶集体行动。公共观念的形成、变化和传播成为一种集体社会性行动机制，通过该机制某种行动会影响到同一区位上其他人的未来行动决策。在后续演化的过程中，这些形成的习惯、理念和技巧会物质化为一定性质的集体行动，形成嵌入结构，而且这些符号化的信息流可允许行动者去生产、再生产和转换制度结构和关系结构[73]；另一方面，信息流“回路”到关系结构（影响传播速度）和制度结构（形成稳定的路径依赖），而形成社会信号（Social Signaling）[74]；同时，这些承载着特殊内容的信号又被反馈到社会行动结构之中而被结构性放大而非功能性放大。但是，网络中权力集中性和资源异质性会影响个体对群体某种功能发展路径的贡献。集体行动只有在利益和权力或中心性之间存在积极相关性的时候才会发生。因此，利益异质性对个体参与群体功能性导向具有阻碍作用。结果是，原有群体功能导向的路径被进一步固化。

这里举一个群体路径形成的典型例子。自1988年宁波拥有自营进出口权和随后国内出口退税系列应变政策之后，宁波民营经济长期以来形成了企业群体面向国际市场的订单型、突击市场型的发展路径。1988年，外贸额仅为1.5亿美元，其中出口1.1亿美元，这样的发展路径在新的“大事件”未发生之前，一直在延续着既定的路径并有可维持的（一定时间内甚至可观的）市场利润，而且这种路径在具有复制功能的群体网络结构里使得集体行动的规模逐渐在膨胀，到2007年外贸进出口总额达到565亿美元，其中，出口为383亿美元。宁波外贸是以民营企业为主的生产型一般贸易出口占绝对定位。2007年，民营企业实现出口168.3亿美元，占总额的44%；全市生产型企业实现出口234.8亿美元，占总额的61%；一般贸易出口达到281亿美元，占总额的74%。在整个群体出口导向的发展路径里，一些企业通过在原始的衍生性发展路径中，通过自生能力演化，突破了群体的能力边界（“订单型”或“OME”等形式），创造了新的出口品牌发展路径。如“敦煌”线、“贝发”笔、“长城”尺、“双鹿”电池、“韵升”八音盒、“海天”注塑机等。宁波传统产业集群，是本土企业主导的，是在国家出口导向发展战略和地方拥有自营出口权共同促进下成长起来的一批企业群体。其特征一是全球市场竞争理念和国际商业运作经验缺乏；二是企业群体中，少数企业自我导向了完备自生能力的发展路径，大部分则仍然限定在衍生能力构筑的边界之内。

3. 网络结构嵌入方式

尽管经济日益走向全球化，但是大多数的企业生产与就业，目前仍是而且未来也将是地域性与区域性的。这主要得益于信息—技术范式下，全球化触角的延伸和跨国公司战略意图在全球适宜区位上的表征：生产要素在全球尺度上动态组织，生产力的增进与竞争的持续，是在企业网络之间互动的全球网络中进行的。在企业—区位—全球的网络结构中，不论公司、区域还是国家的生产力与竞争力，基本上是看它们能否有效生产、处理及应用以知识为基础的信息而定。从节点功能及其与所在区位的关系，把既定区位上的企业群体嵌入全球经济生产活动的方式分为：基于全球生产网络的复制式嵌入和面向全球市场的地方供应基地式嵌入。[75]

（1）基于全球生产网络的复制式嵌入

它是在全球产业国际转移的背景下，以跨国公司为核心，寻找新市场，以便吸收日渐增长的商品与服务生产能力，并且全球尺度上布置功能环节的战略意图在新区位空间上再现原有的网络关系，该结构倾向复制自身，并且随着竞争而不断扩展。跨国公司的全球生产网络，其构建和拓展的逻辑是让公司（或是某项产业计划）在网络中能因其相对区位而得到竞争优势。其意图是赢得市场占有率，增强获利力，以及股东价值的增长，而不是旨在推动区位生产力的提高。

信息技术对生产方式的革命性变革，直接推动了生产活动所包含的物质流、信息流在“流动空间”中形成具有特殊性质的、具有明确边界的空间单元。该空间单元已经脱离了具体区位的限制和属性的影响，并且以自有的方式强化工具性导向的功能收敛。① 因此，对于外资主导的集群，无论从战略意图还是网络结构，其能力边界具有高度的动态性、高度的选择性、高度的排他性和高度的不稳定性。如外资主导的苏州 IT 集群，是跨国公司全球生产网络中的一个功能节点，是原有功能、结构、属性在苏州区位上的复制，外资企业具备完全市场竞争的运作理念和积累多年的产业知识基础，具备完备的自生能力。他们有既定的技术联结方式，技术产生与传播的过程也是围绕着跨国生产网络而组织，大部分独立于地方政府政策（最初的政策利基仅仅是迎合了跨国公司的战略意图）和地方产业之外。而同时，全球生产网络把各个区位上的“区段化”的功能节点相互联结，隐藏了区段化移动的潜在压力。有价值的区段会因为联结上全球网络而获得价值创造与财富；而没有价值或不再有价值的区段则会脱离网络，最后被抛弃。这样，全球生产网络里的位置会因为增值或贬值而随着时间而变动，这使得国家、区域和人口都不断变动，这种结构所引发的不稳定状态，直接改变了原有地区、产业的发展路径。

（2）面向全球的地方供应基地式嵌入

它是在国家或地区的出口导向战略下，由众多本土出口企业构成的群体，其生产产品以销往国际市场为主，在一定程度上扮演了国际买家

① 杨锐．政策性租金与自生能力演化——兼谈当前企业发展，宁波市发展规划研究院内部学术报告，2008 年 10 月 25 日．

的商品供应基地角色。供应基地在给地区带来财富增长的同时，也造成了发达经济体与发展中经济体之间的不平等交换，一个地区的经济出口导向能否保证其增长，完全依赖该经济体出口商品的价值而定。对一个地区来说，竞争力是在自由与公平的市场条件下，其企业所生产商品与服务的能力能够通过国际市场考验，并同时增加其地区居民的实质收入的程度。并立足于经济体生产力的优越表现，以及经济体将产出移转至高生产力行业的能力，从而造就高水准的实际工资。在供应基地角色下的不平等交换的一个显著例子就是我国的紧固件产业。2006 年全国紧固件出口值为 33.6 亿美元，出口量为 328.6 万吨，出口以低端市场为主，出口平均单价维持在 1 美元/千克，出口的前五名是美国（占 29.9%）、日本（6.8%）、德国（5.5%）、英国（4.4%）和意大利（2.9%）。进口值为 16.9 亿美元，进口量为 17.1 万吨，进口产品以高品级为主，进口平均单价为 10 美元/千克，进口的前五名是日本（占 29.8%）、美国（占 11.6%）、中国台湾地区（10.6%）、德国（10.2%）、韩国（10.2%），其中来自美国的平均进口单价达 22 美元/公斤。

在政策性租金①支持下的企业出口导向发展战略下，先行者（“试水者”）的成功案例，逐渐形成强烈的“社会信号”，并通过特有的网络结构，信号被放大。群体采取以传统产品或低端技术生产特征为主的产品出口发展路径，结果是众多产品在市场、技术、产品等上均有高度重叠。比如，宁波的外贸市场主要集中在东亚和欧美。2007 年，宁波对亚洲、欧洲和北美出口额分别为 122.9 亿美元、130.6 亿美元和 74.2 亿美元，分别占总额的 32%、35% 和 19%。三大区域的出口总额占 2007 年宁波 GDP 的比重高达 67%。依赖国外市场的商品生产供应基地面临三个外部的约束：第一，国外市场对供应物品具有高度的选择性；第二，国外购买者有采取集体行动而成为象征上的“统一买家”造成的潜在压价威胁[76]；第三、受到国外市场技术贸易壁垒的严格约束。技术壁垒（如“欧盟新电池指令”、“欧盟 REACH 指令”等）已成为宁波市继汇率、关税后的第三大出口贸易障碍。2007 年以来，全市有 30.74% 的出口企业遭受到国外技术壁垒

① 由于国家出于某种战略目的而实施的特定阶段的制度，让特殊群体获得制度性安排的额外收益，一种货币性收益。它是一种宏观层面的租金，同时对受益者而言是被动给予的。

的影响，损失总额达47.13亿美元，占欧美出口额的19.57%。取消订单和增加额外费用是技术壁垒对宁波市出口企业最直接的影响。[①]国内政策性租金的逐渐消失和国外技术壁垒的严格约束，企业市场利润空间受到极端的挤压，对于企业所在的区位而言，因依赖过分狭隘的专业化经济体而变得脆弱。

依赖国外市场的商品生产供应基地还好导致潜在的地方能力演化陷阱。在对宁波近20年的服装纺织产业的研发投入强度（RDI）[②]与出口退税政策租金约束下的自生能力演化的变化曲线进行了描述后发现：企业自生能力不但没有提高，反而出现“能力演化陷阱”的特征。在20世纪90年代初期到中期，纺织服装处于产业生命周期的快速发展时期，大量的纺织服装企业，先后引进国际上先进的电脑排料、电脑设计、摊布、自动生产、立体熨烫、自动包装生产线，提高了生产设备的加工工艺水平，宁波市85%以上的重点服装企业关键技术装备已达到了国际先进水准。从20世纪90年代末开始，纺织服装产业的RDI基本上处于停滞的阶段，RDI处于［0.3%～0.6%］。

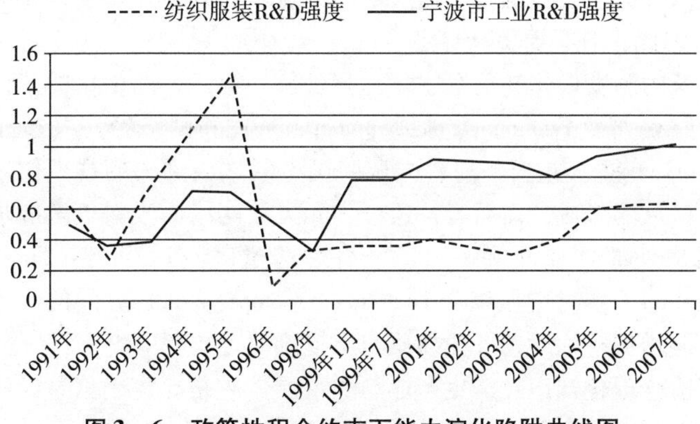

图3－6　政策性租金约束下能力演化陷阱曲线图

（数据来源：根据宁波统计年鉴（1986—2008年）绘制而成）

① 宁波市检疫检验局，2008年上半年技术性贸易措施报告。

② 指企业用于研发的资金在销售收入中的百分比，可以衡量企业“投资于盈利能力积累”的意愿程度。

以上表明，出口退税的政策性租金和产业生命周期的阶段特征相互调适的错位导致了产业自生能力演化陷阱，这使得路径创造机会窗口越来越窄。问题在于企业仅重视成套设备等硬件设施的引进，忽视许可、专业技术服务、咨询等软性技术的引进；极大忽视了对“引进设备”的技术“内生化”。在整个20世纪80年代和90年代，硬件设备在中国的技术引进中占了80%之多，但许可证、“专业技能”的服务和咨询只分别占了9%、5%和3%。其次，根据同区位上的不同产业创新研究发现，路径创造窗口与产业区位、区位功能有非线性关系的现象。

3.6.4 空间离散与功能收敛

1. 离散与收敛

当前全球化的新经济或知识经济的特色是它运作于网络空间而非地方，而且有更多经济交易会移向这些新空间。[77]这是虚拟的空间动态，有无数实体与关系的同时存在。网络空间也成为介于资本/劳动、市场/国家、公/私的第三个空间，也成为新的社会冲突所在。其次，知识经济强调创新、学习、弹性和知识革命的竞争形式，也就是经济与经济以外的因素互相依赖而形成结构竞争力（Structural Competitiveness)，因此，有必要重新界定经济领域，为了结构竞争力，必须加入经济之外的制度形式、关系、资源与价值。第三，网络化的知识经济使得聚集经济（Economies of Agglomeration）和网络经济（Economies of Networks）更显重要；前者强调跨国、区域或国内的技术创新系统和学习区域的形成，而后者是透过多元无数网络而吸引更多成员加入产生网络外部性而获利。知识经济是透过时空远距化（Time-space Distantiation）和时空压缩（Time-space Compression）之间的互动，而使分工能增加空间触角并使物质与虚拟流动得速度增快。[78],[79]

当前全球化知识经济生产体制的主要矛盾是存在于信息经济和信息社会之间，前者涉及信息与知识是以知识产权的形式而由私人拥有，并产生专利与竞争的问题；后者则涉及扩大大众获得知识的管道，以增进个人能力。[80]面对这些信息经济的资本主义特性与矛盾，国家应扮演的功能包括：(1）处理生产力的社会化（The Socialization of Productive Forces)① 和生产关系的资本优势，两者之间（也是信息

① 指利用知识所制造出来的生产力是由社会中更多人所共同参与的结果。

社会与信息经济之间）的矛盾；（2）从以知识、反身性和学习为基础的竞争力观点，重新设计经济与经济以外的关系；（3）联结知识的去商品化与再商品化，也联结知识劳动与体力劳动；（4）在时空远距化和时空压缩下，为了创造时空定向以处理资本主义关系的矛盾，必须联结去地方化和再地方化，以及去暂时化和再暂时化；（5）针对积累的矛盾与困境而指出其社会政治影响。[81]

信息技术对生产方式的革命性变革，直接推动了生产活动所包含的物质流、信息流在时间的结晶中形成具有特殊性质的、具有明确边界的“空间单元”。空间是物质活动的时间结晶。空间是由不同的单元构成，具有三个特征：一是它是“物质活动”的时间结晶；二是它具有特定功能导向；三是它具有流动性。空间单元在社会生活中的表现形式非常多样，而且呈现“群”特征，如 QQ 群、博客、“论坛”等等。这些空间单元的兴起，表明通信技术的发展，创造了新的社会团体和新的社会空间单元，进一步割裂了先前的结构型态，社会的分层和片段化更加趋向于复杂和多样。社会结构在新经济时代出现了一个“矛盾现象”：一方面技术的进步，带来更多的新物质内容，物质的流动必将在时间的结晶中形成具有特殊性质的、具有明确边界的空间单元，导致社会更加的片段化，社会结构不和谐（或不稳定）因素增多；另一方面，这些片段化的空间单元却又增加了以“群体”形式呈现目的性导向的功能收敛。也就是说，这些空间单元有一个显著特征：它们在空间上呈现离散分布而在功能上趋向某种收敛。

因此，无论是“联结知识的去商品化与再商品化，也联结知识劳动与体力劳动”，还是“在时空远距化和时空压缩下，必须联结去地方化和再地方化，以及去暂时化和再暂时化”、抑或是“经济与经济以外的关系”，都可以从空间单元对既定功能的追求与单元功能内在流动性的矛盾性中得到阐释。该空间单元已经脱离了具体区位的限制和属性的影响，并且以自有方式强化其功能收敛——继续被弱化和继续被强化。在“平坦的地球”表面，区位要素对生产活动的影响越来越被相对弱化或去地化（Delocalisation），空间单元流动更多的是强化其功能性要素，而非区位要素。在这个逻辑下，全球化或区域一体化的大背景下，具有一定功能层次的空间单元，其功能将得到进一步强化。相反，则可能会成为“可以被忽视的”一员，而被整体功能导向所“溶化”，失去自我。

2. 产业空间：生产空间抑或创新空间

产业发展是组织、技术和空间的共同演化过程。新兴产业创造着自己的环境，管制系统不仅推进或制约着新兴产业市场的建立，并将区域建设为一个具有支撑作用的空间载体。在这个共同演化的过程中，产业会形塑具有特定属性、特征、功能和文化的产业空间。产业空间形塑有两种表现：自我形塑的空间和产业转移形塑的空间。产业空间也是一个具有生命力的社会有机体组织，它沿袭着空间形塑、空间僵化、空间滑动和空间再生的过程演变。目前，我国沿海地区的产业集群空间，正处于空间滑动向空间再生的历史机遇期。改革开放的前30年间，历史机遇给与中国的重心在于生产空间的形塑。而未来30年，我们必须再次抓住机遇，由生产空间向创新空间转变。

（1）生产空间的滑动危险

在全球产业转移的客观规律下，某区位上的生产空间不可能永恒的存在。就某个区位上的某个产业发展来说，唯一能够做的是尽力在生产空间滑动之前，区位能够获得其自生的地方能力，以能够维系其转型发展。但是，这样的夙愿往往受制于生产空间的一些特征。从目前来看，沿海地区较多区位上的生产空间存在以下一些特征。

一是，外商投资的产业与地方产业耦合性差。地方的产业构成演变既受到外力的推动也受到外力在关键产业领域的阻止。外资直接投资主要投向自身具备比较优势和发展前景的全球性、高成长产业，而且往往是出口比重很高的行业（如高新技术行业、机电行业或原材料加工行业）。数据统计显示，外资直接投资集中的产业与制造业附加值最高的产业较为吻合，而与地方成长最快的产业吻合度较差。[82]一方面表明外资直接投资对主导产业的发展起着促进作用；另一方面跨国公司的战略意图与东道国的产业发展战略具有不一致性。外商投资产业与地方产业耦合性差，导致地方产业发展成本中的耦合成本较高。

二是，产业政策支持的不完全性。主要表现在实际的产业发展政策引导中，过度强调工业化中产业构成的数量变化，而忽视产业构成内涵的变化。工业化是“技术、组织和产业构成”的交织变化过程，不能忽视“技术和组织”的互动问题。

三是，生产关系被动结构化导致地方产业发展过程的脆弱性。表现在两个方面，首先，“面向全球的地方供应基地式嵌入”的地方集群生产网络，其生产关系是被结构化于国外贸易商控制的交易关系之中。在国外贸易商交易关系的左右下，国内同类产品的企业会因某种历史因素而呈现集聚发展态势，获取规模经济，但是一旦外部市场萎缩，极易产生产业组织内部的“过度竞争”，同时，没有市场话语权；其次，“基于全球生产网络的复制式嵌入”的跨国公司主导的集群生产网络，其生产力的增长路径基本上与本地产业增长路径没有交集。他们有既定的技术联结方式，技术产生与传播的过程也是围绕着跨国生产网络而组织，大部分独立于地方政府政策和地方产业之外。而且这些经济生产活动还会使得国家、区域和人口都不断变动，这种结构所引发的不稳定状态，直接改变了原有地区、产业的发展路径。

（2）创新网络存在“黑洞”

企业或非企业的关系网络化是知识、资本、产品和智慧联结的重要通道。但是，当前，我国大部分产业发展面临创新网络“黑洞”问题，主要原因是：政府“主体特殊利益”下形成的产业战略文化不利于创新网络建立的企业战略行为，同时加剧了横向知识联系的不足。

一是，政府“主体特殊利益”与特殊产业战略文化的形成。在官员根深蒂固追求政治周期的执政理念下，企业家形成了理性的“企业战略文化”——这种文化鼓励企业家只谋求短期利润和过度多元化。在这样的产业文化主导下，企业没有多余的空间可以联合起来争取合法的共同利益。这种结构使企业的领导者们侧重于和政府官员搞好关系。地方政府经常操纵经济政策以谋求特殊的地方利益，主体特殊利益主义的官僚体制，成了一个“硬性障碍”，妨碍企业之间的团结协作、风险分担和采取集体行动。在这样的文化下，企业会有以下决策行动：1）企业为了获得市场准入或占有特定资源、某些规则和管制的“例外”，企业力求从官员那里获得特殊照顾或恩准。2）最大化既得利益，很多企业在他们的行业内避免合作，尤其是如果这样的合作跨越地区或政治官僚边界时，同时也是为了避免与其他企业和他们的庇护者们纠缠不清。3）企业通常关注短期利益，而忽视长期的能力投资。

二是，价格竞争和多元化成为企业的主要战略选择。对企业来说，竞争力就是赢得市场占有率的能力。一般有三种途径：1）汇率（E）上升。即通过人民币贬值，赢得国际市场竞争力的提高。2）产品价格（P）下降。通过规模经济，大幅度降低生产成本或极力压低劳动者工资或福利。3）提高产品价值（PV）——通过产品、工艺和功能创新，实现产品价值的提高；抑或以最低的可察觉价格向顾客提供最高的可察觉的使用价值。在企业理性的思维下，选择价格竞争是最合理的。结果是，“资本”成了投入生产要素中的中性要素，“劳动”成了正常要素，导致 $K_{实际}$（实际投资水平）$< K_{应该}$（应该投资水平）；再加上，各类政策性租金及与官员的关系谋求，就大大稀释了企业应该投资（$K_{应该}$）的压力。产业组织内部的“竞争压力”，被“政策性支持、关系谋求”和“巨大的外部市场需求”慢慢稀释掉。“竞争压力降低幻觉”导致了“X 非效率”的增加和创新产出的减少。价格竞争的结果就是产品的粗制滥造、偷工减料、产品质量降低，并且采取一些破坏生态环境和牺牲劳工权益的措施。为此，企业又不得不从政府官员那里获得政府“熟视无睹”的许可；进而，又加固了原有的企业战略文化，更加的限制了创新活动的展开。其次，企业的过度多元化在一定程度上限制了企业开发新产品和提高深化服务的能力。

三是，横向知识联系严重不足。主要表现在两个方面：1）本土企业研发能力不强，大学—产业—企业实质合作关系薄弱；2）大企业与中小企业之间的产业联系或知识联系不健全，甚至没有。国内企业或产业尚未建立健全的技术供应网络（或知识市场）。知识创造机构或供应商与国内企业的知识需求之间没有形成稳定而有效的需求拉力，各自孤岛式发展。知识创造机构的创新能力被“无奈”地埋没；同时，生产企业不得不在技术含量不高的产品创新中进行价格血拼，而让创新可能带来的高额利润流失他人。问题的症结在于，中国产业技术积累、创新、扩散的软肋在于“横向网络”的缺失，主要原因是现有的官僚体质限制了独立性的社会组织和横向联系的网络化发展，相反，强化了与官僚体制的垂直关系。企业群体通过自身联合谋求合法的共同利益的渠道相当少，在这样的环境下，企业唯有寻求与政府官员建立关系。这些观点也表明了，产业集群的合作行动能够得以实现[83]，其关键在于能够弥补现行创新网络中的“黑洞”——被企业与政府谋求特殊利益的关系所挤占。

3.7　网络与集群演进

杨瑞龙等（2003）认为，“一个有效的经济组织的目标是在给定分配规则的情况下，最大化共同创造的剩余，而生产（与剩余的生产规模有关）和交易（与剩余的分配有关）是经济组织不可或缺的过程”[84]，与此同时，全球化经济的出现，使得“生产空间”和“消费市场”在全球地域上的分离，对任何一个地方产业集群而言，面对的是一个全球性的市场和商品流通。于是，在商品生产和流通的两端就出现了：生产网络与贸易网络。生产网络是按照商品的生产逻辑把其使用价值生产出来的技术关系联结；外贸网络是按照商品的交易逻辑把其价值实现并表现为货币的关系联结。生产网络和贸易网络之间的关系，决定于商品中的资本权力的配置逻辑。产业集群的演进与生产网络和贸易网络是密切相关的。当前，沿海地区又要面临一个重要的历史转折，这个转折在于沿海地区必须利用以前历史所奠基的基础，重塑新的国际经济空间，也就是要开始掌控国际外贸网络。整个社会经济的发展重心，必须从生产过渡到交换。

3.7.1　贸易网络与生产网络的“二元结构”

出口导向战略提供了国际买主主导的全球商品链拓展全球经济空间的历史契机，也使我国沿海地区形成了交换控制生产的社会发展形态。既显著推动了地方经济发展，也形成了地方特色的“二横二纵”的产销网络结构，同时也引发了后续转型问题。二横：外贸网络——生产网络；二纵：“产销分离”网络和“产销合一”网络。

1. 生产网络与外贸网络

生产网络由中小企业构成，他们都围绕外贸订单生产，展开的企业协作生产网络。这类企业依附性很强，主要是为贸易商和品牌商代工生产。例如，2007 年，宁波规模以上中小企业数占行业企业总数的比重高达 99.8%，创造全市 83% 的工业总产值，96% 的劳动就业。在有利的总体环境诱因下，很多只需高中或中专学历的工人投入零组件生产与加工及代工行业。而另一些大专及以上的“淘金者”经过多年历练之后，白手起家，设立贸易公司，积极开拓国外市场，配合北美、欧盟等国外市场“买爷”的需要，打出一条活路来。在宁波，

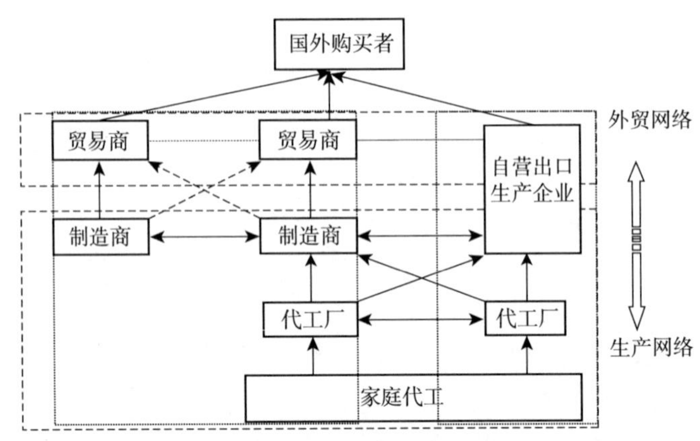

图 3－7　产业集群中的生产网络和外贸网络

（注：粗线箭头表示“强关系”；细线箭头表示“弱关系”；
虚线箭头表示未建立联结）

79%的外来务工人员集中在“生产等操作人员”职业，高中和初中及以下学历在制造业的从业人员占全行业从业人员的比重高达93%，仅慈溪家电产业从业人员就3万多。地方生产网络的形成总有其社会性和文化性，对于宁波而言，即是深度嵌入的“社会人际网络”资源，即传统文化中以血缘、亲缘、地缘或“虚拟家族团体连带”为内核构建的社会关系网络扮演生产网络规模持续扩张的重要逻辑。

外贸网络主要是由贸易商和自营生产出口企业构成，负责商品的最终交易。一般来说，贸易商具有以下功能：第一，贸易商负责产品营销，建立起不同地区的营销网络。如建立充足的全球买家资料、潜在客户的筛选、值得跟进的优质买家、主动与买家联络，高效跟进不要让买家离开你等网络的构建是一个系统而庞大的工程。第二，贸易商提供丰富的商业情报。如国外买家的采购方式或习惯、产品需求信息等等。第三，贸易商整合不同客户的小额订单。第四，贸易商扮演“辅导员”的角色以解决制造业者的系列问题。但是，就目前而言，我国外贸网络的功能主要集中在商品的“交换”功能上。

2. “产销分离”网络与“产销合一”网络

从企业交易行为看，产销分工网络又可从纵向上分为：“产销分离”网络和“产销合一”网络。“产销分离”网络，是以中型或大型贸易商主导商品对外交易，并控制一个或几个协作生产网络。“产销合一”网络，则是生产网络中由中型厂商直接掌握商品的协作生产网络和对外出口的营销网络。在“产销分离”的网络体系中，贸易商负责取得订单及相关押汇、通关工作；制造商负责生产和供货。代工厂则是规模更小的工厂，依附于制造厂或贸易商，而代工厂也可能再将工作外包给家庭代工。每一个网络“节点”，都会以现有的社会资源与关系，寻求彼此的互利。但是，“产销分离”网络中，在贸易商与制造商之间存在潜在的利益矛盾，导致产销分离网络“分而不合”的被动发展状态，其深层次的原因在于生产网络中作为资源转移机制的社会网络没有在产销分离网络中得到延伸和建构。

3. 基本贸易结构

沿海的产业空间在发展独特的经济性、社会性及文化性的协作生产网络的同时也决定了其所能采取的外贸行动方式和组织类型。一般来说，贸易结构有两种：一种是以“产销分离”为主，“产销合一”为辅；一种是以“产销合一”为主，“产销分离为辅”。不过，沿海地区的多数外贸基本结构是第一种类型。如宁波，贸易商占宁波出口额的比重，2004年为46%，2008年为37.5%，到2009年1～5月份为37%（同比下降1%）。尽管贸易商所占出口比重有所下降，但是仍占据主要位置。而自营出口生产企业占出口额比重，2004年为22.38%，2008年为21.81%，2009年1～5月份为22.96%（同比增加了2.5%）。这种贸易基本结构基本上保持稳定的发展趋势。

3.7.2　“产销分离”主导下的产业空间属性

产业的发展依托于具体的空间，在发展过程中，产业会形塑具有特定属性、特征、功能和文化的产业空间，其又会反过来促进或约束产业的发展。沿海地区产业集群的“生产模式”大多置于全球外贸网络的制约下，其必然会发展出其独特的属性和空间性格。

1. 依附全球市场持续扩张的工业“生产模式”

工业生产模式在依附全球贸易网络中得到持续扩张，形成了以中小企业为主的集群经济及内置于其中的协作生产网络。这种工业生产模式扩张主要表现在：（1）同种产品的种类扩张，如仅饮水机生产厂家慈溪市就有154家之多，其中在慈溪附海镇就达97家，大部分是基于关系资产专用的生产群体，如哥哥生产“富华”牌饮水机，弟弟生产“富仁”牌饮水机。(2) 产品范围的扩展，慈溪现有家电产品涉及空调、洗衣机、吸油烟机、饮水机、电风扇、电熨斗等十多个系列。(3) 企业数量的扩张，目前慈溪家电整机生产企业2000余家，配套企业8000余家。

2. 形成面向全球市场的地方供应基地

在外贸主导的经济发展下，形成了面向全球市场的地方供应基地。这是在国家或地区的出口导向战略下，由众多本土出口企业构成的群体在空间上聚集的经济现象，其产品以销往国际市场为主，在一定程度上扮演了国际贸易商的商品生产供应基地角色。然而，这样的基地面临三个外部硬约束：第一，国外市场对供应物品具有高度的选择性，形成生产网络内价格竞争的负面产业文化；第二，国外购买者有采取集体行动而成为象征上的“统一买家”造成的潜在压价威胁；第三，受到国外市场技术贸易壁垒的严格约束。对企业而言，外贸市场利润空间受到多层面的挤压；对于地区而言，因依赖过分狭隘的专业化经济体而变得脆弱。

3. 形成既依赖外贸却又无法控制外贸的被动局面

过去30年工业化的进程中，各层面的产业政策太强调对制造生产环节的关注，而忽视了工业化是技术、组织和空间共同演化的社会化过程。沿海诸多地区经济发展的出口依存度高达80%以上，如宁波进出口外贸依存度从1988年的4.91%上升到2007年的123.71%，出口依存度从3.81%上升到83.77%，形成经济发展依赖外贸却又无法控制外贸的局面。形成这种被动局面的症结：一方面，在于生产网络与外贸网络长期“分而不和”的二元结构下，持续扩大的集群协作生产网络并未形成完备的地方能力，而且还出现产业生命周期中“能力演化陷阱”的阶段特征。另一方面，生产模式的“整体形象”既作为整个出口接单的主要形式，又决定了产销之间的结构关系。从历史来看，这个结构关系的改变，无法在高利润的分配阶段有自发变动的可能。当生产出口儿童专用车的企业还处于做一辆童车赚一辆童车的高利润阶段，无论是生产企业的直接出口，或是通过中小型贸易商的出口，在外贸结构上，不会面临如何扩展利润或维持利润的问题；在企业主的主观认知下，也不愿意去思考更长久的利基转换问题。所以，产销关系的结构改变，市场意识的真正成熟，要在集群协作生产网络的生产效益无法与劳动力、环境成本上升或国外市场需求巨变相抗衡的时候，才会变成企业具体而全面性的问题。

4. 外贸网络中贸易商类型的多样化

产销分离的外贸结构产生了“千军万马”的贸易商群体和关联企业，根据贸易商在生产—交换模式联结中的功能层次，可分为如下五类：(1) 单一功能的贸易商。仅从事单纯的商品买卖，赚取差价，这是最原始的类型，充当国内国外两个市场的交换媒介。(2) 具有委托加工功能的贸易商。一种是贸易商通过参加“广交会”而获得国外订单，然后把订单委托给本地制造商。一种是代工生产的自营出口企业，接到什么订单就贴什么牌子，无自有品牌。这里的贸易商还有一个功能，就是整合来自国外小额订单。(3) 具有委托采购功能的贸易商。这与第二种不同之处在于，当贸易商与国外客户建立良好关系之后，国外的公司会委托贸易商去采购一些定制零部件，扮演国外制造企业“远程采购部”的功能角色。(4) 具有虚拟生产—品牌功能的贸易商。贸易商通过多年的资本积累和客户关系建立，开始根据国外客户的需求来委托国内生产商加工所需产品，并贴上贸易商的品牌LOGO，也会供应国内市场。(5) 具有品牌—虚拟生产—服务功能的贸易商。这是贸易商发展的高级形式，其不仅提供产品，还为所委托的生产企业，甚至整个行业提供特殊原材料供应、产品研发、设计、检测、技术支持、工艺设计、流程改善、培训认证等一揽子服务。

第4章 花卉产业特征及花卉产业集群

4.1 花卉产业特征

4.1.1 花卉产业是有发展潜力的产业

在21世纪最有发展前途的10大行业中，花卉业被列为第2位。花卉业是世界各国农业中唯一不受农产品配额限制的产业，被誉为“朝阳产业”。近10多年来，世界花卉业以年平均25%左右的速度增长，远远超过世界经济发展的平均速度，是世界上最具有活力的产业之一。1989年全球花卉消费额只有300亿美元，1994年已达到1300亿美元，2000年消费总额高达2000亿美元，11年间年平均增长率达18.8%，呈明显刚性增长趋势。根据农业经济学理论，花卉产品需求是指消费者在某一特定时期内，在每一价格水平上愿意而且能够购买的花卉产品数量。这一概念实际上包含了构成花卉产品需求的两个必备条件：第一，消费者具有购买欲望；第二，消费者在现行价格条件下具有支付能力。影响花卉产品需求的因素很多，包括价格、收入水平等。消费者收入水平对商品需求的影响分为三种情况：一是，随着收入的增加，需求量也增加，并且需求量的增加幅度大于收入增加幅度。这类产品称为奢侈品（需求收入弹性大于1）。二是，随着收入增加，需求量也增加，但需求量增加幅度不及收入增加的幅度。这类产品称为必需品（需求收入弹性小于1）。三是，随着收入增加，需求量减少。这类产品往往被称为劣质品(需求收入弹性为负)。

我们从GDP增长率与花卉产业产值增长率的对比可以初步发现，二者之间存在正向的增长弹性关系，也即伴随经济的增长，人们对花卉产业的需求呈显著上升趋势。我们也可以根据经济常识了解到，花卉产品属于奢侈品，温饱尚未解决的家庭是不会购买花卉的。

根据历年GDP增长率与花卉产业的产值增长率计算出二者的弹性系数得出，花卉产业的需求收入弹性为2.34，也就是说，花卉是奢侈

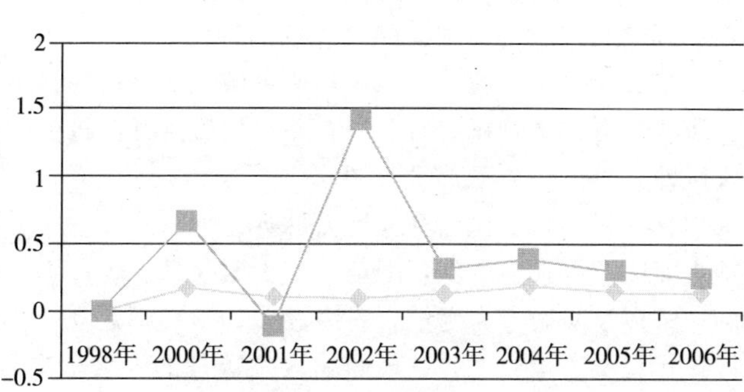

图 4-1　历年 GDP 增长率与花卉产业产值增长率比较图（1998 年~2006 年）

性消费品，而非生活必需品。国民经济的稳定快速发展，会极大提高花卉产业的市场需求：经济每提高 1 个百分点，会增加约 2 个百分点的花卉产业的产出规模。因此，从需求角度看，花卉是属于消费奢侈产品，富有收入需求弹性。表明花卉产业有很大潜在市场需求，是一个很有发展潜力的产业。

4.1.2　花卉产业是一个日趋技术化，并受消费市场规模影响很大的产业

1. 问题的提出

花卉产业的产业特征的首要表现是该产业对区位的要求。1826 年德国学者杜能（J. H. Von Thunen）所发表的孤立国首先提到有关农业产业活动的生产区位问题，杜能认为作物的生产成本、运输距离以及地租或地价为影响农作物生产区位选择的因素。而我国台湾学者黄敏展（1996）提出，有关花卉产地形成因素分为自然条件：气候（日照、气温、降雨量、风）和土壤环境以及社会、经济条件：土地、劳力、资金、技术、资材、交通运输及社会制度。布朗宁（Browning）于 1980 年，在其著作《*How to select a business site*》中提到企业主要区位要素为劳力、市场、交通、能源—燃料的可利用性、原料可及性、公用事业的可利用性、成本以及环境因素和气候等等。[1] 随后，薛益忠（1984）[2] 指出，影响农业生产区位的因素有七点：（1）与大市场的相对位置及其对不同作物的运费；（2）环境，特别是地形、土壤、

温度、湿度与生长季节，所有这些都可影响各种作物的生产成本；(3) 消费者对各种产物的需求；(4) 作物的特性，如生产力和所需劳工量；(5) 作物生产力对投入，如肥料或机械之反应；(6) 劳工质量与价格、所有权形式、土地上的人口压力，及其他就业机会之多寡等因素的区域性差异；(7) 政府政策。

陈奉瑶（1996）以我国台湾地区云林县大埤乡及斗六市为实证例子，归纳农业区位因素为[3]：灌溉条件、土壤条件、生产力、产销制度、设施、距离、交通等为变量。钱铭贵（2000）则建立一套花卉产业生产区位选择的决策模式，发现影响区位选择的因素依次是："技术因素"、"气候因素"、"土壤因素"、"交通因素"、"劳力因素"。[4] 那么，花卉产业的产业特性或对区位的偏爱还是延续传统的区位论所论述的那样吗？传统农业区位理论认为，花卉产业是劳动密集型和土地密集型的产业，生产成本在其产业布局和产业转移中，起着决定性的作用。2003 年联合国贸发组织的相关报告指出，"花卉业是高度动态的产业，其生产正在转变为技术密集型和资本密集型"。花卉产业在现实条件下有哪些特性呢？以鲜切花作为案例来实证分析。鲜切花是花卉产业的重要组成部分，隶属农业范畴。由于其易于标准化生产、易于运输，已经成为花卉产业中全球贸易最成功的案例，亦成为国际贸易的大宗商品，消费量逐年稳步上升。

2. 实证分析

为了解释鲜切花业产区差异，选取 2006 年截面数据，以 30 个国家为样本，其中欧洲国家 19 个，非洲国家 3 个，亚洲国家 4 个，北美国家 1 个以及南美国家 3 个。选取依据主要考虑到数据的可获得性。数据主要获得自世界银行数据库、AIPH 数据资料、联合国贸发组织相关报告等。

模型分析所涉及的变量及其定义　　表 4－1

因素类别	变量	定义	英文缩写
因变量	Y	鲜切花产值①（百万欧元）	PRO
自然条件 N	X_1	鲜切花生产面积①（公顷）	AREA
	X_2	植物物种资源②（种）	SPEC
市场 M	X_3	鲜切花消费额③（欧元）	CNSM
	X_4	城市人口比重②	POP

续表

因素类别	变量	定义	英文缩写
劳动力 L	X_5	女性农业劳动力比率④	FLAB
	D_1	高劳动力成本国家属性变量，人均 GNI≥10726 美元⑤取 1，其他取 0	HINC
政府支持 P	D_2	政策扶持属性变量，百分比保留至个位的情况下，切花出口额占总贸易出口额的比率≥1%时取 1，否则取 0	PLCY
技术进步 T	X_6	花卉研发支出率④	RD

（数据来源：①《Statistical Year of Flowers & Plants》；②2007 World Development Indicators；③AIPH；《国际统计年鉴 2008》；④《2007/2008 年人类发展报告》，联合国开发计划署；⑤据世界银行公布标准）

模型关系如下：

$$\begin{aligned} Y &= Y(N,L,M,P,T) \\ &= Y(X_1,X_2,X_3,X_4,X_5,X_6,D_1,D_2) \end{aligned} \tag{4-1}$$

采用多元线性回归 OLS 做验证，得 $\bar{R}^2=0.902$，拟合度好；5%显著性水平下，$F=34.181$（临界值 $F_C=2.42$），通过总体显著性 F 检验。但进行 t 检验时发现，只有研发变量（X_6）、政府变量（D_2）显著，其余变量均不能很好解释因变量。必须采取因子调整，消减多重共线性影响。

由于鲜切花消费额（X_3）与城市人口比重（X_4）存在较高自相关性（$r=0.496$），因此将其相乘处理，得到新因子表征城市人口鲜切花消费（X_7）；同理，将女性农业劳动力比率（X_5）与高劳动力成本国家属性变量（X_6）相乘，得到高劳动力成本国家女性农业劳动力（X_8）的表征因子。经调整后的模型为：

$$\begin{aligned} Y = \beta_0 + \beta_{x1}X_1 + \beta_{x2}X_2 + \beta_{x6}X_6 + \beta_{x7}X_7 \\ + \beta_{x8}X_8 + \beta_{D2}D_2 + \mu \end{aligned} \tag{4-2}$$

OLS 回归结果　　　　**表 4-2**

解释变量	系数	t 统计量	P 值
常数	-4.053	-2.850	0.009
鲜切花生产面积 X_1	0.176	1.880	0.073
植物物种资源 X_2	0.200	1.787	0.087
花卉研发支出率 X_6	0.459	4.215	0.000

续表

解释变量	系数	t统计量	P值
城市人口鲜切花消费 X_7	0.248	2.228	0.036
高劳动力成本国家的女性农业劳动力 X_8	0.039	1.535	0.138
政府扶持 D_2	0.604	2.395	0.025
$\overline{R}^2=0.905$；$\alpha=0.05$，$F=47.12$（临界值 $F_C=2.42$）			

回归模型为：

$$Y=\underset{(0.009)^{***}}{-4.053}+\underset{(0.073)^{*}}{0.176}X_1+\underset{(0.087)^{*}}{0.200}X_2+\underset{(0.000)^{***}}{0.459}X_6+\underset{(0.036)^{**}}{0.248}X_7+\underset{(0.138)}{0.039}X_8+\underset{(0.025)^{**}}{0.604}D_2 \tag{4-3}$$

3. 结论

（1）该模型分析的常数项为负数，而且非常显著。表明花卉产业的发展是一个对外部环境依赖度极高的产业，只有“天时地利人和”均具备的时候，才能很好地发展起来。

（2）花卉产业已经是一个日趋技术化，并受消费市场的规模影响很大的产业，而物种资源和土地资源密集的产业特征正逐渐弱化。如生产面积（X_1）、物种资源（X_2）与花卉产业产值一般显著，且系数分别为0.176和0.2，而与花卉研发支出率（X_6）、城市人口鲜切花消费（X_7）则非常显著，且具有很高的系数，表明花卉产业的产值日益依赖于技术的进步和市场消费规模。自然条件的影响作用在科技发达的今天正在逐渐下降，比如，组培技术不发达时期，一个国家花卉产业的兴旺与否可能与植物物种资源有很大关系，但现在技术进步克服了一些地域自然资源先天不足的缺陷。这可以作为花卉产业为何在中国、南非这样的植物物种资源大国并没有低温湿寒的荷兰发达的证据之一。

（3）花卉产业受政府支持影响很大。政府的支持确是花卉产业发展的很重要的因素，政府支持对花卉产业产值影响系数为0.6，说明鲜切花生产受政府政策影响较大。

（4）气温、能源、物流三个变量应予纳入。值得提出的是，考虑能源是因为在油价飞升的现在，它对温室设施运作的影响越来越大，在总成本中所占比重也越来越大。这是后续工作的重点。

4.1.3 花卉产业是对外部环境依赖度极高的产业

1. 自然条件

良好的光照、温度、水分、土壤条件，有利于花卉的生长，提高产品质量，缩短花卉生产的周期，提高产量；良好的气候条件也可以免除很多花卉种植过程的自然灾害的威胁，降低花卉产业的风险，这对于户外花卉种植者来说，是保证生产的关键要素；同时，优越的自然条件，如充足的水分、适宜的温度、充分的光照，也节约了在灌溉、保温、肥料等方面的成本。很多发展中国家相对于发达国家欠缺充足的资本、技术，产业组织和保障体系不健全，而气候与土壤条件，则是很多低纬度发展中国家得天独厚的自然优势，也是这些国家花卉产业得以发展的重要基础之一。

2. 市场/园区

花卉是个鲜活商品，由于对气候、地域的敏感性很强，运输过程中容易受到损伤，因此不宜长途运输或销售，一般宜将生产基地建立在消费市场附近。这可以尽量减少生产商和零售商的生产和投资风险，远距离的运输和长时间的储藏，只会提高对包装和储藏技术的要求，增加运费和损耗的成本。临近消费市场是很多花卉生产者选择生产地的主要考虑因素，世界主要花卉产地，便集中在花卉消费市场及其周围。市场规模的大小往往也决定着其周围花卉产地生产规模的大小。

这种布局方式一方面可以带来运输和储存成本的节约，另一方面，对于了解消费者的喜好，满足市场需求也具有重要意义。花卉产品只有满足它所服务的市场要求，才能够实现价值。市场不仅有规模的区分，也有特征的差别。市场特性往往是由消费者消费需求偏好的特点引起的。在不同的区域，由于不同的消费习惯和其他社会、文化因素，消费需求的特点有着明显的差别，即使在同一地区，消费群体的需求特点也会发生改变。特别是对花卉产品，时尚与消费者的喜好改变的可能性和频率都很大。所以，花卉生产者只有临近消费市场，才能够准确地了解市场需求特性，把握市场需求的变化，并及时调整自己的产品。

3. 交通

交通因素对于花卉产业的影响，主要体现在两个方面。一方面是交通的快速和便利度，花卉产品容易腐烂或者枯萎，新鲜是产品质量的一个重要标准，在最短的时间内，将产品运送到目的地，才能够实现产品的价值。因此，花卉产地必须是在交通发达的地区或其周围，而且要尽量能与市场有直接的交通联系，从而缩短运输时间。荷兰的航空和陆路运输条件便非常发达，9 小时内便能运达全球 75% 的市场。另一方面是运费。运费在花卉生产成本中占有较大比重，荷兰花卉生产中，运输费用约占总成本的 14%，对一般的发展中国家，这一比重可能更高。很多国家都有空运费用上的优惠，与其他国家相比，我国空运运费较高，这也是影响我国花卉出口的一个阻碍因素。

花卉市场需要连续不断的产品流动。花卉产品是理想的空运货物，空运公司很愿意用过剩的运载能力来提供服务。一些全球性的快递公司已经把鲜花业务放在优先地位，而那些传统的快递公司也已经瞄准了这块市场。日益专业化的运输服务已经成为国际花卉产业贸易增长的驱动力，先进的运输手段给花卉产业注入了活力，促使新兴的花卉供应中心不断涌现。

4. 技术

科学技术在花卉产业发展中所处的地位已经越来越重要，在很多发达国家，花卉产业已经摆脱了传统农业的概念，成为技术密集型产业，一国花卉产业的国际竞争力，与其技术水平密切相关。技术水平的进步，使得花卉产品的质量提高，生产成本降低，也为市场提供了越来越多样化的产品。正在追赶世界领先水平的后起花卉生产国，也将使用现代化技术、促进技术创新作为重要的发展战略。

在花卉产业中，技术主要体现在育种、栽培以及产后的包装、冷藏等方面。生物技术和机械化、自动化设备，在花卉栽培中使用的范围不断扩大。分子育种技术、基因导入技术、克隆技术、组培繁殖等技术逐渐普及，现代化的新型温室设备，使花卉生产中的温度、湿度、光照、施肥、喷药等指标实现了电脑自动控制，播种、移栽、采收、分级等生产环节也实现了机械化作业。现代技术充分利用细胞工程和基因工程技术的成果，通过杂交和转基因的操作，把目标基因转移到需要改造的植物中去，打破隔离机制，提高新品种的品质、抗性和获得其他优良性状。

包装和冷藏技术直接影响着在运输和储存时，花卉产品的完好程度和时间长短，高水平的包装和冷藏，可以减少产品的损耗并能抵御更大的市场风险。因此，科技研发和技术试验同样受到极大的重视。

减压冷冻、真空预冷设备技术的推广保证了花卉产品采后的低温流通和商业保鲜；发达的空运业促进了花卉的远距离外销，形成国际化的花卉市场；花卉集散地、拍卖市场、批发中心、连锁花店、全球快递等营销形式，加上广告宣传、精良包装、优质服务、园艺展览等促销手段，使得整个花卉产业的产、供、销实现一体化的科学管理和运作模式。荷兰的农业研究中心就设有专门的实验室测试包装鲜花纸盒在什么地方打洞、直径多少花鲜度才能维持最久、搬运最省力；材质不同的保鲜膜，哪一种材质的保鲜膜搭配哪一种材质的盒子让鲜花保鲜期最长、最符合成本效益，也都有明确的实验数据。

随着技术在花卉产业中发挥的作用越来越大，科研机构也逐渐成为一个国家或地区支持花卉产业发展的强有力支柱。同时，企业与研究机构之间的互动也不断地促进产业创新和技术升级。荷兰的花卉产业能够长盛不衰，也得益于其背后史宾格中心、阿勒斯米尔研究站等科研机构的强力支持。

5. 政府及相关协会支持

在花卉产业中，政府、协会以及科研机构在产业支持和服务中的作用不可忽视。政府一般采取直接管理和授权的中介机构的间接管理相结合的管理方式，加强对花卉的行业管理，主要是制定行业政策、法规，对协会等中介机构确认和授权，管理重点是花卉产品质量监控、病虫害防治、环境保护等。

花卉协会及其他中介组织是花卉产业不断发育完善和社会化大分工的必然产物。它们的主要责任是，协调行业内部各成员单位之间及本行业与其他行业间的利益关系，维护本行业的权益不受侵害，规范经营行为，为成员单位提供服务指导，有限地根据政府授权行使管理职能等。各类中介组织更是政府与花卉企业间不可缺少的桥梁和纽带，在花卉产业发展中发挥了不可替代的管理作用。例如，在荷兰花卉产业生产、流通领域的各个环节中、各类花卉中，都组建了自己专门的中介组织。如生产上有种植者协会（NTS），其理事会从各类花卉及产品的专业种植者协会（鲜切花、盆花、观赏植物、月季、菊花、郁金香等协会和组织）中选举产生；营销上有荷兰花卉零售商协会（VBM）、批发商协会（VGB）、拍卖商协会（VBN）及各产品销售协会、出口商协会；支撑体系中有荷兰花卉委员会（BBH）、花卉研究中心（PBG）、植物保护局（PPS）、荷兰栽培环境工程协会（MPS）、国际花卉球根中心（IBC）等组织。这些中介组织对荷兰在竞争激烈的国际花卉市场中始终保持领先地位起到了不可低估的作用。

6. 劳动力与土地

劳动力成本和土地成本是花卉产业生产成本中最重要的两个方面。即使在花卉产业高度发达、技术水平最为先进的荷兰，劳动力成本在花卉生产总成本中所占比重也达35%。因此，寻找廉价的劳动力和土地资源，就成为很多企业降低生产成本的主要方式。发展中国家的劳动力价格以及土地租金相比发达国家要低很多。因此，发展劳动力密集型和土地密集型产业是发展中国家的比较优势。非洲、拉丁美洲、亚洲的很多发展中国家，利用其在劳动力和土地价格上的优势，发展以出口导向为主的花卉产业，也吸引了很多发达国家的花卉企业到当地投资。

王红妹（2006）把花卉产业的一般性特点概括为：高风险性、高投入、高效益；劳动密集型、覆盖全社会、区域性强、生命周期长；对自然资源依赖性大等五个方面。[5]如果从对产业发展的实践意义上看，我们更需要的是看到花卉产业发展的更深入特性。综合以上分析，我们认为，花卉产业具有以下四个特性：

（1）花卉产业是一个富有收入弹性的产业。

（2）花卉产业是对外部环境依赖度极高的综合性产业，如受市场、交通、技术、政府扶持以及劳动力因素的影响很大。

（3）花卉产业已经是一个日趋技术化，并受消费市场的规模影响很大的产业。物种资源和土地资源密集的产业特征正逐渐弱化。

（4）花卉产业的发展极易受到政府支持的影响。花卉产业的发展离不开政府的支持。

4.2 花卉产业集群研究文献回顾

4.2.1 全球价值链上花卉产业升级研究

立足于全球价值链的花卉产业升级研究，现有的研究成果不多。主要有以下几个方面。

1. 与出口商和营销渠道有效对接，通过产品升级来带动产业升级

Dolan等人（2000）通过对鲜蔬商品链的研究，[6]认为英国大型零售商的决策对肯尼亚和津巴布韦出口商和生产者有着强烈影响。鲜蔬商品链的成功取决于非洲出口商精准迎合英国大客户的需求，且要有足够的投资能力，而那些没有投资能力的出口商根本无法持续供给高质量商品。就算是最大的非洲出口商也必须与英国进口商保持紧密联系。因此促进非传统农产品的政策，除了考虑种植者之外，必须要针对出口商和营销渠道。

2. 通过地方技术能力的培育，实现产业升级，同时强调政府的作用

Chaminade等人（2008）从人力资本、社会资本角度考察我国台湾地区花卉产业集群升级。[7]认为台湾地区花卉产业集群的升级由机械、种子、化学品等领域的供应商所带来；升级也可能是科学机构合作的结果。由于台湾花卉集群由本地企业而不是跨国公司驱动，因此很难指望通过跨国公司带给本地中小企业升级技术和知识。我国台湾地区花卉业拥有良好的人力资本（受教育程度高），但生产者、研究人员和营销人员之间缺乏足够互动整合。因此作者建议通过使花卉集群与生物技术部门加强联系来取得产业升级。同时指出，政府在升级战略里起着关键的作用。

3. 通过劳工组织影响产业的社会标准，进而影响产业升级

Riisgaard（2009）的研究将劳工组织在全球价值链中的概念具体化，并揭示了消费者驱动链条比传统切花价值链为劳工组织发挥作用提供了更大空间。[8]并且，劳工组织已经能够影响社会标准的设立和实施，并用标准进一步促使劳工在生产基地带来效率的提高。然而，劳工组织挑战切花价值链作为主要治理结构的能力还十分有限。不过，切花价值链社会标准的实施帮助理顺“劳工”和“资本”之间的权力关系。文献指出，“劳工”采用如下标准：（1）加强联盟组织并获得集体谈判协议的权利；（2）获得更好地了解切花市场运作的权利；（3）当企业讨论社会问题时，劳工在谈判中有一席之位；（4）增加监管功能，在消费者市场曝光违规企业。当然，通过劳工组织的发展促进产业升级，这是最新的而且也非常具有研究和实践价值的议题。劳工组织是产业社会中的一个重要组织群体，必然会对产业的演进起到至关重要的作用，但是，对中国这样的发展中国家而言，则需

要进行进一步的论证和案例分析。

4.2.2 传统花卉产业集群文献

Bolo（2006）通过对肯尼亚奈瓦沙湖切花集群进行分析，认为该集群成功的关键要素是[9]：气候、水土资源、适度宽松的政策环境、基础设施以及国际贸易协定。认为集群主要通过以下渠道进行互动学习并由此产生技术溢出：(1) 农场相互间的非正式拜访；(2) 相关机构组织的研讨会；(3) 劳动力流动；(4) 雇佣行业专家。

Cortright 等人（2000）对美国波特兰都市区苗木业集群进行了研究[10]，认为苗木业与传统农业有极大不同——产品多样化且强调终端营销，因此苗木人之间的合作是集群成功的关键因素。苗木业对波特兰都市区经济贡献很大。苗木业区域集群由 1000 多个小型、当地自有企业组成，雇用了 1 万名工人，年产值超过 15 亿美元。每次当其他州的农业濒临挣扎时，区域苗木商富庶起来，以快于全国产业 2 倍的速度增长，成为俄勒冈州龙头农产品。该集群集中于人口密集的城市化地区，土地升值压力使苗农的产品目标对准高端商业市场（如终端别墅住户），而不是供给质量需求一般的大卖场。而区域温和的气候给植株的生长提供了条件，强势产业广泛的合作，质量的提升，俄勒冈的其他服务都对集群的成长有所贡献。

Chaminade（2008）认为我国台湾地区花卉集群以中小企业为主体。[11]由于地价高，种植者规模较小，一般的农场规模只有 1 公顷/家庭。中小企业生产商倾向于在地理上集聚，这样机械和温室设备就能够共用了。集群里有其他主要的本地行为主体：生物技术实验室、营销企业和政府。国际、地区内的花卉物流通过合作供销社运作，供销社制定质量标准，种植者都要遵守。[12]营销渠道由四大批发公司主导，采用拍卖系统提供在线实时市场信息。政府和生物技术实验室是集群里最近才出现的行为主体。

4.2.3 新兴花卉产业集群文献

Kusi 等人（2007）也对肯尼亚切花集群结构进行了详细勾画[13]，认为肯尼亚切花业以种植采收为核心，切花贸易量的快速增长极大促进了该国的经济发展。切花产业的成功不仅得益于完备的产业链上下游企业联系，如切花种植前的育种、温室设施、喷灌技术、预冷技术、肥料、杀虫剂、除草剂等，以及采收控制配送所需的冷藏技术、包装技术、冷链运输、海运代理、清洁业等；还得益于各种支撑机构，如政府部门、非政府组织及行业协会、教育研究及质量标准机构等。文章还应用波特的钻石框架分析了肯尼亚花卉产业集群在要素条件、需求条件、相关支撑产业以及企业的战略结构竞争方面存在的有利及不利因素。认为农业、园艺业、旅游业的成熟对切花产业的技术培训和航班运送起到重大作用。Chris（2001）专门研究了肯尼亚花卉协会在产业发展中起到的积极作用。[14]

中国大陆学者对花卉产业集群的关注有限。主要有云南斗南花卉产业集群[15],[16]、浙江萧山苗木产业集群[17]以及陈村花卉产业集群。[18]~[20]国内学者石大立从理论实证角度和经济史角度阐述了技术创新对分工深化、经济组织变迁的重要促进作用。[21]作者认为产业集聚是技术进步和生产方式变革的必然结果，也反过来促进技术创新。并以广东陈村花卉专业化产业区作为案例分析，提出运用培育专业化产业区发展的政策比传统的产业政策更能有效促进区域经济竞争力的提高。陈村作为我国花卉产业发展势头迅猛的地区，不仅是花卉对外出口的口岸，更是承接我国台湾花卉产业转移的地域之一。祖国大陆和中国台湾学者均对陈村花卉产业发展有所研究。值得指出的是，台湾学者在研究该领域问题时，通常采用“跨界营销”、“产业群聚”等说法。他们主要关注以下几个方面：(1) 从台湾田尾到陈村的花卉产业转移，为两地都带来了转型与发展的机会。陈永轩（2002）认为位于广东的陈村，花卉种植历史比田尾更为悠久，相关技术也同样在地方扎根极深。[22]20 世纪 90 年代，田尾的产业发展趋于成熟，但却也开始面临成长停滞的窘境，同时期陈村却是正在迎接长期荒废后的复苏。巨大的发展落差与经济诱因，促使田尾地区业者展开集体性的商品贸易与直接投资活动，在两岸之间，建立起紧密的跨界产销网络。新的田尾公路花园目前正朝向于商品开发、市场通路、观光休闲等服务事业的方向发展。陈村则因为成功吸引台商聚集，配合大量的本地接力生产及贩运业者，发展成为了中国重要的盆花、苗木生产及贸易通路节点。穿梭其间的台商则藉由在跨界产销网络中扮演运筹管理者的角色，而能享有商品链上、下两端丰厚的利润，并且取得与跨国公司建立策略联盟的机会，进一步跨入全球市场。(2) 技术集成创新使陈村花卉产业集群有着突破性的成长。李萍（2009）等[23]认为陈村花卉产业集群以专业市场为核心集聚了大量企业，它们之间有着很高的产业关联度；在集群预备阶段、产业集聚阶段、产业联系阶段、综合转型阶段以及升级扩张阶段，每一次技术集成创新都使陈村花卉产业集群有着突破性的成长；技术集成创新必须有适合的经济社会环境，才能对集群发展起作用。创新氛围的培育极为重要；技术集成创新与集群的发展是双向互动的，形成良性的“滚雪球”效应。认为以集群战略模式来发展花卉产业是可行的，集群有利于企业家和园艺技师的培育，有利于降低生产成本、管理成本、信息成本，有利于打造区域品牌以节约营销成本，有利于企业为了差异化竞争而不断创新；在知识产权保护意识薄弱、行业产业化时间尚短、产学研一体化仍低效的情况下，通过技术集成创新整合现有技术以发展区域花卉业是必然趋势，只有这样才能提高产业效率、加速进入全球花卉产业链。石大立（2007）[24]以广东陈村花卉专业化产业区作为案例分析，提出运用培育专业化产业区发展的政策比传统的产业政策更能有效促进区域经济竞争力的提高。(3) 政府扶持极大促进陈村花卉产业发展。陈汉能等（2006）[25]认为陈村镇政府在花卉产业发展过程中，抓住了发展地方经济的关键保障产权、营造市场交易条件。陈村镇政府承担了市场建设的责任；而且在陈村镇政府主导下，建立“陈村花卉世界有限公司”对“交易场所”实行了企业化管理，把“交易场所”的外部性问题内部化。(4) 陈村花卉世界的成功源于其对核心竞争能力的培育。叶玉琴（2006）[26]认为陈村花卉世界的核心竞争力主要表现在市场规模性和生产灵活性优势的有效结合、清晰的客户导向意识和对客户需求的透彻理解、强大的品牌优势以及不断强化技术创新能力。

4.2.4 基于创新的花卉业发展研究文献

1. 支持性技术的创新

支持性技术的创新主要是指与花卉产业创新发展息息相关的、具有支持性作用的新技术运用或新设备、新系统的采纳。波特（1990）最早在其《国家竞争优势》一书中提及荷兰鲜花业集群，并认为花卉企业通过“发展温室，培育新品种，并找出节约能源以及其他能延续花卉产业竞争优势的技术”可以使得鲜花业繁盛。而 Dijk（1999）则重视与花卉业相关的“园艺培训机构”对花卉业中劳动力素质提高的重要性，以及区域性研究中心等对花卉业创新所起的积极作用[27]。

Cortright 等（2000）对美国波特兰地区苗木产业集群的研究中指出，波特兰花卉产业增长是由起源于欧洲的容器苗技术扩散所推动的。[28] Sajiki 等人（2002）对北海道切花生产集群的分析认为通用分级、运输体系对获得优质种苗、增加产出，及信息共享对花卉产区的发展起到重要作用。[29]

夏铸九、刘昭吟等对中国台湾蝴蝶兰产业的研究指出，蝴蝶兰在台湾所以能成为高达42%以上出口额的出口花卉，乃是新市场开拓、生物技术应用以及信息处理能力三者交织互动的结果。台湾的竞争力在于掌握蝴蝶兰产业的三层技术创新：育种、栽培与流通，分别关系着产品创新、标准化大量生产以及以亚洲与美国市场为起点的流通与投资管道。[30]其中，育种能力格外引人注目。

2. 技术集成、转让等创新手段

技术集成、转让等创新手段主要是针对花卉产业的个性特征和本地区产业创新发展所需要的创新要素分别采取不同的手段，以增加本地区花卉产业的竞争力。针对花卉产业鲜活性的特征，技术集成创新显得尤为重要，尤其是季节性、易腐性产品（生鲜蔬果），要使得它们能终年得到供应，就需要发展出能够延长保存期的加工技术以及从生产、采收、包装、运输到销售的保鲜技术的集成。[31],[32] Coetzee（2000）的研究指出，采取技术转让的方式可以提升南非的花卉业地位，获取经济效益。文章认为支持本土花卉产业的整体方法包括研究、技术转让。[33]基因库给栽培变种提供了基因资源，这些栽培变种同栽培技术和种植保护协议一起交付给产业。此方法确保南非在国际花卉业的角色扩张，并确保南非很明智地节约地开发本土资源。

3. 信息技术的使用与创新销售模式

信息技术在各个行业中的广泛渗透，彻底改变了各个行业原有的发展模式。信息技术的商业化运用往往与运作模式的创新分不开，二者的有效结合能够迸发出巨大的商业价值和经济效益。正如 Cunden 等学者对非洲花卉产品进入荷兰花卉拍卖体系的研究，认为信息技术能改变花卉产品质量的不稳定性，并为欧洲采购商提供丰富的信息服务，降低了交易成本，非洲花卉种植商应用信息技术提升了其产品进入欧洲市场的议价能力。[34]而充分使用了信息网络技术的荷兰花卉业则开创了“网络拍卖”这一独有的销售模式，为荷兰花卉产业的发展开创了一个崭新的空间。[35]

4. 企业家精神的功能

企业家精神是一种具有创新能力的社会行动，它贯穿于各个企业决策环节。如学者 Frans 等人（2004）通过建立模型，对市场定位、创新和企业运作的关系进行研究。[36]他们用到了 152 个玫瑰种植者的数据，结果显示：决策者的创新精神贯穿了所有模型中的变量，并对市场定位、创新和运作有积极影响。还有一个有趣的研究结果是，客户市场情报对产品创新有正面还是负面影响，取决于决策者在新产品领域创造精神的强弱。

不过，企业家精神的功能是一个动态的过程，不是一成不变的。在产业集群演进的不同阶段，需要不同类型的企业家精神。如国内学者郑风田等人（2006）通过对云南斗南花卉个案进行实证分析[37]，把创业家群体分为“发起型创业家”、“网络型创业家”、“改进型创业家”、“研发型创业家”和“模仿型创业家”，他们分别是从产业集群初生、雏形、升级到创新各个阶段演进的根本推动力。研究认为，产业集群的形成是个体创业家创新行为引来创业家群体模仿的过程。创业家在产业集群成长过程中发挥着关键的作用，是产业集群从低级向高级演进的最根本的动力因子。在产业集群成长的不同阶段，会遇到制约产业集群发展的不同障碍，需要不同类型的创业家的创新行为突破产业集群的发展瓶颈，促进产业集群的成长、升级与创新。

4.3 什么是花卉产业集群

产业集群是产业发展的一种组织形式，而产业发展涉及研发设计、生产制造、物流、销售（市场）等产业链的各个环节，因此，产业集群这种组织形式会因产业链的不同环节呈现不同的空间表现和概念使用上的界定。从现有的集群研究文献可看出，对集群的研究大多数都集中在生产制造领域，而对市场消费领域的集群发展研究关注相对较少。在后续，由制造领域的关注向市场消费领域的转向，不仅应该是学术界的重要课题，更是政界应予以重视的实际问题。

花卉产品的生产对自然条件有着天然的依赖性，这意味着生产环节在地域空间上的集中只能是相对的，从某种意义来看甚至是分散的。表面看起来，这似乎与集群所强调的“地理集聚”特征相违。因此，首先需要厘清究竟什么是花卉产业集群。

有学者认为，农业产业集群是指在接近农产品生产基地的一定区域范围内，同处或相关于某一特定农业产业领域的大量企业和关联支撑机构，由于具有共性或互补性而与农产品生产基地相对集中在一起，从而形成的一个有机群体。[38]但本书认为，花卉属于非传统农业作物，不能简单套用该概念。基本生产过程的分离程度是以工艺上的可分性为基础的，是受技术特征决定的。花卉不仅具有其他农产品的易腐性、生产与需求高度季节性、运销设施规模经济等特征，还具有花卉产品特有的异质性、长育成期、技术与管理技巧高度要求、精耕细作等特点。而且花卉是鲜活的生命体，其生长过程是连续的，作为观赏性奢侈品，鲜活度是销售商的利益保障，这注定了产销无法完全分离，贸易商或销售商也要介入生产环节，要么以给生产者指导、提建议的方式，要么以自己进行后续养护的方式。这些特点都使得花卉产业集群有其独特的形成机制，如果照搬传统农业或工业集群模式分析，必然导致偏差。

本书认为，花卉产业集群：是以产销一体化企业及专业贸易公司为主，其他关联企业为辅，在花卉专业市场所在区域集聚而形成的价值创造网络。

（1）花卉产业集群以垂直一体化的大企业为主导，以产销结合的中小贸易企业为主体。这个内涵特征与花卉产业的个性有密切关系：一是，花卉是鲜活的生命体，其生长过程是连续的，在这种特性下，即便是贸易商也要懂得花卉种植技术才能保证商品质量，而垂直一体化企业可以极大地降低交易成本、提高运作效率和市场的反应速度；二是，花卉是供观赏的奢侈消费品，品种的观赏性、流行程度与企业利润息息相关，只有内部垂直一体化的大型花卉企业才有经济实力把握新品种流行趋势、引进最先进的资材和技术，因此垂直一体化大企业扮演了产业主导的角色；三是，花卉从杂交选育到最终上市需要几年甚至几代人的努力，整个育成期偏长，为了分担整个产业链的风险，业内多见中小企业，数量庞大，比如荷兰有 750 多家进出口企业，我国台湾地区也有众多中小企业。这些企业“船小好掉头”，往往通过与大企业进行供销联系而嵌入全球花卉产业链中，构成了集群的主体。

（2）专业市场的地理指向性。专业化市场是指以若干现货批发市场为主，集中交易某一类具有较强互补性和互替性商品的场所以及在此场所中发生的交易关系的综合，是一种大规模集中交易和坐商式的市场制度安排，是批发商在空间上的集合。专业市场有利于企业减少营销费用；有利于提供行业信息，为企业调整产品结构开发新产品提供决策依据；有利于鼓励市场竞争，推进技术创新。[39]

（3）同时，专业市场也是花卉产业集群结构的核心组件。一是，花卉是鲜活的生命体，其生长过程是连续的，作为观赏性奢侈品，鲜活度是销售商的利益保障，这注定了产销无法完全分离，贸易商或销售商也要介入生产环节，要么以给生产者指导、提建议的方式，要么以自己进行后续养护的方式。这些特点都使得花卉产业集群要围绕市场形成。二是，专业市场（包括荷兰及中国台湾的拍卖市场、美国的网络市场等）均在整个运作模式中扮演极为关键的作用。可以说，花卉产业集群的要义就在于以消费市场为导向。

（4）支撑机构对花卉产业集群发展起到重要推动作用。支撑机构包括地方政府、中介行服务机构、行业协会等。支撑机构是连通、润滑研发、生产与销售各个环节的重要组织，可以说，如果只有花卉产销企业而没有支撑机构，便不可能形成花卉产业集群。哥伦比亚花卉产业的运作模式就是凸显了服务性机构的重要作用；荷兰尽管市场机制完善，但政府仍旧在推动花卉科研开发、推广组织体系上有所作为；我国台湾地区行政主管部门加大生物技术、温室设备的研发投入，在销售上由合作供销社统一运作；泰国单一品种优势更加离不开政府的支持。

（5）不同环节行为主体间的联系水平具有差异性。花卉产业集群是由众多行动主体联结而成的，大家都为了共同的经济社会利益而展开系列的合作行动，但是在联系的内容上具有较大的差异性和多样性。如荷兰的花卉产业模式中，联系的核心内容是由政府推动的“科研机构—生产企业”之间的紧密合作关系，科研成果能够被迅速地商业化。而我国台湾则是价值链的同个环节主体内部联系较多，而不同环节之间的联系较少。

专栏1

技术集成创新促进花卉产业发展

集成创新的理论源泉是哈佛大学教授 Marco Iansiti 于 1997 年提出的技术集成，他认为技术集成指一系列使技术选择与应用背景相匹配的调查、评估及提炼行为。[40]“集成”是管理者能动的过程，各种要素仅仅是一般性地结合在一起并不能称为集成，只有经过主动优化、选择搭配，相互之间以最合理的结构形式结合在一起，形成一个由适宜要素组成的、相互优势互补、匹配的有机体时，这样的过程才称之为集成。

已经有许多学者致力于探讨使新农业商品链得以实现的技术集成，特别是使季节性、易腐性产品（生鲜蔬果）能终年供应、延长保存期的加工技术以及从生产、采收、包装、运输到销售的保鲜技术的集成。[41],[42]在花卉产业里，最典型的技术集成创新案例莫过于花卉拍卖体系的建立，这一体系使得信息技术与花卉种植业融合起来，极大地提高了销售效率，加固了荷兰作为世界花卉集散中心的地位，使其他洲（如非洲）的种植者能通过这项创新与全球购买者连接在一起，改变了世界花卉贸易格局。Cunden 等对非洲花卉产品进入荷兰花卉拍卖体系的研究表明，信息技术能改变花卉产品质量的不稳定性，并为欧洲采购商提供丰富的信息服务，降低了交易成本，非洲花卉种植商应用信息技术提升了其产品进入欧洲市场的议价能力。[43]

近年来，花卉业较为典型的技术集成创新案例是丹麦 Container Centralen 物流公司（简称 CC 公司）的手推车。CC 公司将从 2010 年 2 月开始，在 25 万辆金属花卉运输推车上使用 RFID（Radio Frequency Identification）标签技术。RFID 即射频识别，俗称电子标签，是一种非接触式的自动识别技术，它通过射频信号自动识别目标对象并获取相关数据，可识别高速运动物体并可同时识别多个标签，操作快捷方便。RFID 作为高科技与物流业结合的一项应用技术，30 年前就已经研发出来，多年来一直在军事系统内广为应用。

CC 公司的手推车业务内容是将专业运输花卉的推车租赁给世界各地的种植者，而种植者在始发地租用推车，装载植物后再运到零售商处后，不必再将其运回了，直接由目的地的生产商循环使用，或者存放在目的地的CC仓库。也就是说，CC公司通过在世界各地推广其推车并建立回收仓库，实现了标准化物流工具的异地“无缝”对接。然而，CC推车供应链十分复杂，为了追踪并更新推车位置，要求条形码扫描和基于互联网的多个报告。由于公司可能会从多家生产商和零售商处取回推车，利用RFID标签追踪系统追踪推车使用方和时间十分重要，RFID可对CC推车迅速计数、全面提升CC推车物流系统的品质、更加便捷地检查订单是否完成、便于验证CC容器的真伪、优化订单管理。运用RFID标签后，公司可随时了解推车的动态，包括其位置及移送的时间，从而提高推车的使用率。

集成创新思想所要解决的中心问题不是技术供给本身，而是日益丰富、复杂的技术资源与实际应用之间的脱节。[44]集成创新的逻辑起点是把握技术的需求环节，在创造符合需求的产品与丰富的技术资源供给之间创造出匹配。笔者认为，花卉产业现代化就是要用现代化的科学技术、生产资料和管理方法来改造传统花卉业，实现其可持续发展，技术集成创新对花卉产业发展起到积极作用，应该得到重视，广大花卉研究人员应该开动智慧，将散在于各个领域的技术资源依照产业需求充分整合起来，为花卉业所用。

第5章 全球花卉产销网络及花卉业发展热点问题

近20年来，世界花卉业以前所未有的速度增长，并已形成一个独立的行业。联合国贸易组织统计资料表明，近几年，世界花卉市场年销售每年以10%～13%的速度递增，2000年已达2000亿美元。随着国际贸易的日趋自由化，花卉贸易将真正实现国际化、自由化。与此同时，花卉产业在全球形成了明确的功能分工。一是，在花卉产业转移趋势下，传统花卉生产中心的部分或全部生产功能转移到了四大新兴生产中心，分布在亚洲、澳洲、非洲和南美；二是，形成了全球三大消费中心，北美、欧洲和日本，它们同时也是传统的花卉生产中心；三是，欧洲仍然是全球花卉产业的研发中心，扮演花卉产业技术增长极的功能。

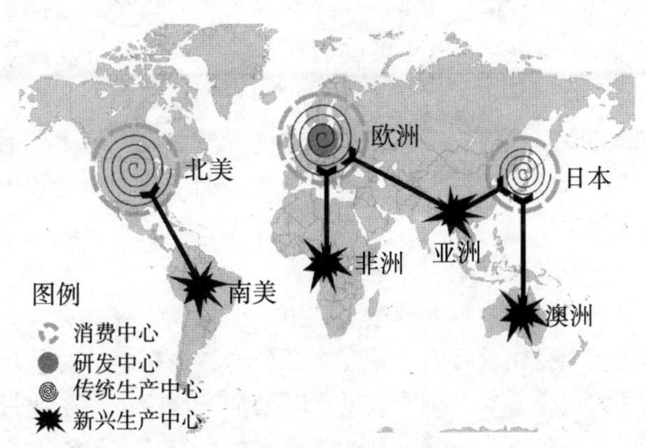

图5－1 全球花卉产业功能区分布图

5.1 全球花卉业产销网络

5.1.1 世界三大花卉消费市场格局

随着经济全球化的不断推进，花卉产业正在扩展到越来越多的国家，但花卉消费仍集中在欧洲、北美和日本。欧洲占据了全球花卉消费量的44%；其次是美国和加拿大，占到全球消费量的21%，日本占15%。这三个地区是世界最主要的花卉消费市场，一方面这些地区具有花卉消费的文化和习惯。在这些国家中，花卉已经成为一种重要的日常消费品，人们在各种节日、仪式购买鲜花作为礼物或者个人使用，用于装点房间，营造温馨可人的氛围。西方的语言在发展历程中，创造并沿用了大量与花卉相关的丰富词汇，也从一个侧面反映了花卉在其社会与文化中的重要地位。另一方面，这些国家也是世界上花卉产业发展最早的地区，荷兰从17世纪便发明了温室，并从此走上了花卉产业化发展的道路，一直是世界花卉产业的先驱。最后，欧美和日本是全球人均收入最高的国家，对花卉产品具有强大的购买力，与这些国家相比，亚非拉的众多发展中国家收入水平低，花卉仍然属于奢侈品，消费水平无法与发达国家相比。

由于现在全球经济出现了较大的波动，西欧、美国和日本的盆栽植物及花卉消费都面临着巨大的销售压力。另外，虽然过去几年这些市场的花卉业发展速度很快，但预计将来的增长速度只在2%～4%的水平。而在东欧、中国、印度等一些新兴的花卉市场，预计每年会有5%～10%的增长速度。近年俄罗斯新市场崛起，经济发展导致了消费和需求的上升。其中，以荷兰为代表的欧洲在鲜切花生产、消费和贸易方面都起着重大作用，鲜切花通过世界各地的航班运到后，经拍卖市场或经纪人售卖，然后再分销到其他国家。花卉消费和贸易的增长很大程度取决于经济增长和花卉文化意识，不同国家的购买模式和消费习惯受地域和收入水平差异影响。

世界花卉市场竞争越来越激烈，销售渠道越来越宽，各渠道的销售比例也在发生变化。首先，花卉生产公司越来越多，竞争越来越激烈；第二，大规模的生产企业数量不断增加，这给小型企业带来了巨大的生存压力；第三，一些大型的连锁零售商对花卉消费的影响越来越大，同时他们对花卉销售价格的影响也非常大；另外国际化趋势越来越强，来自世界各地的花卉企业都要在国际市场范围内竞争，而激烈的竞争也促使市场组成部分发生了改变。过去花卉都是在家庭百货店或花店等地方销售，现在一些新的元素也加入进来，比如一些公司会专门提供高技术含量的服务。从一些统计数据看，通过花店销售的花卉量在不断减少，从过去占花卉销售总量的50%减少到现在的47%，而在超市销售的花卉所占比例在增加，从2006年的26%增加到现在的29%。

世界花卉市场的发展变化还体现在以下几方面：一是由于全球经济一体化影响，世界各国的生产商不得不注意到汇率对行业的影响；二是由于超市在销售方面的重要作用，有些生产企业在产业链上更加注重物流、信息通信技术、产品包装等环节，远距离运输也让花卉运输特别是海运的储藏技术显得越来越重要；另外包括网上销售在内的直销份额所占的比重越来越大。

5.1.2　全球花卉业研发与交易中心

在亚非发展中国家种植业务崛起的情况下，全球花卉业龙头荷兰，一方面加强研发，继续在专利产品开发上保持优势；另一方面，将全国最大的几家花卉拍卖交易所整合，一致对外，吸引发展中国家的花卉拍卖业务，进而巩固其全球拍卖交易中心的地位。

1. 占据花卉品种研发制高点

全球花卉业的研发中心非荷兰莫属。然而，由于地理环境等因素，荷兰的花卉物种并不丰富，而是通过吸收全球各地的品种并进行研发改造，得以长期占据花卉新品种的制高点。比如，荷兰的国花郁金香本是由土耳其引进的、近几年广泛流行的蝴蝶兰也是从中国台湾引入。荷兰能够占领花卉产业链的利润最高端，主要源于：一是，荷兰的花卉产业在数百年的发展历史中逐渐形成了高度分工的格局，生产、销售、科研、营销等各个环节独立横向发展。二是，专注细分品种的研究。荷兰花卉企业热衷于从全球各地搜寻花卉新品种，并进行无数次的品种杂交，改造成为荷兰自主品种进行规模生产，再通过种植、加工、质量控制等一体化优势，抢占竞争对手的市场。如蝴蝶兰，原本产于中国台湾，早在1950年就登上英国皇家园艺学会并获得西方世界的关注，当时荷兰还没有任何蝴蝶兰品种。10年前，荷兰Floricultura公司进入蝴蝶兰市场之后，蝴蝶兰的生产中心就逐渐由我国台湾转移到荷兰。据相关报道，荷兰首先广泛采集我国台湾的蝴蝶兰各个品种的苗种，并带回荷兰研发中心进行改造，通过杂交实验开发出适应欧洲气候环境的品种，为蝴蝶兰进入欧洲市场打下基础。之后，选育品种进入测试温室进行种植试验，通过对温度、照明、光量、湿度、肥料各个环境进行生长对比测试，并形成标准化的栽培种植手册，为下游种植业务提供作业指引。三是，联合研发。对于确定的新品种，不同的荷兰公司还可能联合进行研发，在特定的研发课题下共享种植技术和管理方法，从而提高了荷兰花卉产业整体的研发竞争力。

2. 巩固全球花卉交易中心地位

荷兰花卉拍卖交易中心是其花卉出口交易的关键一环，花卉拍卖交易中心一方面为花卉公司和经销商提供交易平台，同时也让荷兰成为全球花卉循环的中心，如肯尼亚的花卉出口欧洲市场就需要经过荷兰的交易中心。荷兰的花卉交易中心地位，还使荷兰花卉公司能够获得最新的交易信息，并带动物流、金融相关行业的发展。

不过，荷兰的交易中心地位，目前正面临两个方面的竞争压力。一方面，肯尼亚等国家种植业务逐渐庞大，包括德国在内的欧洲国家开始尝试绕过荷兰，直接从肯尼亚等种植地购买花卉。相关报道显示，德国最大的花卉拍卖公司 NBV/UGA 已经尝试和肯尼亚的种植者商讨花卉直销的具体程序。FloraHolland 拍卖数据显示，荷兰的拍卖出口花卉主要集中于欧洲，如果肯尼亚、埃塞俄比亚等非洲种植国家独立于荷兰交易所之外，将直接影响荷兰在欧洲花卉市场的影响力。另一方面，中东地区也是未来花卉消费成长潜力最大的几个地区之一，而迪拜中东航运中心的物流条件及其在全球种植、消费国之间的地理位置，使其具备打造全球花卉交易平台的条件，因此被认为是荷兰花卉拍卖交易所战略上的最大威胁。

在这样的情况下，荷兰通过合并国内的花卉拍卖交易所，整合经销公司和种植公司，巩固其交易中心的地位。荷兰主要有 7 家拍卖交易所，其中阿斯米尔交易所和荷兰花荷交易所曾是市场双寡头，共计占有花卉拍卖市场 90% 的份额，2006 年 9 月两家交易所合并成为 FloraHolland 交易所，实质上荷兰只剩下唯一一家交易所。合并之后的 FloraHolland 交易面积达到 240 万平方米，经销商达到 3566 家，聚集了荷兰的经销资源。此外，近年来 FloraHolland 还放弃仅吸收荷兰公司作为会员的惯例，引进以色列、肯尼亚、埃塞俄比亚的花卉种植公司作为交易所的会员，进而锁定种植资源。

5.1.3　贸易流通网络的存在问题及对专业物流的需要

1. 花卉贸易流通网络存在的问题

首先，虽然我国花卉业正朝着非常良好的方向发展，但是在物流和包装环节以及营销渠道上仍需大幅度加强。我国市场的物流和包装环节仍然属于劳动密集型的运作方式，增加了花卉产品从生产者到终端消费者手里的时间。此外，中国对于运输过程中温度调控的措施和能力还非常有限，这也影响了产品质量。目前还没有出现高效专业的花卉物流体系，因此物流公司在中国花卉领域有很大发展机遇。

其次，加大开拓新的花卉营销渠道。中国花卉的传统消费主体是政府消费，零售市场是在过去 5 ~ 10 年间慢慢发展起来的，大规模的零售花卉市场数量仍然很少。超市是一个很好的销售渠道，此外，加油站、医院、火车站等场所也应充分利用。目前中国高品质的连锁零售商数量越来越多，比如家乐福，超市的人流量非常大。目前超市除经营水果、食品等产品外，一些非食品类产品也在不断出现，所以在超市销售花卉是十分可行的。在开拓超市市场之前，还要考虑好三个问题：首先必须要有很好的性价比，其次要有非常高效的供应链，第三要有很好的营销手段，要向消费者成功地展示自己的产品。另外在中国以及亚洲，西方的节日越来越受到重视，花卉市场也会受此影响，如情人节、母亲节花卉的消费量会有很大的提升。如果推出一个类似于把所有用花的节假日制成的日历，并把这些节假日与建议送花的相关网站链接在一起进行促销，效果就会比较好，这也包括中国自己的很多传统节日，如春节、清明节、七夕等。

2. 花卉产销对接迫切需要专业物流

首先，从生产和消费角度，我国发展花卉的产销流畅对接迫切需要专业物流。一方面，大生产要有大物流来匹配；另一方面，根据国际经验，当人均 GDP 超过 3000 美元时，发展型和享受型消费比重会大幅提高，花卉作为一种享受型消费将受到积极推动。2008 年，我国人均 GDP 达到 3260 美元，上海、北京、杭州、深圳等人均 GDP 已经超过 7000 美元，中国城市家庭消费将进入快速增长阶段。为提高家庭消费的便利性，花卉经营需变“驻商”模式为“行销”模式，而培育新商业模式的关键就在于物流配送体系的完善。

其次，物流水平影响着我国花卉出口格局。日本、新加坡、俄罗斯及中亚地区是目前我国花卉产品主要出口对象，随着我国花卉品质的不断提升和物流业的发展，出口市场会发生明显改变。今后中国对日本出口的鲜花量将加大，同时，在运力充足等条件下，新加坡市场有望成为我国花卉产品在国外的新销售中心，而位于南半球的澳大利亚气候正好与中国云南相反，开拓澳洲市场可以缓解云花夏季低迷的局面，获得较好的经济效益。俄罗斯和中亚市场对花卉产品的需求量较大，但我国花卉必须依赖完善专业的物流体系，才能在这些市场中显现优势。

此外，物流配送也是进商超的重要基础。物流体系是花卉业流通的基础，营销手段则是花卉流通的助推剂。这两年，花卉通过商超流通进入家庭的模式在各大城市出现，但从中赢利的例子还不多见。目前，困扰商超供应商的还有货源的稳定性和物流配送问题。供应商的货源主要通过直接采购或向农户订单买卖，但由于产品的季节性明显，加上商超的配货时间要求严，往往难以平衡需求。目前，要使货源有适合的品种、适合的价位、适合的量，供应商最好有自己的中转基地。在物流配送方面，随着高油价时代的来临，供应商需细分析配送费用，来确定合理的配送路线和频率。

5.1.4 发展中国家花卉生产迅速崛起

随着花卉生产分工越来越细，一些传统的花卉业发达国家和地区，如欧洲、北美、日本，由于其国内土地和劳动力成本过高、能源紧张、环保压力大等原因，很多企业开始在国外寻找生产基地。与此同时，一些发展中国家，气候适宜，土地和劳动力成本低廉，非常适合发展花卉业，于是它们开始利用自身的优势资源和国家给予的一系列产业扶持政策，采用欧洲的花卉品种和栽培技术，从事契约生产。

（1）发展中国家花卉生产的迅速扩大，使全球花卉总供给的增长大于总需求的增长，导致花卉价格持续下降。发达国家无法在低价格上抗衡，花卉生产只能继续保持平稳或下降的趋势。发展中国家则利用气候条件适宜、生产成本低的优势，继续扩大花卉生产的规模，以满足国内市场和出口创汇的需要。在这种产销、供需的循环中，必然使得全球花卉产业从发达国家向气候条件适宜的发展中国家转移。亚洲、非洲、南美洲等新兴花卉产业国家在国际市场中的地位将会不断提升。其中，南美洲主要有哥伦比亚、厄瓜多尔等国；亚洲发展较快的有中国、韩国、印度；非洲有津巴布韦、肯尼亚、埃及。下表显示非洲向欧洲的花卉出口由 1986 年的 0.75 亿欧元增至 1996 年的 2.92 亿欧元，增幅达 289.3%。

非洲地区对欧洲国家的花木出口（1986—1996 年）　　**表 5 - 1**

	北非		西非		中/东南非洲		出口总值（亿欧元）
	数量（吨）	出口额（亿欧元）	数量（吨）	出口额（亿欧元）	数量（吨）	出口额（亿欧元）	
1986 年	2637	24	333	2	11564	11564	75
1991 年	4372	43	417	3	27472	131	177
1996 年	4503	33	539	3	46072	255	292

（数据来源：Exmis，LEI - DLO.）

（2）各区域的花卉转移方向也有所区别。其中，北美的花卉生产在向中南美洲的哥伦比亚、厄瓜多尔和墨西哥等国转移；非洲的肯尼亚等国和中东的以色列则瞄准了欧洲市场，利用培育欧洲反季节植物，构筑互补型产业结构；荷兰众多花卉企业也开始向意大利、西班牙等南欧国家扩展；日本花卉从晚秋到早春期间生产成本高，因此亚洲的中高档花卉的生产也势必会转移到日本以南的国家和地区，其中地处南半球的澳大利亚和新西兰，以及地处亚热带地区的我国南方优势较为明显。

（3）亚洲大多是发展中国家，农业效益低下，发展花卉生产是提高其农业附加值的一个契机。例如中国、印度以及东南亚的一些国家都把发展花卉业作为农业发展中的重要部分。目前，亚洲花卉产值已跃升到 400 亿欧元，成为世界重要的花卉产区之一。亚洲花卉产业新兴的国家或地区主要有韩国、泰国、新加坡、印度、马来西亚和中国大陆与中国台湾地区等。2003 年泰国兰花的出口总值达 5000 万美元，出口量居世界第一。泰国地处亚热带地区，兰花物种资源丰富，具有发展兰花产业得天独厚的条件。目前，泰国有大约 4000 名兰花专业种植户，在兰花出口领域泰国还没有竞争对手。

20 世纪 70 年代，南美洲国家在花卉市场的影响微乎其微，现在已经成为国际市场的领导者之一。南美洲的北部地区是花卉的主要产地，哥伦比亚、厄瓜多尔、秘鲁、智利、哥斯达黎加、危地马拉和多米尼加等国生产的花卉销往世界各地，其中最成功的是哥伦比亚。花卉园艺产业已成为哥伦比亚的重要经济命脉。多年来，哥伦比亚一直保持世界第二大花卉出口国的地位，花卉出口占世界花卉总出口量的12%，仅次于荷兰，85%外销北美，9%销售到欧盟，其余6%运销其他各地市场。哥伦比亚的花卉运输方便快捷，气候适宜，鲜花空运只需3.5小时就能到达迈阿密，到欧洲的运输也十分快捷；适宜的气候让花卉不需加温或降温即可全年生产。

20世纪90年代以来，非洲国家的花卉生产和出口稳步增长，除月季、菊花、香石竹等传统品种外，非洲仙人掌、九重葛等观赏植物亦打入欧洲市场，且销量逐年增加。肯尼亚是非洲国家打入国际花卉市场最大的鲜切花出口国。全国生产面积约1200hm^2，除少数为保护地栽培外，绝大多数为露地生产，年花卉出口总额超过1.09亿美元，约占非洲花卉出口总量的1/2。其产品的63.8%出口到荷兰，21.3%到德国，10%分销到英国、瑞士、法国等国家。

5.1.5 主要花卉生产国家在全球花卉业中的地位

荷兰是著名的花卉出口大国，占全球市场份额的45%。表5-2表明，中国大陆作为最大的切花生产商却没有在国际花卉贸易中起到重要作用。非洲种植者生产的产品超过95%出口到欧洲，其中荷兰占到75%以上份额。荷兰是欧洲的营销和物流中心，其国内生产和进口大部分出口或再出口到其他国际市场。荷兰拍卖市场将近25%的营业额来自外国供应商。

前五名切花生产国或地区、出口国及进口国　　表5-2

前五名生产国或地区（公顷，包括盆花）	前五名出口国（百万欧元）	前五名进口国（百万欧元）
1. 中国大陆（122）	1. 荷兰（2250）	1. 德国（870）
2. 印度（65）	2. 哥伦比亚（602）	2. 英国（842）
3. 美国（25）	3. 厄瓜多尔（260）	3. 美国（615）
4. 墨西哥（21）	4. 肯尼亚（200）	4. 荷兰（465）
5. 中国台湾（12）	5. 以色列（145）	5. 法国（386）

（数据来源：AIPH，2004）

花卉生产国家或地区可分成四种主要的类型：Ⅰ类国家或地区，

出口量大，进口量也大，表明该国既有巨大的国内市场，同时也拥有庞大的出口份额，如荷兰。Ⅱ类国家或地区，出口量大，内销量小，这些国家国内市场小，花卉生产主要以出口为主，如肯尼亚、埃塞俄比亚、赞比亚、南非、哥伦比亚和厄瓜多尔等，其中哥伦比亚花卉生产的95%用于出口。Ⅲ类国家或地区，与Ⅱ类正好相反，自产量小，而进口量大，国内大量的花卉都需要从国外输入，如德国国内需求的70%需要通过进口满足，阿联酋也是典型代表。Ⅳ类国家或地区，进出口量都很小，属于自产自销型，这些国家的花卉生产，基本上都用来满足本国的需求。日本、美国、中国、印度等国属于这一类。但这些国家之间又有所差别。日本花卉生产水平高、质量上乘，再加上政府通过进口限制保护国内花卉产业，因此，国内需求的95%都是由国内供给者提供的。而中国和印度花卉出口量小主要因为产品集中在中低端档次，难以打开国际市场；而国内市场需求还没有形成规模，所以进口需求也不高。

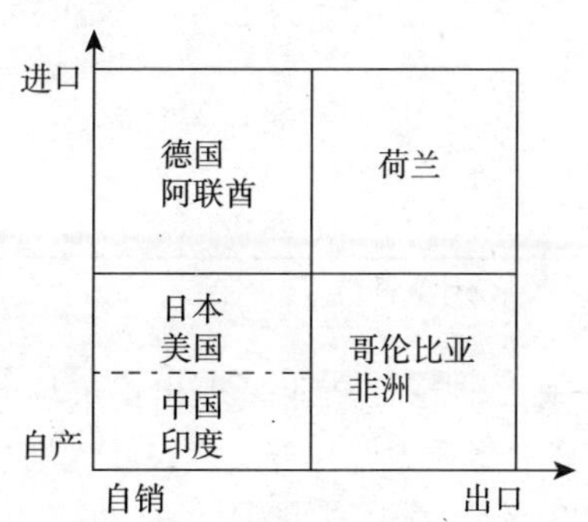

图5-2　世界花卉生产国类型

5.2　我国大陆花卉业产销网络

5.2.1　我国大陆花卉业发展历程

在我国大陆地区，花卉作为商品生产始于20世纪70年代末80年代初，并经历了起步阶段（1978—1984年）、恢复发展阶段（1986—1990年）、快速发展阶段（1991—1995年）和巩固、提高、稳定阶段（1996—2000年）、迅猛发展阶段（2000年以后）。生产面积从2000年的14.75×10^4公顷上升到2006年的72.21×10^4公顷，增长了近5

倍，年均增长 26%，相应的产值从 160 亿元上升到 556 亿元，增长了 3.5 倍，年均增长 21%。反映效益的单位面积产值则出现了较大的波动，从 2000 年的 10.84 万元/公顷下降到 2006 年的 7.7 万元/公顷，从一定程度说明了我国花卉产业经历了粗放式的数量迅猛扩张阶段。而从 2006 年开始，单位面积产值有所逆转（忽略统计口径的偏差）。在全部花卉类型中，从全国种植面积来看，观赏苗木占比最大占 55%；食用与药用花卉占 14%；工业及其他用途花卉占 9%；切花切叶占 6%。

中国花卉生产情况 **表 5－3**

年份	生产面积（万公顷）	产值（亿元）	单位面积产值（万元/公顷）
1999	12.26	541.32	44.15
2000	14.75	160.02	10.84
2001	24.61	215.84	8.77
2002	33.45	293.99	8.79
2003	43.01	353.11	8.21
2004	63.60	430.58	6.77
2005	81.01	503.34	6.21
2006	72.21	556.23	7.70

（数据来源：《中国农业统计资料》）

发展至今，我国大陆花卉产业呈现出：市场专业化、产品多样化、区域聚集化、产业素质大幅提升、农民收入增长较快等特点。

一是，截止 2005 年，全国大陆地区有花卉市场 2586 个，企业 64908 个，其中种植面积在 3 公顷以上或年营业额在 500 万元以上的大中型企业 8334 家，花农 1251313 户，从业人员 4401095 人，专业技术人员 132318 人。从以上数据可以看出，花卉企业数量从狭义上说也就是 6.7 万家（含花卉市场）。花农是一个庞大的群体，他们一般没有在工商注册，但有些生产规模和产值不低于花卉企业。从概念上讲，他们类似于花卉发达国家的种植者（Grower）。发达国家或地区都将种植者视同小企业，因此，从广义上说，我国大陆地区花卉产业共有大小企业 130 余万家。

二是，花卉产品呈现出多样化的趋势，花卉产品已由盆景和盆花发展到观赏苗木、盆栽植物、切花切叶干花、种用花卉、草坪、食用药用工业用花卉6类。其中观赏苗木、食用药用植物的种植面积最为广泛，特别是观赏苗木，种植面积占所有花卉产品种植面积的一半以上，这主要是与产品所需要的空间有关，观赏苗木一半体形大而高，占地较大。在产值方面，观赏苗木、盆栽和切花占据前三位，观赏苗木的产值仍然占据着主导地位，占2006年总量的47%，盆栽和切花所占的比重都超过10%。我国的花卉产品出口以切花为主，占2006年所有花卉产品出口额的48%，其次是盆栽植物和盆景，分别占25%和14%，而在种植面积和产值中比重最大的观赏苗木，只占出口额的1%，这也反映出观赏苗木主要以国内市场为主。

三是，在发展过程中，各地区充分利用地区资源、气候等区域优势发展生产，形成了各类花卉聚集优势区域：以云南、北京、上海、广东、四川、河北为主的切花产区；以江苏、浙江、四川、广东、福建和海南为主的苗木和观叶植物产区；以江苏、广东、浙江、福建、四川为主的盆景产区；以四川、云南、上海、辽宁、陕西、甘肃为主的种苗（种球）产区；以山东、河南、江苏和广东为主的草坪产区。

四是，产业素质进一步提升：(1) 培育了一批具有自主知识产权品种。如甘肃天水研发的太空仙客来神州系列，陕西西安植物园开发的红霞玉兰等60多个灌木花卉品种和临洮大丽花等300多个球根花卉品种。(2) 设施栽培面积扩大。如浙江省温室大棚面积达2974万平方米，比上年增加798万平方米，增幅达36%，亩均销售收入提高7.4%。甘肃美兰花卉公司引进先进自控日光温室，所产东方百合高档鲜切花品质达到荷兰同等水平。(3) 产业主体不断壮大。一批具有较强市场竞争力的企业、花卉批发零售市场脱颖而出。如浙江丰岛、云南丽都等公司，纷纷走出国门开拓国际市场。(4) 花农组织化程度提高。河南鄢陵全县花卉生产专业村122个，专业户1.8万户，形成各类专业合作组织6家。湖北云梦县成立了森泰苗木花卉专业合作社，拥有社员80多家，苗圃面积过万亩，花木品种220多个，按照统一原则生产经营，有效规避了盲目发展，提高了产品质量和整体效益。(5) 在促进农民增收方面发挥了明显作用。据湖北省调查，种植一亩大棚玫瑰，一年可产切花6万枝，毛收入2.1万元，除去成本1万元，纯收入1万元以上。河南鄢陵县全县从事花卉生产人员9.5万人，年产花卉 13 亿株（盆），总产值 16 亿元，花农人均年纯收入 7600 多元。内蒙古宁城县瓦北村从 2001 年以来组建宝山园艺合作社发展花卉生产，目前已发展基地 600 多亩，大棚 250 个，一年纯收入近 300 万元，全村 3600 人，人均增收 800 元。

5.2.2 我国大陆地区花卉生产的全国空间分布

20 世纪 80 年代以来，我国花卉产业发展迅速，年均增长率一直在 20% 以上，有的地区增长率继续保持在 30% 以上；花卉生产面积从 1984 年的 1.4 万公顷发展到 2003 年的 43 公顷，增长了 30.7 倍，19 年间平均年增长 19.8%；产值由 1984 年的 6 亿元，到 2003 年销售额达到 353 亿元，年均增长 23.9%，增长速度远远高过国内经济增长水平和世界任何国家花卉增长水平。2008 年全国花卉面积 1163 万亩，同比增长 3.3%，产业规模居世界第一。全国花卉销售额达到 666.9 亿元，同比增长 8.7%，花卉出口 3.99 亿美元，同比增长 21.8%。近年来，我国花卉产销两旺，生产布局优化，区域特色日益突出，形成“西南有鲜切花、东南有苗木和盆花、西北冷凉地区有种球、东北有加工花卉”的格局。其中观叶植物、盆栽主要分布在广东、海南、福建；苗木主要分布在浙江、江苏、安徽、河北、河南、四川；鲜切花主要分布在云南和辽宁省；工业用花和干花主要分布在黑龙江，科研主要在北京。

1. 观赏苗木是我国种植面积最广泛、产值最高的花卉产品；长三角城市群的迅速发展和崛起是浙江省观赏苗木产业成长的动力源泉

观赏苗木的迅速发展得益于我国经济社会高速发展带来的强大需求。我国快速的城市化进程中，城乡道路、街道、小区、绿地、公园、机关、学校、房地产开发等都需要大量的绿化，生态环境的建设、旅游景点的开发布置，这些都构成了观赏苗木强大的需求市场，也是观赏苗木成为我国花卉产业主导产品的最主要原因。我国观赏苗木消费的主导形式是集团消费，消费的主要市场是城乡的绿化美化和国家的重大林业生态工程两大块。因此，这两块市场对观赏苗木品种、数量、规格的需求变化影响着整个观赏苗木产业的发展方向。观赏苗木主要集中在我国的浙江、江苏、河南、山东、四川和广东等几省份。其中，浙江省观赏苗木在全国的市场占有率超过 20%，居全国第一。浙江省现有观赏苗木面积 7.8 万公顷以上，占全省花卉总面积的 80% 以上，年销售额 48 亿元人民币，在全国均居首位。在浙江，

已经形成了杭州、绍兴、宁波、金华和嘉湖等五大观赏苗木生产集群，杭州的桂花、萧山的龙柏和黄杨、奉化的五针松和红枫、金华的佛手和茶花、绍兴的兰花、桐乡的杭白菊、安吉的观赏竹等，也都成为极有影响的区域产业品牌。

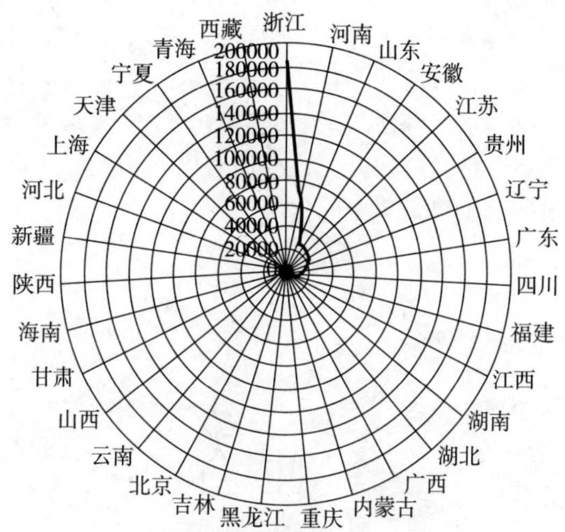

图5－3　2007年中国大陆观赏苗木产量（万株）

（数据来源：中国农业部）

2. 广东是我国盆花的主要生产地区，也是我国盆花出口最多的地区

盆花更多的是用来布置家居，以及供爱花者在家中栽培。所以盆花市场更多以个体消费为主。我国盆花的消费在喜庆节日最为集中，每年的年销花市场是盆花销售的旺季。盆花主要集中在广东、江苏两省，两省盆花种植面积都在6000公顷以上，产值分别为10亿和7亿元人民币，占据了全国盆花生产的近40%。顺德是广东盆花生产的集中地区之一，陈村、芳村是重要的花卉产业集群。这一地区具有悠久的花卉种植传统。改革开放之后，曾经一度受到限制的花卉业又重新焕发了活力，珠三角地区经济的迅速发展又为盆花消费带来了潜力巨大的市场。于是，广东的盆花生产不断扩大，广东各地的年销花市场，也成为全国最为活跃、规模最大的花市。但是，由于近年国内盆花市场一直处于供大于求的状态，加之绝大多数产品都集中在春节期

间上市，国内市场竞争激烈，价格持续低迷，盆花生产风险陡增。因此一部分盆花企业将目标瞄准了国际市场，或者转向其他产品的生产。例如陈村的一部分企业原来以生产年桔、兰花等盆花为主，逐渐将产品转向观赏苗木、造型木等高附加值产品。部分企业的淘汰并没有降低陈村在全国盆花生产中的重要地位，生存下来的企业将提高盆花品质作为市场竞争的砝码，特别是大量的国外和我国台湾地区企业，如美国的维生、台湾的今日、大汉等的进入，为陈村盆花生产的品质、规模和技术水平都注入了新的活力。凭借其高品质的花卉产品以及便利的外贸条件，陈村盆花也从面对国内市场，逐渐打入国际市场，成为我国盆花出口最集中的地区。

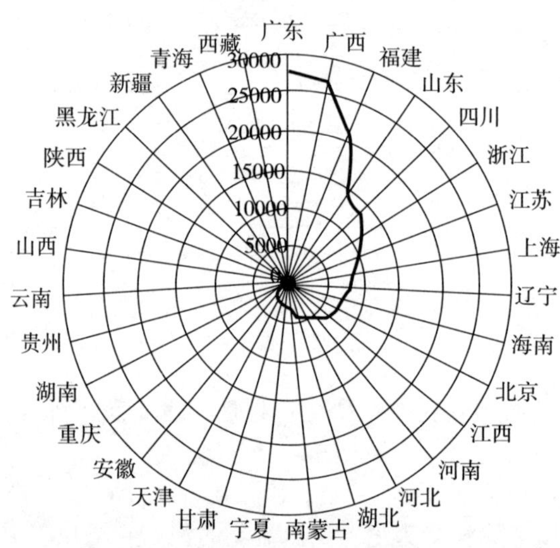

图 5－4　2007 年中国大陆盆栽植物产量（万盆）

（数据来源：中国农业部）

3. 云南是我国鲜切花的主要产区

目前云南省鲜切花种植面积占全国的20%，年产鲜切花 13 亿枝，占全国鲜切花总产量的一半左右，销售额超过 10 亿元人民币，切花出口4000 万美元，花卉生产基地由省会昆明市斗南，逐步向玉溪、曲靖、红河、大理、丽江等地延伸。云南切花发展始于 20 世纪 80 年代末、90 年代初。最初是由昆明市呈贡县斗南村农民自发种植，经过三四年的迅速发展形成了一定规模和影响，这一时期基本全是由农民自发种植，种植规模小、产品规模小，产品档次不高，但市场需求增长较快。从 1994 年开始，农民花卉种植迅速扩大的态势，引起了云南省政府的重视，省政府制定了一系列扶持花卉发展的政策，省内外的一些强势企业和社会游资大规模进入，兴建了一批有规模、上档次的花卉企业，外资企业也开始进入云南花卉业，整个产业的生产规模和技术水平有了很大提升，鲜切花产量跃居全国第一，并一直保持至今。云南的花卉产业已初步形成了相对合理的区域布局，滇中以昆明、玉溪、曲靖、楚雄为主的温带鲜切花；滇南以西双版纳、思茅及元江、新平、峨山为主的热带花卉及配叶植物；以丽江、迪庆和昭通为主的球根类种球繁育；滇西以大理、保山为主的地方特色花卉；滇东南以红河、文山为主的观赏植物。

云南花卉产业能够迅速超过国内传统花卉省份的重要原因之一在于云南花卉行业单独成立了社团机构—花卉产业联合会，直接归省政府领导，上为政府出谋划策，下为企业搞好协调服务。云南花卉产业联合会于 1997 年成立，是由省内从事花卉生产、科研、加工、储运、销售和相关配套设施生产的企业、单位和花农集体组织自愿加入组成

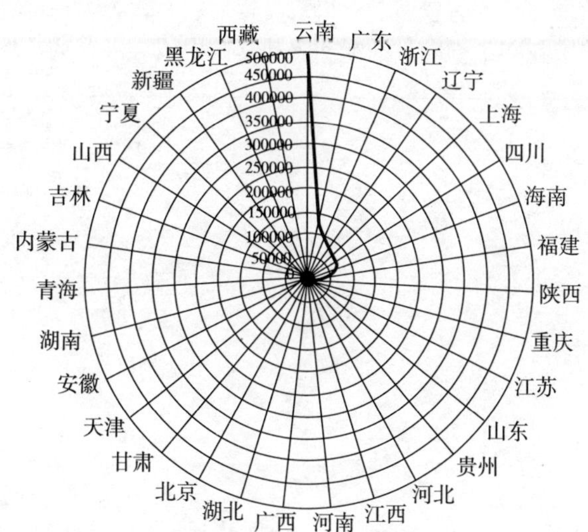

图 5-5　2007 年中国大陆切花切叶产量（万支）

（数据来源：中国农业部）

的一个经济合作组织，相当于行业协会，但它又在政府的授权范围内承担扶持和引导云南花卉产业发展的职责，行使一定的政府职能，利用政府干预和市场调节双重手段，在加快云南花卉产业化进程中发挥重要作用。

5.2.3 我国大陆地区花卉对外贸易的价值分析

本节从整体上对我国大陆地区花卉对外贸易主要流向进行梳理。为使分析更有针对性，分别从进口、出口两方面按照国别和产品类型配合图表进行阐述；强调通过衡量产品的价值含量权衡贸易利弊，并针对价值含量最高的干切花进行详细分析。

1. 花卉品种进出口的四大贸易流向

通过对中土畜花卉分会2008年的数据进行分析，发现中国大陆地区花卉产业呈现明显的四大区域贸易流向：首先，中国大陆地区与日本、韩国、泰国和新加坡等亚洲国家和我国台湾地区的合作颇为密切，这主要缘于地域近接、运输成本低以及资源互补等因素；其次，与世界花卉集散中心荷兰有大量贸易往来，欧洲是花卉产业发端的区域，也是目前为止花卉业最发达的区域，荷兰的拍卖体系汇总了来自全世界的花卉产品，中国与荷兰贸易往来相当于与全球花卉市场对接；再次，与以美国为代表的北美洲有较多进出口双向贸易联系，美国是世界三大消费中心之一，其花卉市场的日渐饱和驱动其向中国寻求新的市场机会；第

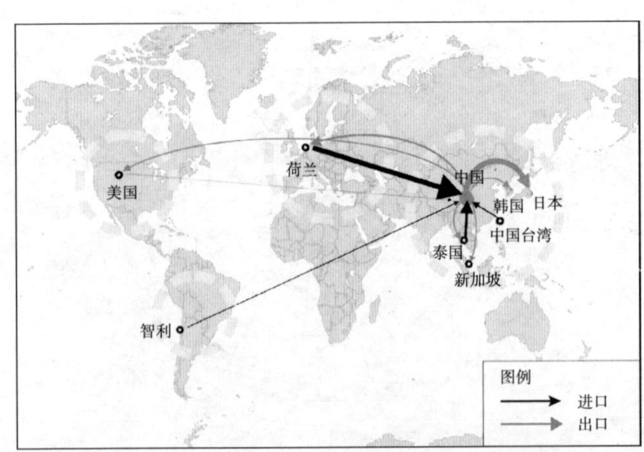

图5-6 中国大陆主要进出口贸易流向图

（注：箭头粗细代表资金流多少；资料来源：本书绘制）

四，与南美洲从智利流出的花卉产品有较频繁进口合作，智利本身不仅是花卉种球繁育大国，而且拥有天然的物流条件，因此可以把与智利的贸易看作与南美洲花卉产出大国（如哥伦比亚、厄瓜多尔等）间的产品交易。

2. 进口方面：种球所占金额最多

2008年中国大陆进口总量约40万吨，总额为1.37亿美元。中国大陆进口国家或地区排名前五位的分别为荷兰、泰国、中国台湾地区、智利及美国（表5-4）。其中，荷兰进口最多，数量达30万吨，金额达6980万美元，占总进口金额一半以上，全年每个月份都有进口，产品也比较多样，包括种球、种苗、鲜切花（菊花、兰花、月季等）、鲜切叶/枝、盆花以及干切叶；泰国进口数量达1.5万吨，金额达3250万美元，兰花鲜切花及种苗作为泰国的特色花卉产品，能够实现全年向中国大量供应，而干切叶、干切花及盆花只在某些月份供应；中国大陆从台湾地区进口的数量达3200吨，金额达1300万美元，主要是盆花、种苗、鲜切花以及鲜切叶/枝，种苗是全年供应，鲜切花/叶/枝则只有2月、12月有进口往来；智利进口数量达2.6万吨，金额达500万美元，智利作为世界上最狭长的滨海国家，交通运输事业较为发达，是拉美国家花卉产品向外运输的窗口，它也是南美洲地区与我国最大的花卉贸易国，中国大陆从智利进口的产品主要是种球，而且时间集中在9-12月；美国是我国第五大花卉进口国，贸易数量达1.2万吨，金额达275万美元，进口产品齐全多样。其他进口较多的国家还有新西兰、韩国、哥斯达黎加、比利时及西班牙等。

中国大陆进口国家或地区前五名　　表5-4

名次	国家或地区	贸易数量（kg）	贸易金额（$）	价值含量[①]（$/kg）
1	荷兰	318880830	69757146	0.22
2	泰国	15184392	32501013	2.14
3	中国台湾地区	3299660	13024878	3.95
4	智利	25877000	5041800	0.19
5	美国	12434801	2755752	0.22

① 价值含量=贸易金额/贸易数量。

由上文可知，进口国或地区所进口到中国大陆地区的产品价值不同。最明显的是：中国台湾地区的进口量是拉美地区的1/8，金额却是其2倍。因此，研究贸易产品价值含量高的国家或地区的产业运作模式是一项有意义的工作。

从进口花卉产品类别构成上看，种球进口金额所占份额最多，达52%。大量种球依靠进口说明我国种源研发能力较低，许多地方政府在执行科技兴农政策时，都把实现种源快速更新作为一项重要内容，这虽然在短期内解决了花农生产的成品品质问题，但长期来看，仍需要加大国产种源研发力度。

其次是鲜切花和种苗，分别达23%和21%。我国是鲜切花和种苗生产（或代工）大国，近年来，随着全球花卉产业的转移，一些外商不再依托在中国的代理公司，而直接在中国大陆投资建鲜切花或种苗生产基地，比如比利时爱索特植物园艺有限公司（EP），2008年终止了台湾大汉公司的中国总代理权，在上海金山区投资建设了凤梨生产基地；欧洲最大的红掌种苗供应商之一荷兰瑞恩公司也于2008年10月在我国上海成立了分公司，直接在中国投资建生产基地能够免于种苗在出口运输的途中被冻伤，提高质量信誉、节约成本。

再次，干切花、干切叶、鲜切叶/枝及盆花的进口金额均较少。

中国大陆进出口产品对比表 **表5-5**

类别	进口		出口		价值含量（$/kg）	
	数量及百分比（kg,%）	金额及百分比（$,%）	数量及百分比（kg,%）	金额及百分比（$,%）	进口	出口
干切叶	253012 (0.06)	418282 (0.30)	1731462 (0.48)	7196947 (4.62)	1.65	4.16
鲜切叶/枝	194663 (0.05)	322627 (0.23)	15264204 (4.22)	29556433 (18.98)	1.66	1.94
鲜切花	13391857 (3.36)	30991464 (22.57)	19286038 (5.33)	50822237 (32.64)	2.31	2.64
种球	346734174 (87.09)	71948830 (52.41)	22094056 (6.10)	5101725 (3.28)	0.21	0.23
干切花	76688 (0.02)	1522327 (1.11)	958862 (0.26)	7801031 (5.01)	19.85	8.14
种苗	36130683 (9.07)	29348271 (21.38)	191998746 (53.02)	23464510 (15.07)	0.81	0.12
盆花	1364033 (0.34)	2737798 (1.99)	110800331 (30.60)	31781823 (20.41)	2.01	0.29

3. 出口方面：对日鲜切花最多

2008年中国大陆出口总量约为38万吨，总额达1.57亿美元（表5－6）。主要出口到日本、荷兰、韩国、美国、新加坡及泰国等。其中，向日本出口的数量为13.9万吨，金额为7700万美元，产品较为多样，包括鲜切花（菊花、康乃馨等）、鲜切叶/枝、干切花、干切叶、种球、种苗以及盆花，均能达到全年供应；对荷兰的出口为7.9万吨，金额为2600万美元，鲜切花未能打入荷兰市场；对韩国的出口为5.8万吨，金额为1100万美元，种苗及鲜切叶/枝均能全年供应；对美国的出口为52.6万吨，金额为1100万美元，鲜切花未能进入。

中国大陆出口国或地区前四名　　表5－6

名次	国家或地区	贸易数量（kg）	贸易金额（$）	价值含量（$/kg）
1	日本	138788792	76605223	0.55
2	荷兰	78795864	25743446	0.33
3	韩国	58110168	11349395	0.20
4	美国	26411129	10678135	0.40

具体来看，鲜切花出口金额最多，达5000万美元，约占总出口额33%，有些单位采取“候鸟式合作基地”模式及收购方式，实现全年稳定供应①，我国大陆地区的鲜切花主要供应至日本和中国香港特区，但由图可见，出口到中国香港特区的鲜切花数量庞大但金额很少，这一方面说明进口到日本的货品高端，这也符合日本对进口鲜切花的质量标准要求最严的现状；另一方面，香港既是需求区域也具备着向欧洲等地中转的集散功能，因此看起来有如此高的需求数量。

盆花出口金额次之，近3200万美元，占总出口金额20%以上。盆花出口形势较为复杂，出口到欧洲的产品较为高端，比如荷兰、意大利和西班牙的贸易金额柱均高于数量柱，而出口到亚洲的较为低端，如韩国、日本、中国澳门及中国香港。这与区域对特定品种的认知度、出口目的地本身的盆花生产质量等有关。

① 如上海市花卉良种试验场充分利用国内不同区域比较优势及自身的贸易信息资源，整合了上海、辽宁和海南的菊花生产，上海基地集中生产6～12月份、辽宁基地集中生产7～9月份、海南基地则集中生产12月—次年4月份的出口菊花，再辅以收购，以此实现全年供应。

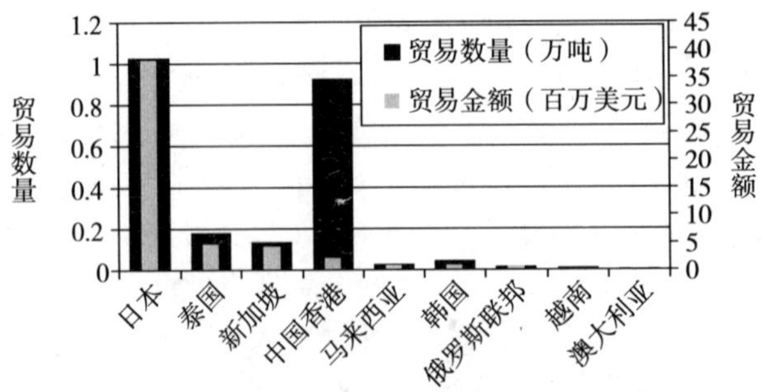

图 5－7　2008 年中国大陆出口鲜切花

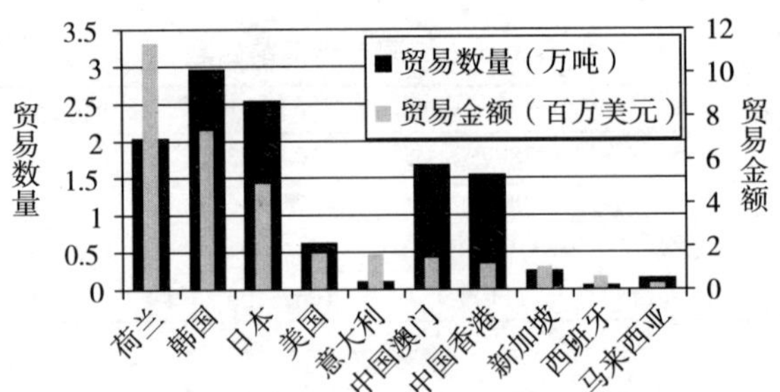

图 5－8　2008 年中国大陆出口盆花

鲜切叶/枝出口金额近 3000 万美元，约占总出口金额 19%。由于生产门槛低、运输耐挤压、相对易保鲜等特点，我国鲜切叶枝也较受国外市场欢迎，但主要出口到日本，其他两大世界消费中心——荷兰、美国也有少数份额，除此以外，数量、金额均很小。

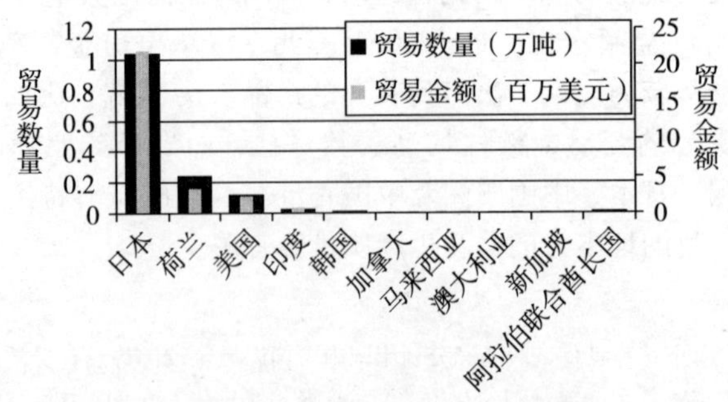

图 5－9　2008 年中国大陆出口鲜切叶枝

种苗出口金额为2300万美元，占总金额15%，但出口数量占总量一半以上，价值含量0.12，也是所有类别中最低的。这说明我国出口的种苗在国际市场上属于低端产品。荷兰、日本、韩国及美国等是中国大陆种苗最集中的出口目的地。从21世纪初，中国大陆花卉企业从事了大量的种苗代工，因为种苗培育比起种源研发技术含量较低，而需要大量劳动力，因此在全球产业转移中，我国在价值链种苗生产环节上的力度逐渐加大。但随着我国新品种保护的不断完善，越来越多境外种苗企业直接在我国布局生产性分公司，先进的栽培技术和管理经验也会相应传入，出口种苗低含金量的情况将得到改善。

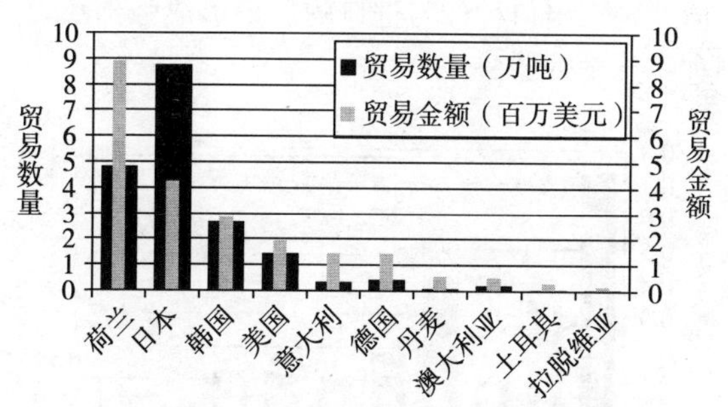

图5-10　2008年中国大陆出口种苗

我国大陆干切花、干切叶及种球的出口较少，分别占出口总金额的5%及4.6%。但目的地较为集中，前者的出口流向主要是日本，后者则主要是美国和日本，而对其他国家的出口量均很少。值得一提的是，尽管干切花的数量很少，但它是所有类别中价值含量最高的，这值得进一步探讨。

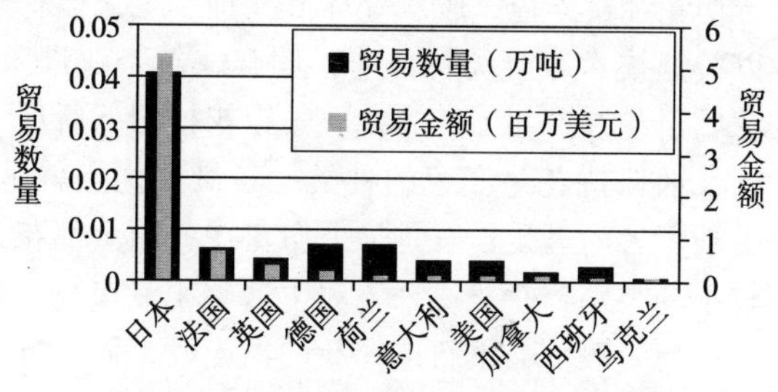

图5-11　2008年中国大陆出口干切花

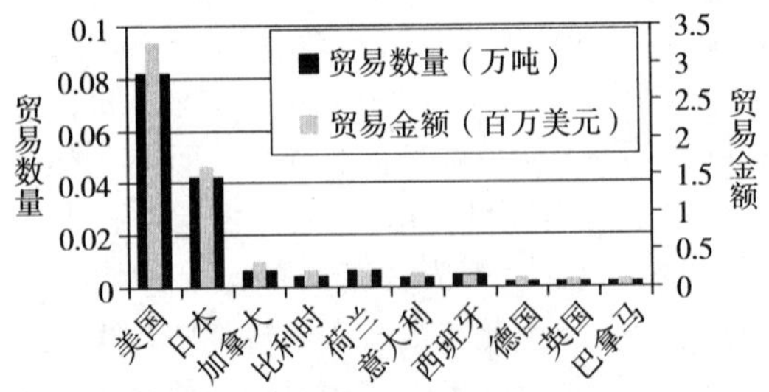

图 5－12　2008 年中国大陆出口干切叶

种球的出口额最少，仅占总额 3%，流向主要是荷兰、日本、美国及我国台湾地区。出口种球与进口的情形形成强烈反差，这进一步说明了我国种源开发的弱势地位。

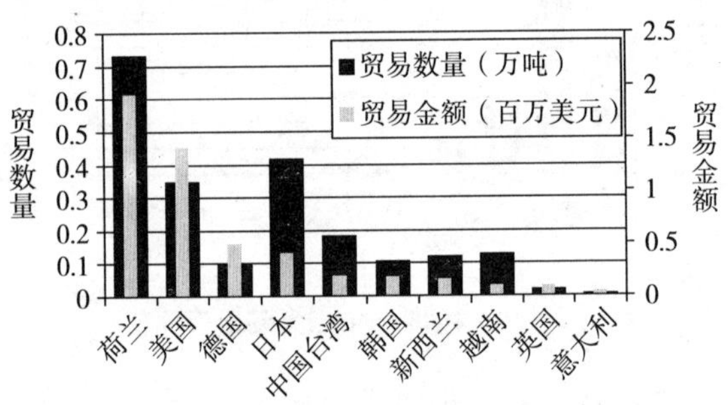

图 5－13　2008 年中国大陆出口种球

4. 对高价值含量贸易产品干切花的分析

我国进、出口干切花的价值含量均高于其他产品，分别为 19.85 $/kg 和 8.14 $/kg，这说明干切花产品属于高端产品。其主要原因有：一是，干切花经过染色、脱水等环节处理，工艺流程的技术含量较高，企业以关键技术取胜的特征非常明显，新企业进入门槛较高；二是，干切花属于花卉深加工产品，一般为花枝切下后经干燥或人工着色处理，能长期保持花朵姿色的种类，其最大优点就是不会枯萎，在日本十分受消费者的喜爱；三是，干切花在我国全部花卉贸易中属于金额比例较小的类别，一般说来，对于这类小专市场，如果所提供品种相同，进口商一般不会重新选择新的供应商，而会继续与原有供应商合作，因此从事干切花贸易的企业并不多；四是，发达国家对于进口的加工花卉检验标准较发展中国家更为严格，因此加工花卉的生产商若在国内有较稳定的市场，对从事出口贸易没有太多动力。

我国大陆地区高档干切花依靠进口。云南是我国干花原材料最为丰富的产地，发展干花产业具有得天独厚的区位优势，经过几年的发展，目前云南干花产业已至一定规模，国内销售至北京、天津、乌鲁木齐、成都、南京、上海、广州及深圳等，出口业务也逐年递增，但我国干切花艺术造型的新颖性、独特性不够，原料和产品市场更缺乏行之有效的标准。因此，尽管我国坐拥干切花产地，但高档产品仍需依靠进口，相关数据显示，主要进口自哥伦比亚、日本及法国等。

靠成本和区位优势出口日本。在数量上，日本从中国大陆进口干切花占其总需求量的49%，而其第二大干切花供应国哥伦比亚则相差悬殊，只有25%。如果不深入分析，很可能被这一数据和8.14 $/kg的价值含量所迷惑，误以为中国干切花产业具有很强优势。笔者进一步计算了日本干切花进口国别或地区的金额百分比，发现情况刚好相反——日本从哥伦比亚进口的干切花金额最多，占其该产品总进口额45%，而中国大陆排名第二，仅占22%的份额。中日在区位上近接，运费较便宜，这也是我国干切花得以大量出口日本的原因之一。

根据以上分析可见，哥伦比亚既是我国大陆地区干切花进口的重要供应国，也是我国大陆地区干切花最大出口目的地国——日本的重要供应国，也就是说，哥伦比亚既是我们的合作方，又是竞争对手。

5. 结论

（1）我国大陆地区花卉产业已与全球对接，但目前仍以亚洲区域性市场为主。在对外贸易四大流向中，中国大陆地区与亚洲国家（或地区）的合作最为密切，这主要缘于地域近接、运输成本低以及资源互补等因素；而与世界花卉集散中心荷兰的贸易往来次之，荷兰的拍卖体系汇总了来自全世界的花卉产品，中国与荷兰贸易往来相当于与全球花卉市场对接。

（2）我国大陆地区种源开发能力弱。种球所占总进口额过半，但出口种球价值含量最低；随着越来越多外商在我国大陆地区直接投资建设生产性分公司，对我国花卉业的技术标准及管理规范将均有极大带动作用。

（3）应充分重视开发小专市场。干切花等深加工产品的价值含量明显高于其他花卉产品，对于这类进入企业尚少的贸易产品领域，一旦在国内引入技术创新，市场前景将极为广阔。

5.2.4 我国大陆地区花卉产业集群区位分布及其典型模式

1. 我国大陆地区花卉产业集群区位分布

根据现有的全国花卉产业产销数据进行区外商计算，我国大陆地区花卉产业集群主要分布在广东省、上海市、江苏省、云南省等省市。其中，以云南斗南花卉产业集群、广东陈村花卉产业集群、上海市松江花卉产业集群、江苏夏溪花卉产业集群、浙江萧山花卉产业集群以及山东青州花卉产业集群比较典型。

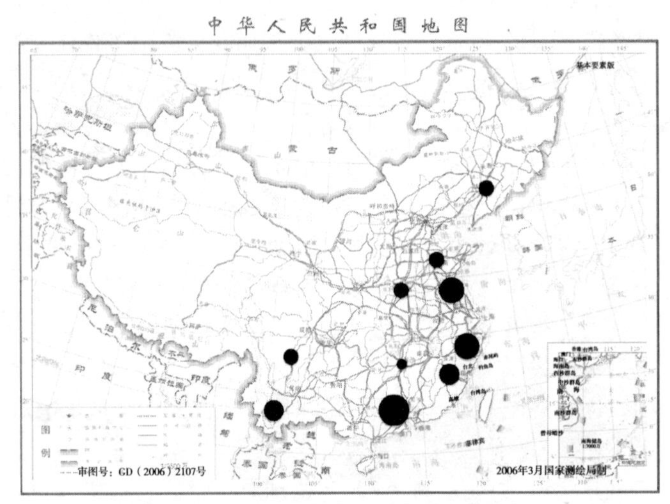

图5－14 中国大陆地区花卉产业集群分布格局

根据花卉产业“十二五”规划项目调研小组的不完全统计：

（1）我国大陆地区花卉科研机构中，副研以上职称或硕士以上学位的科研人员约1864人。

（2）从仪器设备的统计情况来看：1）国家级研究所，偏重于生物技术的设备多，而田间试验和品质加工的大型设备相对较少；2）地市级农科所，则相反，生物技术相对较少，品质加工相对较多；3）省级科研院所和大专院校，三类仪器设备基本相当；4）企业，主要是品质及加工设备。从平台共建、资源共享的思路出发，构建现代花卉产业创新体系，应该避免大型仪器设备重复购置，而应该是任务有所分工，仪器设备有所侧重。

（3）我国大陆地区花卉产业原值10万元以上科技仪器共有749台（套），其中价值30万元以上的大型设备仪器132台（套）。

（4）花卉产业科技项目（课题）。我国大陆地区花卉科研省部级以上项目约2056项。

2. 典型花卉产业区的发展状况

（1）上海市花卉产业现状及存在问题

1）上海市花卉产业区位分布

上海市已经形成了花卉专业化生产格局。闵行区有2000亩以鲜切花、盆花为主的基地；松江区有分布在九亭、新桥、五里塘等地的以康乃馨、银柳、观赏植物等为主的2500亩基地；崇明县有2000多亩以球根花卉和苗木为主的基地；南汇县有近千亩以月季、非洲菊等种苗为主的基地；金山区则吸引了国外种苗公司成立生产性分公司。

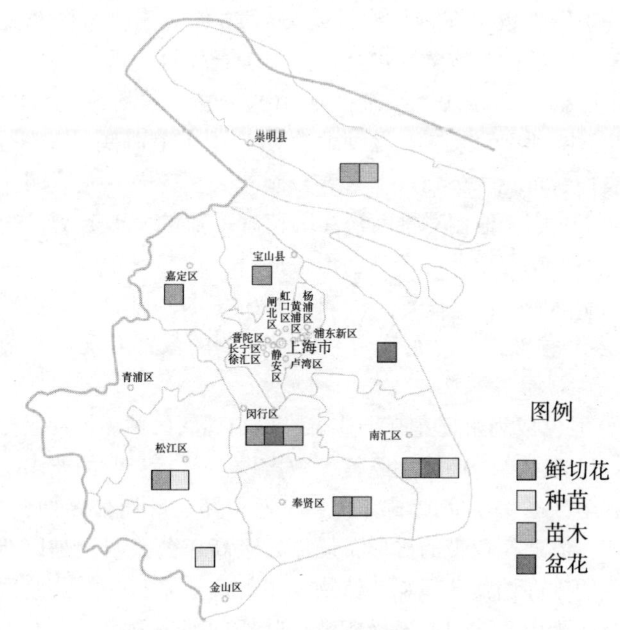

图5－15　上海市花卉产业生产格局

经过多年的发展，松江区逐步成为上海花卉产业发展的领头羊，成为市郊最大的中高档花卉生产基地。2004 年，全区花卉种植面积已达 10260 亩，年产中高档盆花、鲜切花、水生花卉 25087 万支（盆），花卉年产值 2.32 亿元。松江区花卉种植面积和销售产值已占全市 40% 左右，成为市郊最大的中高档盆花、观叶植物、鲜切花生产基地。如新桥花卉园区，拥有 50 多家花卉企业，主要生产蝴蝶兰、大花蕙兰、红掌、彩色马蹄莲、凤梨、一品红、仙客来、丽格海棠等中高档盆花，产值在亿元以上。

① 松江已成为市郊最大的沪产连栋温室花卉设施栽培区。近 5 年来，全区投入花卉产业项目建设资金近 1.5 亿元，在新桥、叶榭、五库、九亭镇等地建设有沪产连栋温室 1500 亩左右。同时建有 3500 亩左右的其他管棚设施，设施栽培面积已占花卉种植面积的 50% 左右。为连栋温室的服务设施也很完备，如叶榭浦南花卉基地，有 600 多亩连栋温室供暖，并设置了雨水回收装置为连栋温室供水。已成为市郊最大境内外花卉企业聚集区。松江良好的花卉投资环境，吸引了众多境外企业到这里来投资花卉生产开发。至 2004 年末，全区花卉企业已有 231 个，包括日本麒麟株式会社、中美合作维生园艺公司、成美园艺公司、巨杨园艺公司、晶莹兰业园艺公司、缤纷园艺公司等外资、台资花卉企业 45 家，上海种业集团公司、上海园林集团公司、上海交大农科新桥花木公司、上海春芳园艺公司、上海龙达园艺公司等内资企业 156 家。他们对推动松江区花卉产业的发展起到了很大作用。其中有不少花卉企业的产品已形成品牌，产品畅销。如成美园艺公司花卉产品享誉全国，上海交大农科新桥花木公司的优质蝴蝶兰畅销全国 20 多个省市，上海龙达园艺公司生产的数百万支切花菊畅销日本市场。

② 松江区已成为市郊花卉产业带雏形凸现的区域。松江区按照区域化布局、设施生产、产业化经营、做大做强花卉产业的要求，经多年的努力，全区已初步完成了沿嘉金高速公路、叶新公路两侧 25 公里花卉生产、流通产业带的雏形布局。嘉金高速公路两侧是以新桥花卉基地为主的中高档盆花、观叶植物为主的产业带；叶新公路两侧是以五库示范区为中心，向东连接柳港、叶榭的浦南万亩花卉基地；向西连接新洪的田野园艺出口水生花卉基地，形成以生产中高档盆花、

出口鲜切花、出口水生花卉、出口蝴蝶兰组培苗为主的产业带。

③ 松江已成为市郊最大的花卉产地市场。迄今为止，松江已投入4500万元资金建有两个大型花卉交易市场。一是位于沪杭高速公路北侧，嘉金高速公路东侧，地处新桥北良径村，占地200亩的上海交大农科花卉交易中心；二是位于嘉金高速公路叶榭的西侧，叶新公路南侧，地处井凌桥村，占地500亩的华东物流中心，由于该中心与同三、沪杭、嘉金高速公路连接，物流便利，目前200亩连栋寄养温室已全部由南方大型花卉企业租赁。两个花卉交易中心，预计一两年后，销售可超过3亿元左右。现在，松江区已制定了发展花卉产业的“十一五”规划，到2007年，全区花卉种植面积将达15000亩，2010年，将达20000亩。实施工业反哺农业，集中财力，2010年将投入2.5亿元资金，全面完成10030亩上海浦南万亩花卉基地建设。协助主要花卉生产企业，制定好蝴蝶兰、大花蕙兰、凤梨等200多个新品种的“企业生产标准”，并报质监局备案发布。建设500亩的松江花卉科技产业园区，引进25家国内外著名花卉企业加盟，重点开展具有自主知识产权的花卉种源研发，服务本市、长三角乃至全国。

闵行区也是花卉大区之一。拥有花卉苗木生产基地8000多亩，占全区苗圃面积的40%，年销售额近1亿元。主要承接绿化工程、景观设计、植物租摆及园艺产品的生产和销售。其中，康乃馨种苗年生产销售达5000万株，占全市的70%。花卉林木协会现有团体会员41家，其中注册资金100万元以上的有26家。

崇明的花卉生产形成了以球根花卉为主、多品种并存的生产格局。目前，全县花卉种植面积2500多亩，崇明水仙与漳州齐名，其中唐菖蒲栽培面积1500多亩，其销量占上海市场的50%。通过近几年技术攻关，品质大大提高。目前，崇明年销售商品水仙球20万只以上，主要销往沪、苏等地，还出口美国、日本。崇明县以生产宿根花为主，如唐菖蒲、水仙、白菊花等，其中，水仙花是本市有百年历史的传统特色花卉品种，唐菖蒲是该县主栽品种，其销量约占全市1/4。

奉贤区有设施栽培的花卉种植面积3270亩，其中大部分种植品种为非洲菊，集中在柘林（原胡桥）、青村（原光明）两镇。有规模的花卉企业数个：由市农委所属投资6000万元于1999年4月建立的上海四季生态科技公司，拥有400亩大棚面积，主要生产花灌木、宿根花卉新品种以及芳香花卉植物；上海海上花园艺公司有30000平方米温室，其中生产红掌15000平方米，生产百合、郁金香、凤梨15000平方米；台湾大汉园景公司有20000平方米温室生产凤梨；上海种业集团公司有3000平方米温室生产红掌等种苗。在其他种植业、养殖业萎缩的情况下，花卉产业的发展已成为奉贤区农业种植业结构调整中增长最快的产业，也是农民增收的主要来源之一。根据奉贤区农业综合发展规划，2005年至2007年，奉贤形成花卉种植面积1万亩，其中非洲菊种植面积达到6000亩，形成非洲菊产业带。在青村镇A30公路以南，浦星公路以东建设上海市申亚花卉科技园区，一期面积3500亩，其中建立智能式温室70公顷，生产蝴蝶兰种苗和盆花、大花蕙兰和一品红、天竺葵种苗等。

上海鲜花港借助科研院校的产学研联盟优势，搭建引进、消化、吸收国外先进技术平台，带动上海花卉业的发展，2007年完成了安祖花、凤梨《植物新品种DUS测试技术指南》研究项目和温室花卉太阳能节能项目的一期工程。上海的花卉科研技术已在全国处于领先地位。在浦东孙桥，一条2万平方米的工厂化花卉生产流水线，全部实现电脑自动化生产，隆冬腊月依然一片姹紫嫣红。在花卉育种上，借鉴荷兰、美国等先进的分子技术，培育出许多新花种。复旦大学的病毒快速测试、中科院上海植生所的繁殖技术等科研项目都取得重要成果。花卉业科技含量很高，荷兰产的花卉价格虽为国产同类产品的2~3倍，但由于朵大形靓，花期较长，很是走俏。花卉消费“喜新厌旧”，日本市场上花草品种像时装一样每年更新。因此，推动科研成果产业化是开启上海花卉产业蓬勃发展的一把金钥匙。

2）上海市花卉产业贸易

近年来，上海花卉出口主要有菊花种苗、非洲菊、银苞芋、合果芋、补血草、情人草等组培苗，康乃馨、一品红、红掌、百合、鹤望兰等切花，盆栽一品红、常春藤、开运竹切叶等。主要出口到日本、美国、韩国、以色列、荷兰等国家。上海口岸最大的鲜花进口来源国是泰国。从荷兰进口的郁金香、百合等高档鲜花的数量和价格也在不断攀升。

3）上海花卉产业主要问题

① 积极应对产业优势的动态变迁。上海市是国内花卉产业发展

最早的区域之一，但随着全球一体化进程的不断加深，原来的种源引进、设施装备、科技研发以及产地市场等优势逐渐减弱，而发达的交通枢纽区位以及庞大的花卉购买力等优势不断增强。

区域产业优势的变化直接导致了产业转移。比如，传统切花产品香石竹的生产环节已经逐渐在上海销声匿迹，而云南凭借得天独厚的气候条件成为香石竹的主产区，一些香石竹生产技术人才也随着产业变迁转移到了云南。

随着上海国际金融中心地位的逐步确立，隶属农业范畴的花卉产业转型升级势在必行。上海每年鲜切花的消费量已突破5亿支，盆花每年的市场容量达3000万盆，销售额突破10亿元人民币。在花卉业的终端销售商业模式创新上下功夫、紧紧扣住区域比较优势的动态性变化，是上海花卉产业取胜的关键因素。

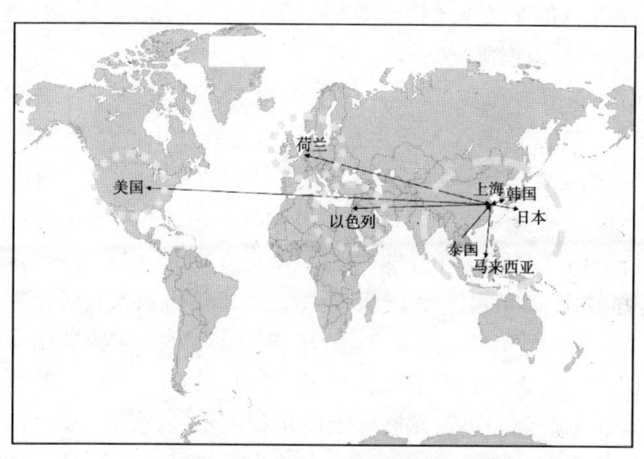

图5-16　上海花卉主要贸易圈及流向

② 缺少产业链整合平台。尽管上海市以0.3%的全国花卉生产面积，创造了全国4%的销售额，但花卉技术创新能力与发展规模依然不相适应，大量的关键技术和优势品种还主要依赖进口，技术创新能力不足已成为上海市花卉业科学发展的瓶颈。如何将分散在政府、企业和民间的各类层次重叠、功能不清的资源有效整合，是实现花卉产业转型升级的关键。

上海市拥有众多名校大院，拥有优质的信息流，是发展现代花卉业的排头兵，有能力把增强技术创新能力、加强信息服务建设摆在突出和核心的位置，以制度创新为动力、管理创新为保障，推动和促进企业技术的创新，加快建立创新型花卉企业，全面提升行业的创新能力。

国际经验表明，构建产业创新信息服务平台对行业发展大有裨益：荷兰作为饮誉全球的花卉贸易中心，其科研在政府的扶持下由大学、科研机构与企业自有的研究所共同对负责生产的公司和农场提供技术支持；哥伦比亚作为发展中国家中的老牌世界花卉生产中心，其服务平台不仅搜集信息、提供律师服务、汇聚技术顾问，还与生产和销售企业共同制定产业规划；我国台湾地区也致力于通过政策干预构建交流平台，以实现生物技术实验室、育种站、种植者和贸易物流商之间的联系合作。

（2）萧山花卉产业现状

1）生产与销售概况

萧山花卉苗木有着40多年的生产历史，随着改革开放，特别是近10年来，花卉苗木作为萧山区调整优化农业生产结构的优势产业而异军突起，成为该区农业五大特色主导产业之一，在全国也具有较高的知名度，是全国最大的花木生产基地之一，有“中国花木之乡”的美誉。目前，全区花卉苗木种植面积达15万亩，12万亩为花灌木，3万亩为乔木。2006年实现产值13.1亿元，销售收入9亿元。全区现有300多个村、500多家企业、3万多农户、6万多人从事花卉苗木的生产、经营、销售、园林工程及与之相关的服务。

随着花木产业的迅速发展，规模化程度不断提高，萧山花卉苗木已改变以往零星分散、千家万户为主的生产现状。据统计，全区现有50亩以上的大户687户，总面积100576亩，占全区花木面积的67%。其中100亩以上有160家，最大的一家生产面积达1800亩。萧山苗农还在区外建立了5万多亩的花木基地。2006年全区生产绿化苗木6亿多株，生产草花、盆花、室内观叶植物2000多万盆，生产鲜切花100万支。全区现有花卉设施栽培面积5000多亩，其中大棚面积150万平方米。另外，喷灌、滴灌在绿化苗木生产上的应用逐步推广。

销售辐射范围半径较大。31个省市区的检疫证都有，主要是江浙沪、北京、石家庄、天津、山东、安徽等。山东90%以上的龙柏（做大量色块）从萧山进货，山东本地生长慢价格低。山东、安徽等其他苗木产区之所以能够成为萧山的需求商，主要因为品种结构异质化，且萧山运输方便，花灌木销售半径较大。

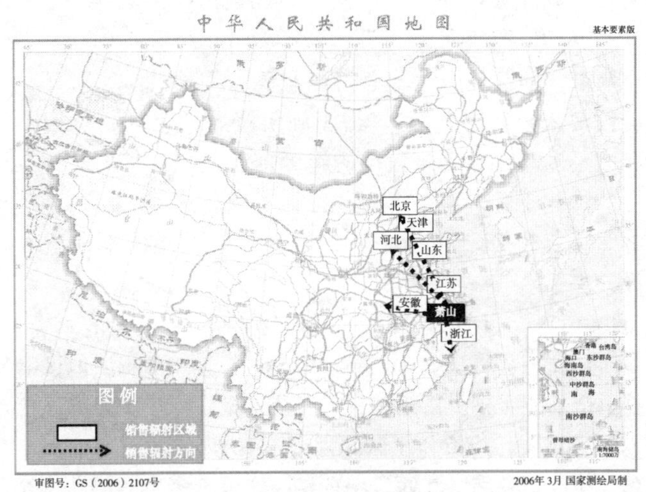

图5－17　萧山销售市场辐射地域示意图

（资料来源：调研访谈资料）

2）流通渠道多样化

① 靠经纪人销售。据浙江省花协花木经纪人分会统计，萧山有2000多经纪人，平均每75亩、15户中就有一个花木经纪人。现在，萧山花木经纪人可以分为三种类型：一种是长年在外接单子，面向需方，跑建设单位、跑设计单位、跑施工单位，属于经销型；第二种是代购代销型，掌握萧山苗木货源，主要在萧山帮助客户收购；第三种是现代企业型，既有庞大的用户群，又掌握较为全面的供货源，具有较强的配送能力。如全国十大苗木经纪人之一的孙妙夫，他创办的杭州萧山绿源苗木配送有限公司2006年的销售额有4000多万元。

② 靠骨干苗圃拉动。骨干苗圃带动很大，一般由经纪人发展而来，销售好了自己种植，规模扩大，一般大型苗圃销售量中，自产苗木只占50%以下，其他都靠收购别的苗农的。大型苗圃在几十年的发展中已建立了一个比较稳定的销售网络，销售渠道较为畅通。并且大型苗圃的主打品种与普通苗农所种有一定的区别，千家万户的苗木可以作为大型苗

圃的补充。如宁围丰东园艺场2006年销售苗木1700多万元，其中自产苗木只有600万元，65%的苗木是从其他苗农或苗圃采购。

③ 园林绿化企业的推动。通过承接园林绿化工程，能够有效地促进花木销售，并能够提高花木产品的附加值。萧山去年一级资质有2家（全国有90几家，浙江4家），今年萧山一级资质有4家（估计全国有150余家，浙江8家，云南只有1家），二级有25家（其他整个省域范围内都未必有这么多）。由于施工资质的提高，承接园林绿化工程的能力不断增强，原来萧山的施工企业只是在省内承担，现在承担全国性的绿化工程，2006年萧山区园林绿化工程公司在全国范围内承接园林绿化工程13.5亿元。肯定会把自己熟悉的本地苗木做推广并相应设计调整。

④ 网络销售。目前仍然较少，年交易额5000万左右。

⑤ 客商主动上门采购。由于萧山品种齐全，江浙沪地区需要的苗木，在萧山全部能买到。萧山现有大型苗木批发市场2家，以浙江（中国）花木城为龙头，2006年全区花卉苗木市场交易额达7亿元，目前已经有山东、江苏、湖南、江西、广东、福建等十多个省的花木企业进驻萧山两大花木市场，成为华东地区最大、最有影响的花木集散地。

⑥ 在外省设立销售窗口。上海、北京、天津、昆明、武汉、南昌、成都、西安、石家庄等全国主要大城市周围，都有萧山人办的苗圃，一个苗圃就是一个萧山苗木的窗口，通过这些窗口，把萧山苗木推向全国；同时又把各地的需求信息反馈回来，使萧山的花木生产紧跟市场、紧密联系市场。

3）政府多角度积极支持

① 政策支持。如新街镇、宁围镇是萧山的传统苗木产区，20世纪60年代就开始，有产业基础。20世纪90年代初还是有上交的粮食指标，萧山的领导及以上两个镇的领导允许这两个镇不种粮食种苗木，粮食指标去外面买。这是对萧山花木最大的支持。

② 资金支持。2001年产业结构调整。鼓励百姓根据自己条件适当发展，鼓励苗农扩大生产面积，提出“北（新街、宁围）苗南移东扩”，发展出一定规模的给予一定资金奖励。现在萧山区委、区政府十分重视花卉苗木产业的发展，资金上财政每年安排100万元以上资金鼓励、引导花木产业发展，建立省级花卉苗木示范园区1个，市级

示范园区 8 个。

③ 宣传推介上积极参加全国性的花事活动，扩大地区影响力。1999 年萧山作为全国唯一的县级市参加了 99 昆明世界园艺博览会；2001 年、2005 年连续组织参加、参展了第五、六届中国花卉博览会；2001 年 10 月 30 日区政府在北京人民大会堂成功举行了“绿色奥运—萧山花卉苗木北京推介会”；2002 年 9 月在浙江（中国）花木城隆重举办了浙江省首届花卉博览会；并且从 2004 年起每年 3 月份举办萧山花木节。这些宣传推介活动的开展，通过政府搭台、企业唱戏的做法，大大提高了萧山花卉苗木的知名度，在全国范围为萧山花卉苗木创造了良好的营销环境，有效地推动了萧山花卉苗木产业的发展。

现在政府在政策层面的引导不鼓励扩大面积，鼓励提高质量、发展设施农业，如大力发展容器苗、提倡使用喷灌设施等。

4）科研创新力度

不断学习新知识、引进新品种、应用新技术是实现萧山区花卉苗木产业持续发展的重要措施。广大花木生产者充分认识到新知识、新品种、新技术、新信息在市场竞争中的作用，舍得投入，主动与中国林科院、北京林业大学、浙江大学、浙江林学院等科研院校合作，开发、引进新品种，培训、应用新技术，近几年萧山区每年引进新品种都在 20 个以上；同时积极招聘、引进人才，近 5 年来萧山区花木企业共聘用大专院校毕业生 300 多人。

但目前，萧山花木品种研发较弱。品种研发很少，更多是由大企业做新品种的引种。多数企业认为，研发成果基本没有推广效应，产学研脱节很严重，如果将科研经费给企业的话会产生更大效应。

5）劳动力及物流配套状况

可流动劳动力资源充足，估计 1 万多人。主要劳动力靠四川、广西、安徽、河南等地的外来劳动力。萧山包容性较强，只要肯吃苦，外地劳动力比本地劳动力价格更高。包工市场繁荣，挖苗（4 厘/株），挖大树（15 元/株）等专业化分工较细。常工男工 50 元/天，女工 35 ~ 40 元/天，包工男工 150 ~ 200 元/天，女工 80 ~ 100 元/天。本地劳动力以计件工为主，效率不高，价格较低。批量挖苗都叫外地工，包工队的扦插、挖苗、装车都分工很细。

萧山物流高峰每天发 300 ~ 400 车，年底大约 150 车，都靠物流公司带出去。二桥传化物流公司有几十家。叫一辆车车主交给物流公司100~200块中介费。萧山经济发达，吸引物流公司来此，如果自己叫车不通过物流公司，运价高出20%~30%。速度上，前一天通知，第二天就能保证发车。（反例：宁波滕头蝴蝶山1万亩基地的苗木产品质量、价格都不错，但缺乏配送车辆，当地经济不发达。）

6）主要市场——萧山（中国）花木城

花木城于2001年动工，2002年5月建成，2006年开铺率达到100%，一期正常营业，二期绿化苗部分开始营业，目前总营业面积550亩左右，入驻企业700余家。其中60%出租（一般租期1~3年），40%出卖，18幢钢房中14幢出租，4幢出卖，生活配套如娱乐、生活、办公等砖混结构房屋出卖。租金上涨快，由开始的5000元/亩，达到现在主路10平方米的店面年租金10万元。

花木城以销售为主，无生产功能。一期主要销售盆栽、南方植物、资财、景观石。自发聚集在花木城的物流配送车队发达，园区内有物流通道使物流发展便利（30~40亩地的集散广场），出车量200~300辆/天。花木城有一半是外来商户，萧山本地商户都是经纪人，自己少量种植，大量外面收购，由于经纪人很多，萧山苗农不需要在这里设立销售点，在基地等就可以了。市场临工队伍40~50人，主要都是男工，从事装车卸货等力气活。

通过实地调研发现，花木城中业户经营的产品严重同质，如从福建苏铁基地直销的来花木城设立销售点的有10多家，从余姚四明山来的苗农在花木城设销售点的有100余家，全部经营樱花、红枫等。多数苗木企业对出口有兴趣，但苦于没有销路，对质量没信心。旅游业方面，该花木城是全国农业旅游示范点，有一些旅游团队，主要为行业参观、学生实验基地，以及结合3月花木节等活动做旅游项目。入驻企业普遍认为花木城基础设施完备，比较满意；具有品牌效应，吸引全国各地的客商，宣传力度大。

7）花卉协会服务

浙江花卉产业集群的蓬勃发展，始终与浙江花卉协会的发展密切相关。目前浙江省内11个市和47个市县都成立了花卉协会。省花协会员数达到2240个，是省内产业协会中会员数较多的一家，下设绿化苗木、盆花、鲜花、兰花、盆景、多浆植物、零售业插花花艺、园艺资财、市场流通、花木经纪人等十大分会和一个专家委员会。组织体系健全。2004 年省花协被民政部授予“全国先进民间组织”荣誉称号，同年又被中国花协评为“全国先进花卉协会”。其中，萧山花协会员有 256 家会员单位，均是由企业构成，会员条件是生产规模在 100 亩或销售规模在 100 万以上。

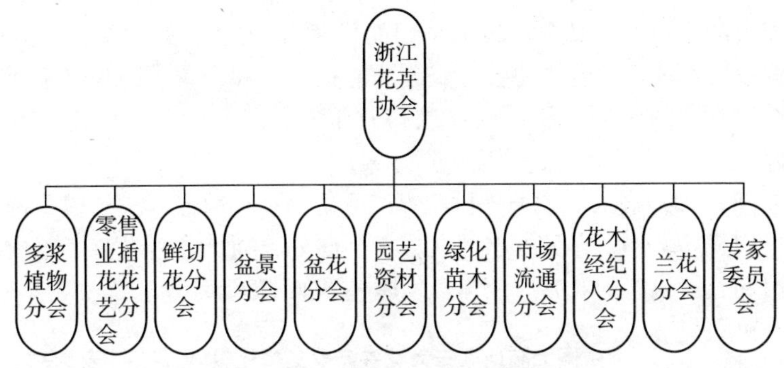

图 5－18　浙江花卉协会结构图

（资料来源：本书绘制）

3. 我国花卉产业集群发展典型模式

（1）候鸟式合作。上海市菊花品种的产业集群即是采取此种模式。如上海市花卉良种试验场充分利用国内不同区域比较优势及自身的贸易信息资源，整合了上海、辽宁和海南的菊花生产，上海基地集中生产 6 月～12 月份、辽宁基地集中生产 7 月～9 月份、海南基地则集中生产 12 月～次年 4 月份的菊花，再辅以收购并出口，以此“候鸟式合作基地”模式实现全年供应。但是，采取此合作模式，需要设计完善的合作机制以确保合作地的良好诚信，以保证货源的稳定供应。

中国大陆花卉产业集群典型模式　　　　表 5－7

模式	特点	案例	核心条件
候鸟式合作	出口贸易	上海市菊花产业集群	合作地的良好诚信以保证货源的稳定
经纪人整合	大范围苗木内销	浙江萧山花卉产业集群	协会服务功能发达
外商嵌入	出口贸易＋内销	广东陈村花卉产业集群	同业的差异化竞争

（资料来源：本书分析）

（2）经纪人整合。浙江萧山花卉产业集群即是采取经纪人整合的模式。据浙江省花协花木经纪人分会统计，萧山有2000多经纪人，平均每75亩、15户中就有一个花木经纪人。现在，萧山花木经纪人可以分为三种类型：一种是长年在外接单子，面向需方，跑建设单位、跑设计单位、跑施工单位，属于经销型；第二种是代购代销型，掌握萧山苗木货源，主要在萧山帮助客户收购；第三种是现代企业型，既有庞大的用户群，又掌握较为全面的供货源，具有较强的配送能力。采取这种模式需要花卉协会的服务功能很发达和完善，因为必须要有一个强有力的组织能够向政府获得政策支持，及时与政府沟通获得资源。

（3）外商嵌入。顺德陈村花卉产业集群是外商嵌入发展模式的一个典型成功案例，详见本书后文分析。此外，顺德陈村花卉、萧山新街镇和上海松江的花卉产业集群发展差异如下所示。

中国大陆地区三大花卉产业集群比较表　　　　表5-8

	顺德陈村镇	萧山新街镇	上海松江
种植历史	2000多年	40多年	20余年
传统产品	陈村年桔	萧山龙柏	无
现在主打产品（按效益）	造型盆景、蝴蝶兰苗、景观大树	畅销花灌木容器苗	蝴蝶兰、大花蕙兰、凤梨、切花菊
演进方式	外商拉动	内生推动	政府推动
专业市场	陈村花卉世界	萧山(中国)花木城	新桥花卉园区
数量规模	1.8万亩	3万亩	1.5万亩
平均地租（单位：元/亩/年）	7000	1000	
产业联系	紧密	紧密	一般/较弱
对外交通	港口、公路	公路	公路
物流配套	国通物流城	二桥传化物流公司	菜篮子工程用车
行业协会	有	有	无
担保贷款	无	有	无

（注：陈村案例在本书后续章节详细论述）

5.3　全球花卉业发展面临的热点问题

5.3.1　城镇化问题

不论是在国外还是国内，城市产业结构选择“退二（一）进三”越来越普遍，同时，城镇化的日益发展也是花卉产业生产环节向城市周边转移的重要推力之一，原因主要有：一是，住宅发展对土地的需求迅速扩张；二是，城市中心区的繁荣发展导致租金快速增加，花卉批发商难以承受；三是，街道拥堵加大，使得简单的清晨花卉运输都成为棘手的问题。而且，居民与批发商竞争泊车位的矛盾时有发生；四是，终端流通方式的改变，种植者直接与零售花商作交易，批发商越来越少。城镇化对花卉产业转型升级的促进作用主要体现在以下方面：

1. 城镇化加速产业融合步伐

2002 年，美国曼哈顿地区最后一个花卉市场，因城镇化进程的扩张而被迫迁移至切尔西的大仓库。事实上，从 20 世纪 90 年代初，花卉市场迁址的压力就越来越大。由于在新址的选择、发展设想和租金等方面一直存在争议。在曼哈顿的花卉市场共有 34 家花卉批发商，年销售额近 1.2 亿美元，而且还有相当多的相关企业，比如卖花瓶、缎带、花盆的企业。所有这些企业都要进行迁移。“这次迁移是必然要发生了，曼哈顿再不会有花卉市场了”，Mitchell Vlachos 说。他是 Harry Vlachos Inc. 的老板，这家花卉批发公司是他父亲 1926 年开创的。在切尔西大仓库，规划和发展重点是成为花卉产业与旅游业融合发展的新产业空间，它是建立在花卉产业发展成熟和良好的事先规划之上。这里有优越的物流条件，如卡车可自由进出，充足的泊车空间，还要适合安置冷藏设备以及在市场区域设小卖店、餐馆。

2. 城镇化加速花卉产品向高附加值转型

在中国广东，也同样存在因城镇化的推进而出现传统花卉产业面临萎缩的危险。“千年花乡”陈村花卉世界市场周边房地产业（如碧桂园）快速发展，在市场经济主导下，花卉市场扩张征地困难，原规划 1 万亩，现在只开发了 5000 亩。为了应对这一局面，陈村采取了花卉产品向高附加值转型的方式，由最初的低价值盆栽绿植（每盆几元钱）到进口棕榈树（每株几千元）再到热带兰种苗供应中心（亩产值30～40万元）和高级造型罗汉松（每株10～100万元），实现了产业转型。

3. 城镇化促使花卉产业向价值链高端攀升

城镇化问题归根结底体现为人地关系的矛盾，而花卉产业生产环节的平面发展要求与土地资源的稀缺性相矛盾，因此城镇化加速了花卉产业抛弃低端环节、向高端环节攀升的进程。广州芳村是中国最大的盆栽植物的集散地，“广州花卉业的优势在于成为技术中心和物流中心，打造总部经济模式。”广州花卉办有关负责人说。作为全国屈指可数的大型物流集散地，广东的花卉市场正致力于强化服务功能，并试图将触角延伸到旅游及创意领域，以创造一些高附加值的增长点。

5.3.2 金融危机

由于全球金融危机的打击，肯尼亚等东非国家面临鲜花出口市场需求减少、鲜花出口价格下跌等不利影响，东非鲜花产业正在经历困难时期。鲜花是肯尼亚最主要的外汇收入来源之一，去年为这个国家赚取了约8.8亿美元的外汇。肯尼亚鲜花主要出口欧洲市场，其在欧洲的市场占有率约为25%。然而今年来，肯尼亚对欧盟的鲜花出口价格大幅下跌，截至1月上旬的一个月内下跌幅度达25%。

肯尼亚媒体近日报道，由于全球金融危机和气候变化的双重打击，肯尼亚预计今年将有100余家鲜花出口商倒闭，占肯全国鲜花出口商总数的50%以上，倒闭的将主要是一批中小规模企业。肯尼亚园艺委员会透露，今年第一季度，肯尼亚鲜花需求比去年同期减少30%。从目前形势看，今年肯尼亚鲜花产业前景不容乐观。

近年来，埃塞俄比亚鲜花种植和出口大幅增长，出口额跃居非洲第二。从2006年到2008年，埃塞俄比亚的鲜花出口增长了5倍之多，鲜花产业成为埃塞最有活力的新兴产业之一。然而，由于受到金融危机影响，埃塞鲜花产业的迅速发展也受到很大抑制。2008年，埃塞鲜花出口收入达到1.776亿美元。埃塞曾预计今年鲜花出口收入能达到2.8亿美元，但现在出口收入预期目标已降为之前预测的60%。

在乌干达，由于鲜花产业还不成熟，花农受到的打击更加严重。

乌干达鲜花出口商协会执行主任朱丽叶·莫索凯说，乌干达鲜花出口价格已大幅下降，有时甚至还不能弥补运费。乌干达花农要求政府为他们提供资金保障，以帮助他们度过这一困难时期。由于价格过分低廉，一些鲜花出口商已暂停出口。乌干达一家鲜花公司的管理人员说，欧洲客户纷纷破产，销售在下降，对于将来完全没有信心。

在卢旺达，鲜花产业更是一个年轻产业，在过去四年来取得稳步发展。不过，由于金融危机冲击，该国从业者对这一产业的投资和兴趣却正在减少。卢旺达政府虽然特别划出约200公顷的土地作为鲜花种植用地来推动鲜花产业发展，但却未能吸引投资者兴趣，仅有50公顷的土地得到利用。卢旺达园艺发展管理局说，卢政府本来计划通过规划鲜花种植用地使该国鲜花产量最初达到6000万枝，并逐步增加到每年1亿枝，但现在看来这一目标已遥不可及。

5.3.3　劳工问题

在大多数发展中国家，鲜切花生产者没有能力购置先进的温室种植设备，因此鲜切花仍然是劳动密集型产业。当结构主义思潮盛行，经济地理学界推崇“关系转向”、“文化转向”、“历史转向”的时候，一些以社会学家为首的学者纷纷利用花卉业研究劳工问题，尤其对非洲、拉丁美洲地区花卉业发展对女性劳工的社会和家庭地位影响方面做了很多有益探讨。

Meier (1999)[1]最先关注了哥伦比亚鲜切花业的女工。切花产业的女性雇工高比例与人口和社会变迁息息相关。一方面，切花产业提供了大量就业岗位，使女性跳出家务进入社会工作岗位。在工作中通过教育妇女少生孩子并提供节育措施，从长期人口增长看，人口有向更小家庭的发展趋势。然而这种改变对妇女及其家庭以及她们所生活的圈子的益处是颇有争议的。大多数妇女作为“非技术”工人被雇佣。但是参加有报酬的工作已经使她们得到了一定程度的社会和家庭地位。另一方面，也有消极的方面，如工作太劳累，还要做家务，女工需要在雇主需要和个人需求之间谋求平衡。

Newman (2002)[2]用厄瓜多尔花卉业的研究数据探讨了对女性雇佣在有薪与无薪家务上的分配影响，作者对比了对女性劳动力高需求区域和低需求区域。结果表明，市场给女性劳动力机会对女性劳动总时间没有影响，但增加了男性在无薪劳动上的时间。男性无薪工作的增加反映了女性在家庭事务上博弈能力的提高。Dolan（2004）[3]则从另外角度分析了英国超市和肯尼亚农场雇工的鲜蔬商品链，结果发现肯尼亚鲜蔬出口商更愿意雇佣那些年轻、单身、没家庭负担的工人，以应对英国超市的多样需求、其他国家的同业竞争以及自身不断更换先进设备的压力。

Hale（2005）从人道主义视角研究了肯尼亚—英国切花供应链，考察了这种产业的全球化体系对女工的意义。[4]研究中大量应用了女性自己的工作情况陈述，反映了女工面临的现实。研究认为，尽管一些农场劳动力条件有所改善，但仍存在严重问题，这是控制供应链的买方施加给下游的压力所带来的。作者同时呼吁让女工有参与制定切花产业工作守则的机会。

Greta（2006）基于人种学和研究数据探讨了哥伦比亚农村切花业女工地位：土地与家庭所属、工资收入和社会资产联合起来决定了女工地位。[5]大多数工人生活在传统的男性主导的家庭中，家庭暴力普遍。数据显示了不同性别对财产的拥有比例，财产所有主要通过集成和购买获得，这由社会资产和与大地主关系的历史本质所影响。女性的家庭博弈战略取决于结合资产：亲戚网络、劳动力相关的网络和身体、财政及个人资产。Martin（2008）从安全标准角度分析了代表着爱情的鲜花、钻石和黄金对公众健康和人权的负面影响，以及对环境的恶劣影响。认为鲜花业在从业过程中存在安全隐患，如所用杀虫农药引发人体的健康问题。研究建议提升产品生产的安全标准。[6]

5.3.4 环境可持续发展

产业集群本质上是具有网络结构特征和属性的关系网络。集群的稳定发展就与“各组关系构成的网络结构”直接相连，体现在两个方面：集群网络结构的稳定性和集群与所在环境协同发展的稳定性。这两个方面是相辅相成的，只有集群网络结构的稳定性才会有集群发展的稳定性；集群发展也只有与环境协同稳定发展，才会更加有助于集群的进一步持续稳定发展。尤其是对于依赖土地等自然资源的产业来说，产业的生态化发展、与环境的和谐、可持续发展问题就显得尤其重要。花卉产业的生态化生产，主要体现在以下几个方面，值得发展中国家学习和借鉴。

1. 设置花卉业认证认可标准

荷兰观赏植物生产环保项目（简称MPS）是世界第一个通行的花卉认证认可标准，自实施以来已被众多国家和地区认可和接受。[7] MPS针对花卉生产过程中的各个环节制定参数指标和条款，给种植者一个框架体系，使种植者按指标进行生产；同时社会因素和安全、健康、工作条件也是其重要内容。MPS的目标是促使参加者将其对环境的影响减少到最小程度。MPS通过对花卉生产过程进行评估，以达到将“绿色消费”与寻求提高花卉生产经营水平和扩大市场份额来获得更高收益的生产者相联系的目的。中国花卉企业通过加入该项目认证，得以顺利进入欧洲市场，中国花卉协会也一直致力于此。

2. 加强节能减排

能源的高价使得荷兰花卉业者加快了减少消费石化燃料的决心与行动。整个温室业都通力协作起来。例如，有些花卉运营商采用了番茄种植者在地热地区积累的知识和经验。虽然发展自然能源仍然还在起步阶段，但前景可观。荷兰南部区域温室密集，政府已经开始着手绘制热能地图，该地图可以用来指引哪些区域有发展前景。研究表明，很多区域地下1000～3000米的地方发现了70～80℃的热水。荷兰花卉业一直致力于节能减排，其目标是到2030年完全摆脱对石化燃料的依赖。

在2012年举办的国际园艺展“Floriada”上，“从摇篮到摇篮”这一原则将被提升为文案形式。该展会将在荷兰南部接近德国的芬洛市附近举办，随着展会的6个月期间的建设，一个商务园将就地建好，而展会上用的所有东西都会在这个商务园里进行再利用。“摇篮到摇篮”原则（Cradle to Cradle，简称C2C）是由威廉·麦唐诺、麦克·布朗嘉提出的，它倡导从设计开始，就考虑产品到达使用年限后的易于拆解、材料可回收循环重复使用，做到零废料、零污染，从而避免有碍健康、破坏自然生态的活动。这一原则颠覆了“从摇篮到坟墓”的传统制造模式——加工、制造、使用、抛弃、污染。目前“从摇篮到摇篮”已经是国际上最流行的宣言了。荷兰斯第廷MPS是花卉业可持续认证领导组织的研究与发展部门，他们已经阐释了C2C原则针对花卉业的部分：花卉业也要遵循C2C原则。C2C原则适用于所有生产花卉的材料，生产本身也要遵循C2C原则，而且要注重高品质，能源使用也是重要部分。由于C2C原则不允许存在浪费，因此关键是要考虑所有产品从开始使用到结束寿命都可以被转做成什么东西。

欧盟成员国荷兰的花卉部门一直在尽最大努力，争取到2020年CO_2排放达标。根据“2020温室栽培能源可持续规划”的要求，花卉业应能够减少30%～45%的CO_2排放量。荷兰作为欧洲最重要的花卉产品供应地，其花卉行业相关部门已经就该点与荷兰政府达成共识。2020年必须达到如下目标：

（1）到2020年所有的新温室必须达到排放标准，为此要关闭或部分关闭2500公顷温室。

（2）温室能够为企业和公共场所的用电需求提供电能。因为花卉企业的供电系统比大型发电所的供电效率高许多倍，这样可以减少大型发电所的数量。

（3）生产者供热、发电的燃料要有10%的生物燃料。

（4）地热能要在花卉企业能源供应中发挥重要作用。

（5）瓦格宁根大学正在制造能发电的温室，可用于支持光电池板覆盖的屋顶绿化。

（6）花卉生产大棚里用LED照明也将很大程度上减少CO_2排放。

（7）花卉业可利用工业生产产生的CO_2在温室中以促进植物生长。

（8）低能源需求生产者可与高能源需求生产者结合，可从能源密集型企业接收余热，以减少系统排放大量CO_2。

（9）花卉企业可为毗邻的住宅、写字楼和企业供热。

（10）花卉生产的温室可配备额外的绝缘系统。

（11）育种者应更致力于培育那些能源需求少且产量大的品种。这将节约大量能源。

专栏2

从“郁金香泡沫”谈花卉投机

在进行花卉产销研究时，我们对一些特殊的产品往往要在品种上，按照“稀花”和“统货”加以区分。“稀花”是指观赏性绝佳、花价奇高的一类品种。一般来说，“稀花”价格高的原因并非供求关系紧张所致，而经常是金融大鳄一手操纵的结果。“统货”则是进行产业化、标准化生产的品种，价格变化符合供求关系，也是花卉产业研究的重点。

“郁金香泡沫”是人类历史上第一次有所记载的金融泡沫。在这一事件里，郁金香便是所谓的“稀花”。郁金香投机事件①发生在1634年~1637年，这段时期正值荷兰在商业和金融业发展的辉煌时期。1634年之前，球茎的买卖限于专业种植者之间；到了1634年末，购买郁金香发展成了荷兰全民运动，法国等大量国外资金也涌入荷兰；1635年中期，郁金香球茎价格暴涨，人们能够靠信贷购买；1636年，在阿姆斯特丹证券交易所内开设了固定的郁金香交易市场，一株稀有品种的郁金香的价格飞涨到与一辆马车、几匹马等值的地步；同年11月，交易扩展到普通郁金香品种；1637年，郁金香价格已经达到骇人听闻的水平，“永远的奥古斯都”售价高达6700荷兰盾，足以买下运河边的一幢豪宅；由于卖方突然大量抛售，公众开始陷入恐慌，导致郁金香市场在1637年2月4日突然崩溃。一夜之间，郁金香球茎价格一泻千里。一个星期后，郁金香价格已经下跌了90%，而普通品种甚至不如一颗洋葱的售价；同年4月，荷兰政府决定终止所有合同，禁止投机式的郁金香交易，从而彻底击破了这次历史上空前的经济泡沫。

在中国，国兰、君子兰等有过同样的经历。“君子兰热”发生在20世纪80年代，以东北地区为主；“兰花热”在西南云贵川成风，珍稀品种每株可炒到几百万元。参与者既有专业种植者，也有商人、公职人员、退休人士等。那么现代花卉大鳄是如何将价格“炒”高的呢？其程序大致可以归纳为：选定品种—摸清货源—分批囤货—占有绝大部分货源—定价销售。假设一个例子，花卉大鳄看中了直径为10cm以上的某大规格树，经在该树种适生地所有大型苗圃走访调查，发现符合标准的有1000株，于是分4年收购囤货：第一年，以每株50元收购200株；第二年，主动以每株80元的高价收购300株；第三年，300株×130元；第四年，200株×200元；这样，花

① 主要交易的品种包括“可爱的里芙肯”（Admirael Liefken）、“可爱的冯·德·爱克”（Admirael van der Eyck）、“帕热贡·里芙肯”（Paragong Liefkens）、“永远的奥古斯都”（Semper Augustus）、“总督”（Viceroy）、“吉尔·科龙纳”（Gheele Croonen）、“拉克·冯·瑞金”（Lack van Rijin）等。现今，只有最后两种还在种植。

卉大鳄放4年“长线”投入了11.3万元。第五年，占有全部货源的花卉大鳄掌握了定价权，同时有了前4年不断上涨的市场行情做铺垫，假设他以均价180元/株的价格售出全部树，便可净赚6.7万元，投机收益率高达59%。

作为“稀花”，花卉同羊脂玉、雕塑、字画等一样具有投资潜质，这或许也是花卉不同于其他农产品的原因之一。本书作为产业学术书籍，在此暂且不讨论其社会后果及心理学因素，只侧重分析事件的产业思想。本书认为，花卉大鳄把握住了以下两个关键要素：一是充分洞察市场，因为被选中投机的品种必须景观表现效果好、抗性强，且往往是曾经的畅销品种；二是牢牢掌握了定价权，做好保密工作才能实现独占大部分货源。

专栏3

花卉业创新融资渠道

融资就是企业通过各种方式筹措资金，目前除民间融资渠道外，正规金融机构如银行、农村信用社等一般手续较为繁杂，最关键的是需要物的担保以及人的担保。进入21世纪后，我国花木业开始升级转型，市场对花木质量要求越来越高，因此必然要加大在设施、技术等方面的投入，资金短缺成为一些花木主产区中小企业随时面临的难题。花木企业、花农对“融资”的呼声很高，但很多人被金融机构的担保高门槛拒之门外。花木企业的融资难实际上很大程度是因为担保难，没有担保公司，一般行业很平常的融资行为在花木业竟成了水中月镜中花。但两个著名苗乡——浙江萧山新街镇、山东济宁李营镇两种融资担保新模式引起业界的注意。

新街：联户参股担保模式。2008年12月18日，杭州萧山农发担保有限公司（以下简称“农发”）正式挂牌成立。农发目前有股东22位，均为新街镇的苗农、花木经纪人及企业，注册资金达3350万元，其中出资最多的一名股东出资额为360万元。与农发合作的银行是中国农业银行萧山支行。然而，担保公司成立后虽然解决了担保难题，但银行的贷款额度又成了大问题。根据浙江省银监会规定，每名股东贷款不能超过总风险抵押金的10%，这意味着，3350万的风险抵押金每个股东只能贷到335万元，出资360万元的股东所能贷到的款额还达不到其风险抵押金的额度。最近农发经过与合作银行商议，后者已经同意将贷款额度放宽至风险抵押金的20%，亦即可贷出770万元。不过，农发正准备扩增股东数量，以减少每个股东缴纳的风险抵押金额，力求真正将闲散资金有效盘活。

李营：大联保体模式。2007年12月10日，济宁市李营镇正式组建了苗木协会大联保体，成立短短一个多月，这个由15位会员组成的大联保体已成功地从李营信用社贷到580万元。李营信用社主任李坤告诉记者："这15位联保体成员，谁想贷款只需要在协会联保体账户中预存贷款总额的3%，我们会在5个工作日内全额贷出，还款期限一般是两年。"近期一项调查显示，李营镇苗农对贷款需求有4600万之多，这样无须风险抵押金的贷款，难道信用社不怕担风险吗？一旦贷款人的生意亏损，谁来还贷？李营苗木协会会长李卫东说："风险由15个联保成员共同承担！贷款人的苗木卖不出去，其他14名成员将收购他的苗木或共同帮助其寻找销售渠道。除非自然灾害，否则一定能卖掉。"李卫东认为，苗农融资担保有天然的缺陷——金融机构不认可将难以估价的苗木作为抵押物，由协会出面牵头成立大联保体，越过了这道障碍，使融资担保变得顺畅。

"互助抱团"适合花木业融资担保。可以看出，新街镇和李营镇毫无疑问都为花木融资担保做了有益尝试。他们不约而同采取了互助抱团的融资担保模式。其实这种模式并非首创，早在20世纪90年代末就为其他行业所采用。两个苗乡都采用这种方式，除了金融危机带来的回款难因素外，更说明花木业发展到今天已经到了新的拐点。无论是新街镇苗木协会与国有银行合作采用抵押金担保方式，还是李营镇花木协会与农信社合作采用信用担保方式，当抵押金达到一定规模时，贷款额度都远超过单个成员财产抵押和其他担保所能贷到的金额，这一方面说明花木业资金需求确实增大，另一方面说明花木从业者手中的闲散资金比以前多，也就是说干这个行业是赚钱的。我们也应该看到，行业协会在这时所起的牵头作用非常关键，不仅要做金融和担保机构的载体，而且对筛选"互助抱团"的成员有很强的话语权。建议想"抱团"融资担保的花木企业首选当地农信社，农信社也应该积极推进类似李营信用社的业务创新。

第6章 世界各国或地区典型花卉产业集群发展模式

6.1 肯尼亚：行业协会+生产基地+集群融合

肯尼亚切花产业集群的发展大体经历了三个阶段：（1）形成阶段。20世纪70年代初见端倪，切花、水果和蔬菜都是园艺业的次级部门。[1]切花、水果和蔬菜有着相似的特征，比如生长条件、易腐性等。（2）成长/扩张阶段。开始于20世纪80年代，当时出口商开始进行商业化种植。产业特征是低价值、露天栽培、种类也很少。到了90年代，产业转向高价值的温室栽培花卉，标志就是在这一时期生产面积增加了250%。到1999年，肯尼亚出口100000吨园艺产品，比1975年增加了10倍，切花则大概占了总量的37%。[2]（3）转型阶段。近年来，受益于新的外国投资，尤其是以色列、荷兰以及其他主要花卉生产国。根据世界银行的估计，2002年到2004年总共投资到花卉业的金额有2~3亿美元。持续的投资使集群的技术、生产技能和市场知识进一步升级。如今园艺业是肯尼亚最大、增速最快的集群，而切花出口是肯尼亚主要的外汇来源、增势强劲。2005年，园艺出口达到5.9亿美元，占肯尼亚总出口的18%。在园艺业内部，切花赚取了3.04亿美元，占园艺出口的60%，而玫瑰出口又占切花出口的63%。

为了对肯尼亚切花集群形成的原因有直观把握，借助波特的钻石模型进行分析：（1）要素条件：对欧洲市场的有利区位；理想的种植条件：终年温和的气温、充裕的阳光、肥沃的土壤；良好的航班运输；低质量的电力供应；差的公路条件；高昂的航班成本；对小户花农缺少合适的信用政策；农场投入的高昂价格——肥料、种子、杀虫剂和人力；病虫害多；国内花卉研究水平低；不充分的专业服务；获得种植材料的成本阻碍限制了新花农的进入。（2）需求条件：本地需求不如出口量，但是在增长；慷慨的肯尼亚人是本地需求日益增长的来源；有售卖渠道售卖那些不符合出口要求的“不合格品”；本地切花市场没有持续统计。(3) 相关支撑产业：园艺集群的出现；互动自律的IFCs（如肯尼亚花卉会议）；区域的航班竞争；包装材料的本地制造；进口包装材料的保护贸易税。(4) 企业的战略、结构和竞争：种植者之间本地竞争对手；最小的政府干预；提升的标准；顶级制造商垂直整合；小户种植者缺少规模经济。

首先，从肯尼亚切花集群的价值链图（图6-1）可以发现，大小企业在价值链上的分工与地位具有很大的差异。主要表现在：(1) 大企业整合整个价值链，养植他们自己的植物存货。大企业在复杂的采后冷藏供应链包括运输环节中调整它们的供应规模和经济投资规模。90%以上的肯尼亚花卉由4个专门的运送公司操控，其中的3个被顶级花卉供应商拥有或有联系，这整合了所有园艺业，反过来也能够确保更多的航班购买力。出口后，大企业自己有物流部门直接配送给大批市场零售商。(2) 小企业强烈依赖于荷兰拍卖市场。合作者和非正式商人（即中间商）担负货物运输到市场的部分。他们也用同样的4个运送公司。这

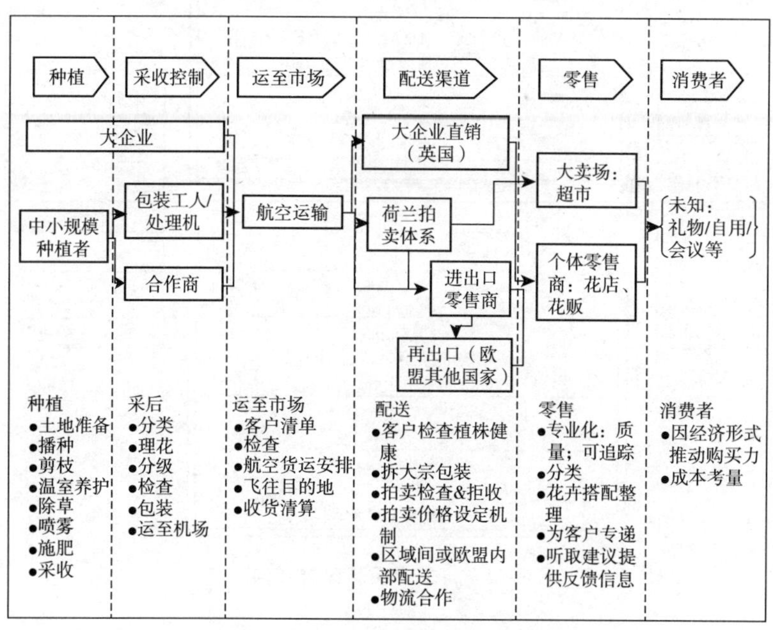

图6-1　肯尼亚切花集群价值链图[3]

些花出口到荷兰，批发商和零售商在荷兰拍卖市场中购买。肯尼亚69%以上出口到荷兰。该配送渠道有最低的出口货物价格（荷兰 =209KSh/kg，德国 =303，法国/比利时 =303，瑞典 =437）①。

其次，肯尼亚切花集群的后续发展却是得益于三个相关产业集群，呈现集群融合发展的现象：农业、园艺（水果和蔬菜）和旅游。农业和园艺集群提供大量关键的农业产业培训和研究机构。另外，园艺集群作为大多数花农、果蔬农的出口来说尤为重要，水果和蔬菜也贡献了出口货物量，配送渠道都是一样的。旅游业集群最初在航运上有帮助，机场每天接纳大量来自欧洲各地的游客，从肯尼亚北行返回的航班有空载量，提供了切花出口欧洲的货物容量。后来当产业成熟了，航运公司能够凑齐货物并确保受特许的运送者，取代了商业航班。

图 6 – 2 所示是肯尼亚切花集群结构图。

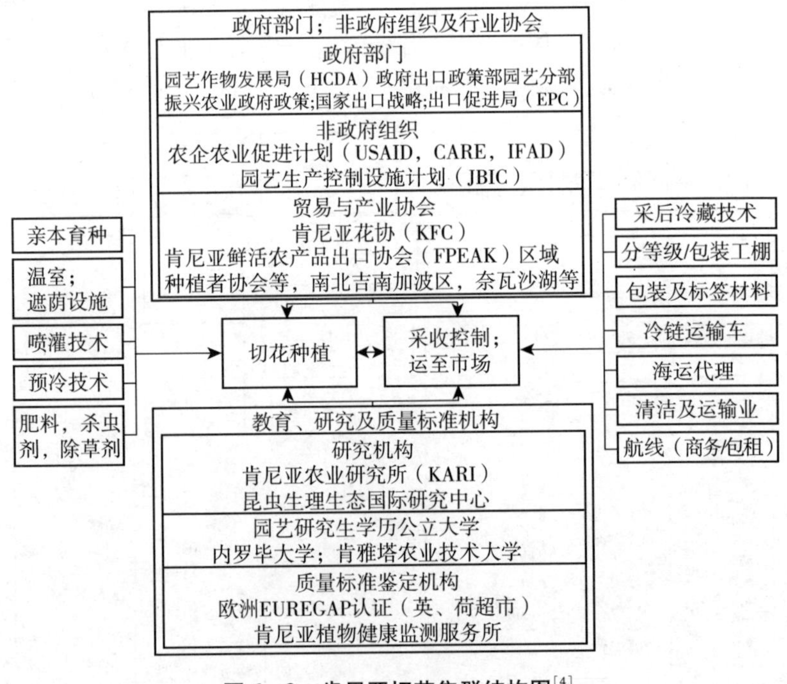

图 6 – 2　肯尼亚切花集群结构图[4]

---

① KSh，肯尼亚先令（肯尼亚货币）——编者注。

20 世纪末，面对肯尼亚花卉主要出口目的地欧盟国家日趋严格的要求，肯尼亚花卉种植者的主要成员们认为，要想保持现有市场，保障当地花卉从业者的根本利益，就应该严格按照国际标准进行生产经营。1996 年，在达成上述共识的基础上，这些企业倡议成立了肯尼亚花卉协会（以下简称 KFC）。作为肯尼亚的全国花卉专业组织，协会目前共有 47 家会员以及 13 个准会员。加上 KFC 的成员单位，肯尼亚共有 100 余家花卉企业，其生产的鲜花 100% 出口。KFC 的宗旨为：以可持续发展的理念来促进花卉产业的经济、社会及政治利益协调发展。上述严格标准的规范下，KFC 的成员虽然占了不到 50% 的花卉企业比例，但却占据了肯尼亚约 70% 的花卉出口份额。为加强肯尼亚花卉的行业自律，KFC 参照国际标准制定了花卉业从业者的“实施规则”，包括：(1) 倡导及鼓励从业者在生产时注重对社区、自然环境等公共利益的保护，并遵从“企业社会责任”条例；(2) 对企业所有员工提供安全的生产环境；(3) 确保所有员工的福利待遇符合肯尼亚法律；(4) 利用“环境保护”理念进行花卉生产。此外，KFC 还分别制定了“银法则”及“金法则”，其中“银法则”是围绕上述规则对 KFC 所有成员的生产经济进一步明确和细化其基本要求。根据规定，KFC 所有的新成员必须从加入的那一天起，严格履行一年的“银法则”，KFC 要对该成员的状况进行“预先审计”，并提出要求更正完善的事项，此后，KFC 每半年要对该成员进行“再审计”。为保障专业性，KFC 的“质量手册”由国际公认的机构监理完成。“金法则”则在“银法则”的基础上，对花卉生产者在以下领域提出了更高更具体的要求：农药的使用不能对员工、消费者、野生动物、海洋生物、水资源、土壤和其他自然资源造成负面影响。“金法则”还要求成员严格遵守环境、健康、安全、企业社会责任，以及农作物生产要求的规定。

此外，肯尼亚花卉协会在花卉集群的市场扩张和发展议程上起到了功不可没的作用：(1) 制定当地花卉业从业者的“实施规则”。(2) 对花卉集群的社会形象进行宣传和包装，提升集体品牌形象。如肯尼亚花协主席 Erastus Mureithi 所说，“‘肯尼亚议程’在上周的荷兰国际园艺展上启动，这将作为主要的活动推广，以驱散产业负面公众印象。”带动产业提升，提高公众形象，加强培训研究，疏解理顺障碍。(3) 推进关联产业行业协会的合并。如 FPEAK 成立于 1975 年，是代表果蔬出口的团体，它是园艺业的首个私营协会，提升国家在出口市场的竞争力。KFC 成立于 1996 年，将独立的花卉种植者团结起来，以确保执行当地及国际标准。两个机构会形成一个新的、更大的团体，小户农民不管是致力于出口还是本地市场，都将参与进来，这一改变将使得协会更壮大。两个社团的合并是产业里程碑，就像肯尼亚产品从此将有品牌，产业会寻求多样化市场以面对不断增长的竞争，并为与花卉种植相关的虐待人权和环境退化的投诉做辩护。

6.2 美国波特兰：服务性组织＋生产基地＋终端市场

波特兰苗木产业集群位于美国俄勒冈州北部的维拉美特谷（Willamette Valley）城镇化区域边缘，由 1000 多个小型私营企业组成，雇佣了 1 万名工人，年产值超过 5 亿美元。过去 10 年里，苗木业对波特兰市经济贡献很大。当其他州的农业濒临挣扎时，该区域苗木商富庶起来——俄勒冈苗木产量占全美国的 11%，其生产商的销售额是美国其他苗木产区的 2 倍。该集群成功的关键在于：

1. 产品具有区域特色。波特兰市在乔灌木及绿植生产方面是全美国的龙头区域，供应了许多商业花园和景观设计的植物配置材料，尤其在落叶松树及树苗方面达到了很强的专业化程度，成为俄勒冈州龙头农产品。集群内的苗圃还收集、培育上千种不同的产品，进行产品改良使得产业更具竞争力。

2. 重视新品种开发。销售增长与新产品开发的技术改良有内在联系。快繁技术有时会引发某个新品种的更大利润、激发未预期的消费需求。新产品开始以高价出售，并很快在市场中广泛流行，而一旦普及种植后，市场价格便马上下滑。波特兰苗木产业集群为了保持高收益，不断追求新品种的开发。产业创新和新产品培育由以下几部分人在做：大企业的新品种研发部；苗木经纪人常常从世界各地引进新品种；一些小企业甚至个人收集者也常常杂交选育新品种。如果在以前，通过植物体快繁技术追随市场领导者是很容易的，但社会公认的惯例变了——通过法律手段追究非法扩繁已经很普遍了。如今，种植者要在执行植物专利法规上投放更多的精力——通过技术改良来改变产品性状，而品种开发便意味着高成本。

3. 目标市场定位高端前沿。波特兰苗木产业集群重视面向零售商和终端客户进行营销。由于与城市中心区接近，土地价格高，为了维持产业发展，他们不愿意生产供给大卖场的低质低价苗木商品，而将目标市场定位在本区域以外的高端客户——主要是美国中西部和东部的新住宅区和商业社区。产业兴旺得益于建筑市场的扩张、居民收入的提升以及人们对景观园林的高质要求。客户的口味总是在变，种植者尽力与市场流行趋势保持同步，也常常将新的或改良的变种引入市场。尽量使苗圃生产周期与市场需求的变换频率保持一致。草本植物生产周期短，而木本相对较长，因此采取草、木本相结合种植，便于根据市场需求及时“调头”。

4. 行业协会作用重大。俄勒冈苗木协会（OAN）大多数会员是集群里的商业苗圃老板，还包括零售商、庭园设计者以及温室和苗木生产的联合企业，共有 1400 余人。OAN 致力于合作营销，精品苗木不像小麦或其他农产品有固定的销售价格，它们能否顺利售出，取决于种植者、零售商和终端客户之间联系的紧密度，为此，OAN 制作了《OAN 名录及采购指南》。如果一家生产企业无法满足订单需求，他们会很乐意把买方信息告诉另外的会员。此外，该协会还组织国内重点交易会，开通了介绍 3000 个植物品种的网站，参与产品质量改进活动，提供运输配送中介服务，在环境保护方面有所作为，研发新品种以及建设与旅游产业相融合的“俄勒冈花园”。OAN 还在政府决策时占有一席之地，比如在某些许可执照费用的收取方面。

5. 产业链各环节完备。大量小企业间彼此通力合作，生产者之间存在很强的非正式合作社会网络联系。另外，集聚于集群内的上游关联企业提供了有力的产业支持——设备、种苗的专业化供应及相关售后服务。在物流配送方面，波特兰市针对易腐植物的货运交通便利，与波特兰国际机场紧密近接。

6. 波特兰温和的气候为产业发展提供了绝佳的竞争优势。像传统农业一样，苗木业也只能在气候、土壤和水源合适的地域发育。与另外一个主要花卉产区加利福尼亚州相比，俄勒冈州较低的气温更适合运输、抗性更强。一位在两个地区均有苗圃的大型种植商现身说法：“订单总是先投放在俄勒冈苗圃，而加利福尼亚的基地要到季末才能得到订单。”

7. 为外来劳动力提供培训机会。对苗木产业来说，终年稳定的劳动力保障非常重要。波特兰苗木产业集群里，绝大多数雇工都是西班牙人，他们的敬业精神深得赞誉。几家大型生产商的进入带动了劳动力标准的升级，像蒙罗维亚（Monrovia）苗圃为受雇者提供幼儿园、语言培训和医疗诊所。许多其他的生产商也纷纷效仿之。大量种植者参与到苗木培训社团（NEC）中，资助其工人进行波特兰社区大学和其他研究机构进行的个性化教育培训。

8. 波特兰苗木产业集群的成功离不开当地强有力的服务性组织。其两大服务协会 OAN、NEC 整合了产业链上研发、培训、生产、配送及销售等各个环节；该集群所指向的目标市场非常明确，即零售商或住民等终端客户，高端的定位提高了苗木产品质量；苗木经纪人作为 OAN 的重要组成部分，大多来自有代购代销能力的生产企业，他们在集群发展中起到关键作用，不仅担当新品种开发的职责——将优良的品种引回来，更是生产企业与目标客户之间的有效纽带——把集群内的产品推销出去。

除以上外，政策支持是产业持续发展的保障。州土地利用和农用地保护法保护苗农能够在城镇化进程中继续经营下去。

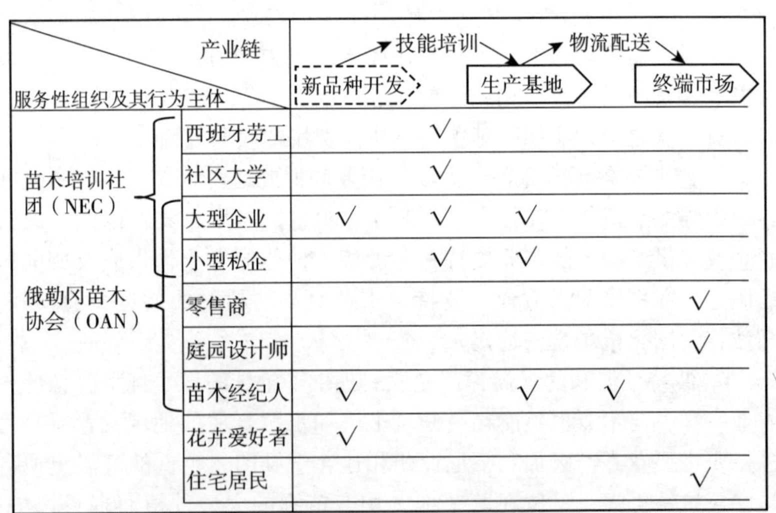

服务性组织	行为主体	新品种开发	技能培训	生产基地	物流配送	终端市场
苗木培训社团（NEC）	西班牙劳工		√			
苗木培训社团（NEC）	社区大学		√			
苗木培训社团（NEC）、俄勒冈苗木协会（OAN）	大型企业	√	√	√		
苗木培训社团（NEC）、俄勒冈苗木协会（OAN）	小型私企		√	√		
俄勒冈苗木协会（OAN）	零售商					√
俄勒冈苗木协会（OAN）	庭园设计师					√
俄勒冈苗木协会（OAN）	苗木经纪人	√		√	√	
	花卉爱好者	√				
	住宅居民					√

图 6－3　美国波特兰苗木产业集群：服务性组织＋生产基地＋终端市场

（注：加框产业环节为产业链上主要功能；未加框为辅助功能；虚线代表该产业环节尚不成熟；√表示相应的行为主体参与了该环节）

6.3　荷兰：（拍卖）市场体系+（生产）公司

荷兰的花卉产业运作模式可以概括为“（拍卖）市场体系+（生产）公司”（图6-4）。荷兰完善、快速、高效的市场体系，是其花卉产业化经营的动力源泉。在所有市场体系中，拍卖市场是最重要的，也是最主要的市场，荷兰有7个鲜花拍卖市场和2个球根拍卖市场。最大的是阿斯米尔联合拍卖市场，它位于阿姆斯特丹的斯西普尔机场附近的阿斯米尔镇，早在1912年，该镇的两家商行就开始经营花卉的拍卖，1968年两家商行合并，4年后建成占地8.8万平方米的拍卖大楼，这一市场至今发展成为荷兰乃至世界最大的拍卖中心。在1999年前后，阿斯米尔拍卖中心的拍卖市场份额就占荷兰市场的55%、欧洲市场的10%、世界市场的5%。荷兰花卉出口额的80%是通过拍卖市场进行的，拍卖成为荷兰花卉销售的主要方式和渠道。拍卖市场一般采用会员制，同花卉生产企业建立联系，拍卖市场实现了生产花卉企业销售的集中和购买者的集中，并通过一系列售前和售后一条龙服务体系（如检疫、质检、包装、储运、结算等）提高了花卉生产经营效率，降低了产业化中的交易成本，将市场和生产企业紧密联系。

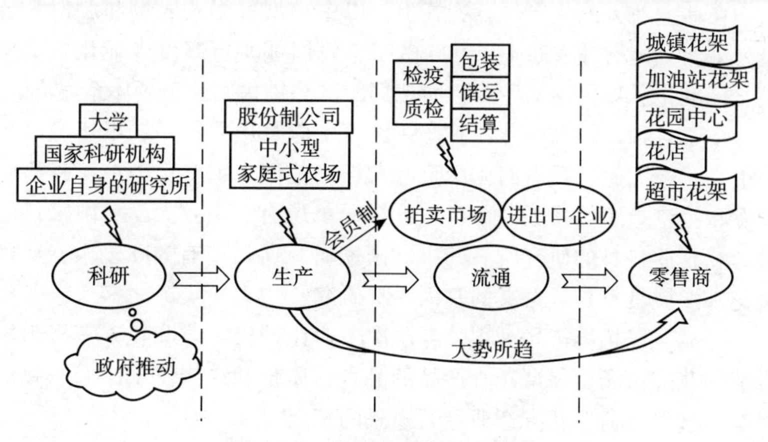

图6-4　荷兰花卉业运作模式

（资料来源：作者绘制）

几乎所有的拍卖市场都与荷兰种植者会员合作。大多数拍卖成本对会员和非会员是一样的：例如场地费、台车关税、检验检疫费。会员付450~1350欧元会费、2.9%代办费，非会员付3.4%~5.9%代办费。拍卖成本透明，可直接用货币价值衡量。拍卖花卉的交易可以直接根据拍卖屏上显示的价格，也可以按照买卖双方通过拍卖敲定的价格。接着，产品会直接从生产者流向买方，减少物流成本。两种交易原则都有规章可遵循。另一种营销渠道是直接销售：主要是面向英国超级市场。直接销售的成本不那么透明，较难用货币价值度量。

荷兰拍卖市场有以下主要特点[5]：(1) 在同地就能找到所有重要贸易机会；(2) 拍卖市场是集散中心，为买卖双方货品的高效运输提供物流，成本由买方卖方共同分担；(3) 荷兰拍卖市场是世界上最大的花卉市场；(4) 他们提供日内预订追踪、付款及结算系统服务；(5) 拍卖市场有各类仲裁机构和完善的事务处理规章。

除拍卖市场，荷兰的市场体系还包括750多家专门负责花卉产品批发销售业务的花卉进出口企业，1.4万多家零售商。零售一般分五个类型，即中心花园、花店、超市花架、加油站花架以及每周只卖一次花的城镇花架。以上几个不同层次的市场体系有效地提供了荷兰花卉产业化经营中将市场和生产单位结合起来的机制。

在荷兰花卉的生产经营方式上，以中小型家庭式农场和股份制公司为主，全国有花卉企业11000多家，他们都实行高度专业化、机械化、标准化、规模化的生产，而他们的产品销售则由市场体系完成。

由于各种市场在荷兰花卉产业经营中起着主要作用，市场经济体制很完善，因此，政府的作用限制在很小范围，主要集中在花卉科研开发和推广组织体系上。荷兰花卉科研单位有三类：大学、国家科研机构和企业自身的研究所。其中，国家研究所目前有800多人，从事对花卉发展具有长远意义的基因工程研究。

可见，以拍卖市场为主、各层次专业化销售企业和花卉零售市场为辅的花卉市场是保证花卉产品的品种、质量和结构供求协调一致的根本，这也是荷兰花卉产业经营模式的特点。

6.4 哥伦比亚：服务性组织+公司+政府

作为发展中国家的哥伦比亚，是典型的花卉发展后起国家，在

20 世纪 60、70 年代，哥伦比亚在世界花卉出口国或地区的排名榜上还不见其名，而今却一跃成为世界第二大花卉出口国，年创汇 4 亿多美元。哥伦比亚的花卉产业经营模式可概括为：服务性组织 + 公司 + 政府（图 6－5）。

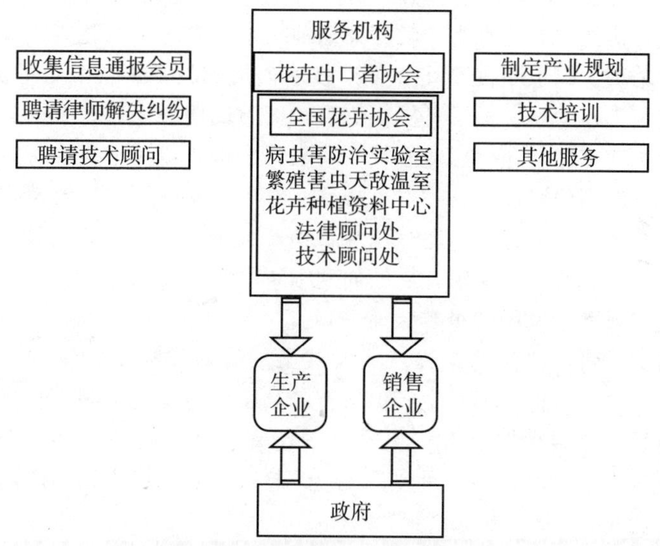

图 6－5　哥伦比亚花卉业运作模式

首先，哥伦比亚花卉的大部分用于外销，外销国家主要有美国、加拿大和欧洲各国。而无论在外销还是内销中，服务性组织机构发挥着重要作用，它帮助生产者开拓、建立市场，解决销售问题和其他全方位服务问题。如在所有花卉生产者中，有 85% 的成员参加哥伦比亚的花卉出口业者协会（Colombian Association of Flower Exporters: ASO—COLFLORES），这一组织主要是对本国花卉在国际促销和维护本国花卉外销利益等方面发挥积极作用。哥伦比亚的外销花卉为了保持新鲜性，从而流通速度很快，一般在当天下午 3 点左右剪花，然后处理，第二天清晨就直接运送到销售目标国的机场进行拍卖，期间的手续非常简单，无疑，花卉出口者协会做了许多工作。因此，服务性组织对于哥伦比亚花卉生产和外销市场建立联系有重大作用。

一方面，花协在市场维护和其他配套服务方面的作用可以总结为：一是收集世界各地的花卉生产、销售、科研等各方面的最新信息，通过会刊，及时通报给所有会员；二是保护花卉出口商的利益，负责帮助聘请律师帮助解决在花卉出口过程中出现的各种纠纷和矛盾；三是聘请花卉栽培专家、植保工作者作技术顾问，开展科学研究，改善花卉种植环境，提高产量与质量；四是制定花卉生产的规划与计划，协调引导花卉生产者有计划地按市场需求生产花卉；五是开展技术培训，以不断提高花卉生产技术人员的技术素质和业务素质；六是向花卉业生产、经营者提供周到、细致的服务。另一方面，哥伦比亚全国花卉协会还专门建立了一些附属机构，如一个病虫害防治实验室——专门研究病虫害的发生规律；一个温室——专门繁殖害虫天敌，实验生物防治方法；还有花卉种植资料中心、法律顾问处、技术顾问处等。花卉协会组织开展的周到细致的社会化服务，是哥伦比亚花卉业得以蓬勃发展的重要保证之一。

其次，哥伦比亚的花卉产业发展虽然有着发展中国家的共同优势——劳动成本低，但其生产仍然有着高度的专业化、规模化和科学管理特征。全国现在具有一定规模的花卉生产公司或农场约 100 多个，而生产出口的花卉品种却只有 10 来种，足见其花卉生产的专业性和集约化。

另外，哥伦比亚政府在花卉产业发展中也起着积极主动的作用。早在 20 多年前，哥伦比亚政府对花卉种植这个新产业就给予大力扶持，采取了许多有效措施，如采用先进栽培技术，根据市场需要，引进和改良花卉品种，努力开拓新的市场，从而促进了花卉的种植和出口的大发展。

哥伦比亚花卉产业经营中的服务性组织（主要是花协及其附属机构）上联市场，下启生产，它对于哥伦比亚花卉产业在国际上的扶摇直上起到了决定性作用，这种“服务性组织 + 公司 + 政府”的经营模式对同样是发展中国家的我国有着非凡的借鉴意义。

6.5 中国台湾地区：政府 + 服务性组织 + 市场

中国台湾地区是亚洲的花卉生产、消费较大的地区，在世界上也占有一席之地。台湾地区花卉经营主要以切花为主，花卉以内销为主，出口只占很小部分。台湾地区花卉的产业化经营程度较高，政府、花卉服务性组织和以拍卖市场为主的各种市场在台湾基地式、集中化的花卉生产经营中是关键性的因素。

（1）政府对花卉的支持力度很大。台湾地区花卉产业的兴起和发展较晚，也就是近二三十年来的事情，因此政府给予了从政策到资金等多方面的大力扶持。如给农民低息或贴息贷款，每户最高可贷款600万台币；花卉产业发展初期产品不交税，还从进口物资、肥料等方面给予优惠；政府投资1.5亿台币，从荷兰全套引进自动化育苗设施；投资3.4亿元台币建设台北、台中花卉交易市场；出资兴建花卉集货场所，建造贮藏冷冻熏蒸仓库，购置运输车辆及推广单位的器材等；盆花协会成立时，政府给予1000万台币作活动经费；责成各区农业试验研究所把其研究出的最新品种与生产方式、生产技术，随时通过各级推广人员传授给花农。政府的扶持刺激了台湾花卉产业的迅速发展。

（2）除政府外，中国台湾地区花卉业的发展还得益于各种花卉协会等中介组织，这些服务性中介组织充当着生产者和政府联系的纽带，充当着生产和市场信息传递的润滑剂。台湾现有盆花协会、插花协会、外销协会、种苗学会等组织，是政府与生产者、批发商、材料商、消费者之间的重要媒介。如组织展览、研讨花卉动态、提出产业发展对策、定期开展交流、公布市场信息。这些组织的经费由政府拨给。

（3）中国台湾地区花卉生产基地趋向地理集中。由于地价高，种植者规模较小，一般的农场规模只有1公顷/家庭。中小企业生产商倾向于在地理上集聚，这样机械和温室设备就能够共用了。台湾地区的花卉基地是产业化经营的重要条件。花卉基地在区域分布上已相对集中，花卉产区主要集中在中部的彰化、南投和南部的高雄等地，其中仅彰化县的花卉种植面积即占整个台湾种植面积的一半。生产基地的集中，一是有利于花卉从采收到运往拍卖市场、批发市场这一过程中各环节的集约化处理，如在花卉产地，花卉采收后，被集中到附近的产地运输集货场，产地集货场有各种配套设施，包括以按照最新的市场需求情况进行合适的分级包装设备、冷藏库、包装箱、冷藏运输车等。二是经产地运输场集中处理，花卉被快速直接运送到批发市场和拍卖市场，从而高效地、集约地完成了销售经营。可见，正是生产基地在地理上的集中为集约经营提供了条件。

（4）中国台湾地区花卉市场是产业的核心。市场层次多种多样，但主要是20世纪80年代发展起来的拍卖市场。中国台湾地区生产的主要是鲜切花，占花卉产值的一半以上，而所有切花的90%以上都通过拍卖进入市场，1997年左右台湾大的几个拍卖市场平均日交易量近4000件，市场占有率为47%，台湾还不断完善以拍卖为主的多层次销售系统，力争在花卉业作“荷兰第二”。台湾现有台北滨江、彰化田尾、台南、台中等几个大的拍卖市场。拍卖市场有发达的配套服务，从储运、质检等到销售环节都很完善。台湾的其他销售渠道还有产地直销、批发（拍卖）、零售以及各种兼展览和促销为一体的花市，如春节花市、假日花市等。总结归纳各种花卉销售流通途径如下：生产者—消费者；生产者—零售商—消费者；生产者—委托商（代理商或行口、拍卖市场）—零售商；生产者—承销人—零售商—消费者；生产者—花卉生产合作社—批发商（批发市场）—零售商—消费者。

（5）集群内存在三类行为主体，但是他们之间缺乏互动，这是集群升级的瓶颈。集群里有其他主要的本地行为主体：生物技术实验室、营销企业和政府。台湾地区花卉业是以资源为导向的产业，而在花卉产业集群中资源拥有的关键主体（研究人员、种植者和供销合作社）缺少互动，大大抑制了中小企业的创新。在现实经营中，研究人员（生物技术研究机构）、种植者（家庭农场）和配送者（批发公司）三类行为主体在经济行动上明显分离。不过，在单类群体内部的主体互动比较强，且拥有丰富的、以高信任程度为特征的社会资本。中小企业建立起了优质的商业关系网络，这些网络关系是基于中国传统社会价值观的，如家庭、亲戚、朋友、同学和前同事联系紧密，但也有部分群体间的关系处于分割状态。

（6）政策干预的关键是让知识提供者（大学和研究机构）和生产者之间进行合作，让硬件基础设施与高素质人力资本结合起来。然后，本地生产者可以用这些知识密集型的新产品打入国际市场，创造一个新的机会市场。政府在升级战略里起着关键的作用，科研设备需要投资，这超出了中小企业的担负能力，政府需要在这方面投资。但是硬件基础设施只是体系内的一部分。知识型基础设施（如生物技术实验室）、生产者和市场的连接需要摆在适合的位置，中小企业需要有足够的知识储备，以明确实现新产品的可能性。

分析发现，中国台湾地区花卉产业化经营中，政府、中介服务组织利用市场将花卉从生产、流通到销售的产业经营链条构筑起来，这构成了其独特的产业模式特征（图 6－6）。

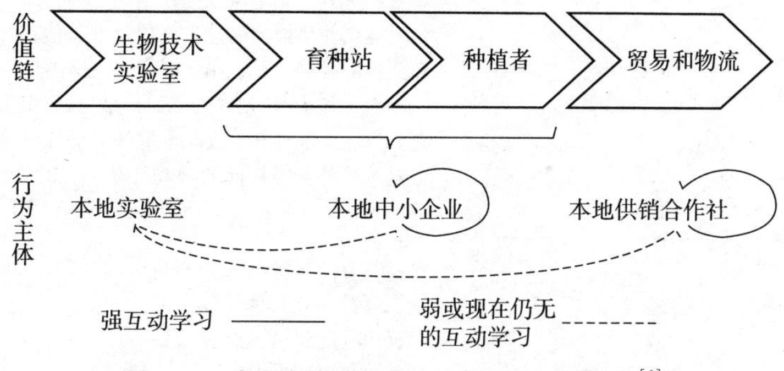

图 6－6　中国台湾地区花卉价值链与行为主体[6]

6.6　全球花卉产业运作模式总结

总的来说，专业化、现代化、组织化生产是世界花卉生产发展的总趋势。但目前来看，各国自然气候条件、花卉科研、生产、流通和消费水平不同，花卉业发展水平差别很大，发展中国家和发达国家发挥各自的优势，形成了全球花卉产业的基本格局。表6－1是相关国家或地区花卉产业运作模式的概况。

各国家或地区花卉产业运作典型模式概况　　表 6－1

国家或地区	模式	特点
荷兰	(拍卖) 市场体系＋(生产) 公司	——在同地就能找到所有重要贸易机会 ——拍卖市场是集散中心，为买卖双方货品的高效运输提供物流，成本由买方卖方共同分担 ——荷兰拍卖市场是世界上最大的花卉市场 ——提供日内预订追踪、付款及结算系统服务 ——拍卖市场有各类仲裁机构和完善的事务处理规章 ——政府的作用限制在很小范围，主要集中在花卉科研开发和推广组织体系上 ——以中小型家庭式农场和股份制公司为主

续表

国家或地区	模式	特点
肯尼亚	行业协会＋生产基地＋集群融合	——肯尼亚花卉协会在花卉集群的市场扩张和发展议程上起到了功不可没的作用 ——肯尼亚切花集群的后续发展得益于其他相关产业集群的发展，呈现出集群融合发展的现象 ——大小企业在价值链上的分工与地位具有很大的差异。主要表现在：（1）大企业整合整个价值链，养植他们自己的植物存货。（2）小企业强烈依赖于荷兰拍卖市场
美国波特兰	服务性组织＋生产基地＋终端市场	——产品具有区域特色 ——重视新品种开发 ——目标市场定位高端前沿 ——行业协会作用重大 ——产业链各环节完备 ——波特兰温和的气候为产业发展提供了绝佳的竞争优势 ——为外来劳动力提供培训机会 ——政策支持是产业持续发展的保障
哥伦比亚	服务性组织＋公司＋政府	——外销为主 ——服务性组织对于哥伦比亚花卉生产和外销市场建立联系有重大作用。服务性组织机构帮助生产者开拓、建立市场，解决销售问题和其他全方位服务问题 ——政府在花卉产业发展中也起着积极主动的作用
中国台湾地区	政府＋服务性组织＋市场	——政府对花卉业的支持力度很大 ——服务性中介组织充当着生产者和政府联系的纽带,是生产和市场信息传递的润滑剂 ——集群以规模为1公顷/家庭的中小企业为主体 ——花卉市场是产业核心，以拍卖形式为主

第一，发达国家依靠现代化的设备、技术和科学的管理手段，进行专业化、现代化、组织化花卉生产。如荷兰的花卉商品化生产最具专业化、现代化和组织化的特点。众多的花卉公司从事单一花卉品种的经营和生产，如月季公司、菊花公司、香石竹公司，以及种球、种苗、种子的专业公司等。这种高度专业化的生产，既可有效地降低成

本，又便于栽培管理，可以提高产品的质量和产量；温室正向着高大型、密集型发展，室内实现了高度机械化、自动化和计算机管理，花卉的生产过程亦基本实现了组织化，极大地提高了生产率，缩短了生产时间，降低了生产成本。

第二，发展中国家充分利用本国气候资源优势、简易的栽培设备和廉价的劳动力发展花卉生产，并快速打入国际市场，如哥伦比亚、厄瓜多尔、肯尼亚、津巴布韦等国。其中，厄瓜多尔有地处赤道的长日照条件、热带高原型气候和安第斯山积雪融化后的净水灌溉，为其花卉生产提供了绝佳的环境。而厄瓜多尔的花工每日薪水仅为3美元，比发达国家劳动力廉价得多，因此他们瞄准了花卉大力发展，并在很短时间内就跻身于世界鲜切花出口八强之列，成为美洲仅次于哥伦比亚位居第二的花卉出口大国。

第三，政府在不同花卉产业运作模式中所扮演的角色不同。在发达国家，政府主要侧重于对技术研发等辅助性的活动上，而在发展中国家则更多的是对花卉产业的直接支持和生产相关活动的帮助。

第四，发展中国家也可以充分利用本国独特的资源和气候优势，生产单一、优势花卉品种，并成为该品种市场的领先者。如泰国地处热带，种兰有着得天独厚的自然条件。他们凭借自然优势，注意科学引种，运用先进栽培技术，加上政府的大力支持，使兰花生产工业化。如今泰国有兰花生产专业户500多个，年产1200万株，远销世界几十个国家和地区，年出口兰花切花7000多万支，创汇1550万美元，成为世界上最大的兰花出口国。

专栏4

从“2009年度国际种植者”奖项看企业创新

花卉产业发展了这么多年，“国际种植者”奖项还是第一届，6个企业提名，6个企业获奖（金、银、铜及3个荣誉奖），很有点自说自话的意思，再加上由AIPH和FCI（《国际花卉生产》杂志）主办。但不管怎么讲，这是一个有明确标准和专业评委会的评选，比起国内那些给点赞助费就颁发头衔的糟烂奖项有意义得多，从某种程度上可以代表花卉界所提倡的企业发展模式。“2009年度国际种植者”奖项的评选有四个指标：一是经济业绩，二是可持续经营战略，三是创新，四是企业整体形象。总体上来看，奖项颁给了在高度竞争的市场环境里创造了可持续商业模式的花卉经营者们，彰显了世界花卉界对高度专业化分工以及创新的重视。

最高奖励“金玫瑰”的得主是比利时的塞尔瓦（Sylva）苗圃经营者 Marc van Hulle，该公司对“质量”的态度得到了评审委员会的一致首肯，“质量”不仅仅体现在终端产品上，还体现在对人才和知识的重视程度上。Marc van Hulle 说：“我们有能力生产出高质量的产品，生产体系离不开细心的工作人员。在这方面，我们企业依靠人才资源和商业知识。员工是企业最大的资产，企业为他们创造了良好的工作氛围，激励整个团队实现高产出。”这个人才战略的主旨就是培养员工将高水平技能展示给同事和客户的自豪感。除了对内部创新氛围的培育外，塞尔瓦苗圃还与大量学校及科研机构积极保持联系，以掌握最新的产品创新和商业技能动态。

“银玫瑰”的得主是 Silvino Salguero，他是哥伦比亚花卉生产、出口企业 Flores de Tenjo 的经营者。评委会认为该企业有三大优点，一是长期坚持高水准的员工培训和教育，二是致力于研发当地适生花卉品种，三是集约化用水方面成效显著。该公司成立 28 年以来，在业内的一致口碑是“创新”，他们不仅努力提升花卉产品的质量，还不断在提升生产效率方面寻求新的方法和工具。

三等奖“铜玫瑰”由荷兰的 Pierter van den Berk 获得，他所经营的苗圃专业生产半成品或成品树。他们采用工程技术创新与生产流程改进相匹配，赢得了评委会的赞誉。该公司最新的产品创新是“回旋树”（即树干呈回旋状），他们还致力于机械化生产工具的创新，比如将巨大挖掘机的刀口设计成交叠式，用以处理根部土球直径达到 2.6 米的树木。

第7章 产业转移背景下的陈村花卉产业发展

7.1 产业转移下的陈村花卉产业发展

7.1.1 陈村良好的产业发展基础

陈村镇位于广东省佛山市顺德区，人们耳熟能详的顺德“两家（家电、家具）一花（花卉）”产业构成中，“一花”即指素有“岭南花乡”和“中国花卉第一镇”美誉的陈村花卉，目前，全镇花卉种植面积达2.3万亩，占耕地面积的90%，并且在南海、高明和番禺等周边地区拥有外延花卉种植基地5万多亩，从事花卉业人数达3万多人，花卉品种达6000多种。

陈村既是我国台湾地区花卉生产转移的承接地，也是面向内陆日渐崛起花卉消费市场的贸易窗口；既是中国大陆花卉产业资本、技术最密集的区域，也是南方花卉龙头企业、台资企业、专业贸易商总部集聚地。该区域内的企业以花卉专业市场——陈村花卉世界（以下简称“花卉世界”）为核心，结成一张复杂的分工协作网，从企业邻近和相互联系的水平来看，陈村的花卉产业集聚区域可以称为花卉产业集群。

陈村镇呈现三大产业均衡协调发展，第三产业优势凸显的良好局面。形成了以花卉产业、养殖业、农产品流通加工业为特色的农业格局，以机械装备业、金属材料加工业、机电制造业为主体的工业体系，以商贸、物流、会展业和旅游业为重点的第三产业多元化布局。目前，陈村镇第三产业发展在镇委、镇政府的引导下，凭借良好的区位优势、产业优势和环境优势等有利因素，焕发着勃勃生机，已约占全镇经济总量的40%。

7.1.2 陈村是我国台湾地区花卉产业转移的重要承接区域

我国大陆每单位花卉生产平均成本是日本的1/5，是台湾地区的1/3。地处亚热带、毗邻台湾的陈村承接产业转移的优势较为明显，由此便形成了从日本到我国台湾地区再到我国陈村的花卉生产转移路径。从我国花卉产业发展历程以及花卉产业区的转移路径表明我国的花卉产业是全球花卉产业价值链的重要组成部分。陈村则因为成功吸引台商聚集，配合大量的木地生产及贩运业者，发展成为了中国重要的盆花、苗木生产及贸易通路节点。穿梭其间的台商则借由在跨界产销网络中扮演运筹管理者的角色，而能享有商品链上、下两端丰厚的利润，并且取得与跨国公司建立战略联盟的机会，进一步跨入全球市场。

以经营蝴蝶兰的台商为例，中国大陆和美国都是他们投资的目标地之一，但投资中国大陆与投资美国的意义并不相同。台商投资中国大陆是为了形成生产与市场的新聚集，而投资美国的目的是为了使其自身从供货商转向跨界供应链的整合者。陈村吸引台商设立蝴蝶兰生产公司的主要原因有三：一是，中国大陆沿海城市的消费潜力大，但产业技术力量薄弱；二是，陈村与台湾间仅 2 日海运时间，台商可以其台湾地区的生产基地为发货中心，经海运把成花运至我国大陆城市的花市或花店，开拓中国大陆沿海城市；三是，陈村对台商的地方优惠政策和领导关怀成为台商的“定心丸”。其中，农业政策倾向是导致台商大举迁移至大陆的最大的因素。

改革开放以后，中国大陆花卉产业在数量上迅速扩张，但有规模小、分散经营、专业化程度低、生产力低、低水平生产能力过剩、高水平生产能力不足、技术创新能力不足等问题，因此农业结构调整一直致力于大力发展高价值农产品。以我国大陆丰富的种源、多种气候类型、大量廉价的劳动力、庞大的国内市场、优惠政策等作为吸引外资的手段，希望外资带来新品种、新技术。地方政府响应此政策的具体做法是，开发集生产、销售、研发、服务等功能为一体的现代农业开发园区，并以优惠政策（如减免税费、廉价租金）吸引外资，发展设施园艺，以期一方面借由农业开发区内高价值农业的营收，平衡其开发支出，另一方面期望能产生“市场牵龙头、龙头带基地、基地连农户”的乘数效果，带动整体产业升级，并借由国内企业与外资企业的合作，发展国际贸易。

7.2 陈村花卉产业发展总体概括

7.2.1 优越的区位条件

陈村地处广东省珠江三角洲中部，毗邻港澳，与广州市、佛山市接壤，水陆交通便利。从花卉世界出发到陈村海关只需半个小时车程，快速便捷通往海关的交通及完善高效的通关手续，不仅节约了花卉企业产品运输成本，而且大大降低了花卉运输过程中的损害，奠定了陈村花卉世界的交通优势（图7－1）。

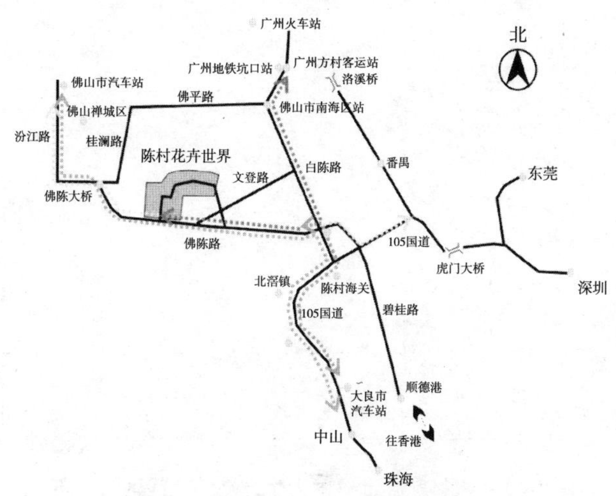

图7－1　陈村花卉世界地理区位

（资料来源：本书绘制）

7.2.2　生产基地分布：空间上分散，功能上收敛

花卉世界实施的生产基地在空间上的分布战略，背后所体现的正是本书理论部分所论述的“空间分散，功能收敛”的战略思想。

花卉世界在广东省内的主要生产基地包括花都、三水、南海、虎门、鹤山、江门、中山、开平、台山、珠海以及恩平等。其中尤其集中在广东省西部，例如三水、鹤山、开平、恩平、台山、江门和以陈村为圆心形成的生产基地，包括花都、三水、鹤山、江门、中山、虎门。这种地理格局，一方面因为花卉世界到生产基地有便捷的交通条件，另一方面也得益于生产基地的低地租和低劳动力成本。同时，陈村花卉世界生产基地已经扩展到广东省以外，主要分布在台湾、海南、广西、福建、浙江、湖南、江西等以热带和亚热带气候为主的省区，其中主要集中在台湾和海南（图7－2）。首先，台湾的花卉生产历史比大陆悠久，花卉生产技术较大陆成熟，多数花卉的幼苗需要从台湾进口。其次，陈村许多老板都是台湾商人，其企业总部在台湾。在其企业成长中，台商对台湾的花卉生产技术与环境较熟悉，通过其在台湾的总部提供花卉幼苗，货品质量和稳定性有保证。

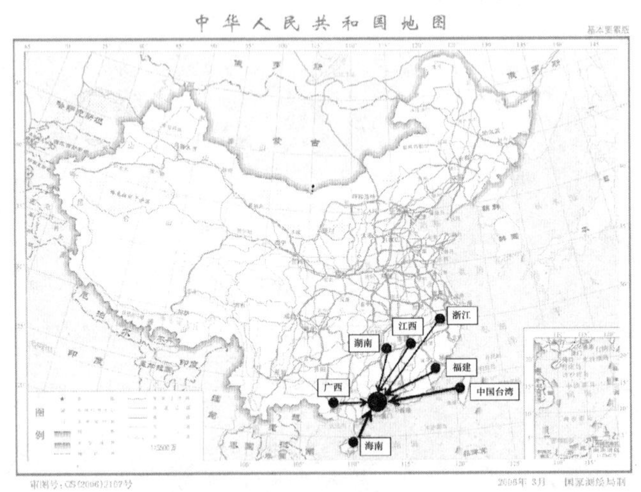

图7－2　陈村花卉世界国内生产基地空间区位分布

（资料来源：本书绘制）

7.3　陈村花卉产业集群的结构分析

7.3.1　结构图：集群网络

陈村花卉产业集群以专业市场——陈村花卉世界为核心，由大型一体化企业、专业贸易商以及大量中小企业或中介机构集聚构成，它们均通过紧密的前后向产业联系来围绕消费市场展开互动，并不是围绕生产基地所形成的关系互动网络。集群内部企业之间形成了密切的社会网络关系，通过正式或非正式的活动进行互动学习。政策环境和创新氛围是集群发展的重要支撑和保障。

以花卉世界的434家企业为核心，这些企业多以贸易为主要业务，但为保证货品品质、进一步对植物进行假植养护及精加工，还必须兼顾生产、贮存及展示功能，因此企业除设有销售窗口之外，均租有5～50亩面积不等的栽培场地。集群总体结构图如图7－3所示，以陈村花卉世界为核心，上有政府、行业协会等部门，下有教育科研培训机构及其他质量标准鉴定单位。从与花卉产业链的关系角度看，后向联系主要涉及劳动力市场、资材企业、物流配送、园艺业；前向联系涉及展览平台、信息服务、包装材料等。

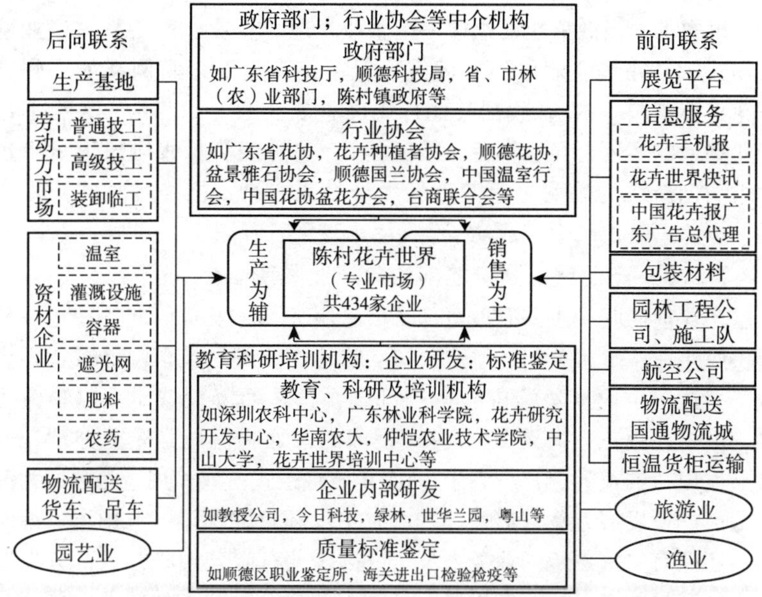

图7-3 陈村花卉产业集群网络结构图

7.3.2 结构核心：花卉世界

提到花卉世界的“性质”，问不同的人可能得到不同的答案：花卉业内人士会说那是专业市场，入驻花卉世界的各企业负责人会说花卉世界代表着政府，而花卉世界的工作人员会说自己是企业。这三个答案都对，花卉世界确实拥有政府、市场及企业多重身份。首先，花卉世界集聚了430余家来自美国、法国、日本、韩国、英国、荷兰、泰国、菲律宾、新加坡等国家和中国香港、澳门、台湾及内地14个省、市、自治区的花卉及相关企业，引入资金达30亿元，年交易额达20亿元，是家喻户晓的花卉专业市场。其次，花卉世界由陈村镇政府于1998年创办，其董事长和总经理均为政府下派的公务员，他们对入驻企业的言行代表着政府态度，其决策具有官方效力，另外镇政府还对花卉世界的建设用地和建设项目进行统一决策、统一征地、统一规划。第三，花卉世界的全称是陈村花卉世界有限公司，最初运营时期所做的工作更像是简单的物业管理服务，但后期随着花卉世界的繁盛，他们将公司一分为二——即一个物业公司和一个贸易公司，其性质是彻头彻尾自负盈亏的企业。

事实上，由政府出面组建专门企业实现“企业办市场”、“企业管市场”和“市场企业化”的行为不仅在花卉业不乏其例（如广州芳村花卉博览园等），在我国其他行业也非常多见（如北京中关村上地产业基地的实创公司、丰台科技园等），这种经济扩张阶段大量出现的组织创新行为确实是繁荣市场经济的强心剂，但经过时间淬炼之后，也并不是每一个都成功了。

7.3.3　产业链：紧密的前后向产业联系

产业前向联系主要有展览部、信息服务部、发货前的各种包装材料供应企业、工程公司、航空公司、陆地物流配送及恒温储藏货柜企业等。这些企业从集聚中获得外部经济，从而降低成本。以物流为例，坐落在距花卉世界 10 分钟车程内的国通物流城是企业办理花卉货品进出口的重要门户，它于 2005 年 8 月正式落成使用，是政府为配合地区产业发展有意打造发展的，它不仅邻近北滘港、三山港、南海港，还拥有一批熟练的业务人员。巨扬园艺有限公司将其大部分发财树生产基地放在湛江，在出口货品时，却放弃湛江本地海关，坚持运回花卉世界总部，经国通物流城的海关出口，原因就是湛江海关对相关品种的出口业务不够熟练，而植物是“不能等的”，耽搁时间意味着品质和信誉的损耗。另外，国通物流城配备了农产品熏蒸区，是中国唯一准许罗汉松、九里香等造型盆景带土通关的物流公司，这种唯一性确保了企业与物流城的紧密合作关系。

产业的后向联系主要有生产企业（包括大型一体化企业垂直分工分离出来的生产部门、“公司 + 农户”模式中的小型农户生产者）、承担不同技术工种的劳动力市场、资材企业及物流配送企业等。以花卉世界周边生产企业为例，共 2000 多家、约 19950 亩花卉生产基地、1.2 万个花卉种植农户共同发展花卉业，这些生产基地有力保障了花卉世界内销售及贸易企业得到及时、稳定的供货。而一些功能互补性的企业专业化分工的程度较高。据不完全统计，陈村镇已有较大规模花盆生产厂 7 家、遮光网生产厂 1 家、种苗袋厂 3 家、经营花卉农药、器具、肥料的店铺30多间。需求企业只需要打一个电话，服务商便在半小时内送货到门，配套品供应的繁荣节约了大量时间、人力成本。

7.3.4　网络互动：优质的社会网络关系

集群内本地企业之间通过大量的贸易往来、长期的分工协作以及产业扩张，在彼此信任的基础上发展了密切的社会网络关系。众多花卉企业及相关企业在空间上的集聚加速了准确、有效信息的传递。2007年末本书作者对花卉世界内近30家企业进行了深度访谈，发现企业间不仅存在贸易关系，还存在非贸易关系的相互依赖：90%企业认为他们与周围企业有着紧密的业务合作；其中13%的企业曾共用设备；26%的企业有合作营销关系；13%的企业曾共同培训工人；60%的企业认定他们与市场内其他企业经常通过喝茶等非正式交流获得商业信息；而几乎所有花卉企业都依靠当地配送队伍进行货品运输。

这里仅举三例：专营国兰资材的台湾企业水牛公司，从台湾来到花卉世界落户，就是因为国兰产业旺势从台湾向陈村的转移，这是典型配套企业跟着主企业迁移的例子；翁氏花木场在自身没有进出口权的情况下，为源茂园艺有限公司供货，实现自身产品出口，地理近接使企业间的贸易合作更加频繁、密切；广东维生园艺有限公司的一位高层管理人员辞职后成立自己的花卉企业，基于对原公司的熟悉和信任，在采购货品时首选维生，成了维生的客户，这种人才溢出的例子在该集群中比比皆是，集群能够繁衍新企业，新企业（子体）运营对集群（母体）有着很强的依赖性，从而反过来壮大了集群。

行业协会是技术扩散的有效载体之一，比如花卉种植者协会的会员交流、分享蝴蝶兰种植技术。教育、科研及培训机构最有可能为产业提供先进技术，如花卉世界与仲恺农业技术学院合作开展了“花卉病虫害的综合防治研究”、“高档花卉快速繁殖研究”、“金桔的抗寒基因转移的研究”等专项课题研究。质量标准鉴定机构主要对人才技能、花卉产品质量等进行把关，为技术进步的发生提供了有效保障。

7.3.5　政策环境：有效得力

国家、省市区镇各级政府都制定了一系列优惠政策鼓励农业现代化园区建设、农业产业化经营和龙头企业发展。如：农业部、国家发展计划委员会、国家经济贸易委员会、财政部、对外贸易经济合作部、中国人民银行、国家税务总局、中国证券监督管理委员会等中央八部委于2000年印发了《关于扶持农业产业化经营重点龙头企业的意见》、中共广东省委2001年印发了《广东省委关于大力推进农业产业化经营的决定》、佛山市政府2004年就颁布了《中共佛山市委、佛山市人民政府关于加快农村工业化、城镇化和农业产业化建设的决定》、《佛山市建设农业现代化园区的实施意见》和《佛山市农业龙头企业认定和奖励的试行办法》等文件，其相关优惠政策包括：加大财政扶持政策力度、充分发挥财政资金的投资导向作用、吸引外资及民间资本投资农业园区，对入园企业同等享受佛山市政府《关于印发佛山市工业（科技）园区发展实施意见的通知》规定的相关优惠政策待遇，对市级以上农业产业化龙头企业实行项目安排、土地规划倾斜、所得税减免、提供贴息贷款等优惠政策。

除了财政税收方面的减免，政府支持对陈村花卉产业集群的科研技术进步也起到重要推动作用。比如2002年广东省科技厅批准花卉世界成立广东省农业科技创新中心。随后，顺德科技局批准花卉世界设立顺德区花卉研究开发中心。

7.3.6 资源融合：产业间相互促进发展

值得注意的是陈村花卉产业集群中的资源有着明显的跨产业融合发展的特征。该集群中与花卉业有密切合作关系的产业有当地的园艺业、旅游业及渔业等3个产业。园艺业的发达为花卉业提供了充足的熟练劳动力市场以及部分资材，旅游业为花卉世界带去更多客源，有效提升了展会的人气，渔业则与其共享国通物流城的农产品熏蒸区、保税仓储、分拨配送、简单加工、信息处理、进出口贸易、检测、商品展示及集中报关等各项技术。

第8章 陈村花卉产业集群演进及创新分析

花卉产业集群是以产销一体化企业及专业贸易公司为主，其他关联企业为辅，在花卉专业市场所在区域集聚而形成的价值创造网络。在陈村花卉产业集群，众多关联企业或机构围绕“花卉世界”（专业市场）所在区域，聚集形成一个相互关联的网络结构。整个关联网络包括了物流、生产、科研机构、政府职能部门、协会、相关产业的设计公司等各类主体。正如前文所述，陈村有2000多年花卉种植历史，深厚的花卉文化产业基础。其商业化是从1970年代末开始的，从最初的农贸市场到1980年代初期的广场市场，再到1980年代末的路边市场。直到1998年，花卉世界动工建设并于次年正式开张，陈村花卉产业集群的形成和发展才拉开序幕。

根据集群核心活动在其产业价值链环节中的地位，基本上可以分为三类：生产型知识集群、技术型知识集群和市场型知识集群。就我国产业集群的发展现状而言，大部分是生产型知识集群和技术型知识集群，而且其中大多数的外向型制造业集群发展的主要内在机制是企业之间的供应链物质联系而非相互学习等非贸易联系的知识创新机制。[1]无论是本地原生型的制造业集群还是外资主导的转移型集群，均存在与升级相关的一些障碍，前者则受制于上端产业链控制着的约束或反市场进入；[2]后者则在地方空间上形成一个“孤岛”，与地方产业形成很松散的联系或没有任何联系，而且这样的集群往往是跨国公司的全球战略意图在该区位的结构性复制，其技术和知识流通机制完全脱离地方产业系统，有其自身的知识网络结构。但是，对于市场知识型集群中，是否也存在外资企业与本地企业“两张皮”的发展逻辑呢？

无论什么样的集群，通过提升地方能力来获取并整合存在于不同区位上的分散资源，增强联结能力、技术能力和组织模式调适能力，正日益成为当前地方产业集群创新需着力切入的关键问题，也是地方产业发展与转型的战略目标。只有提高地方能力才能在全球竞争环境中获得成功。因此，本节利用理论部分的 NRCE 模型对以市场型知识为主的陈村花卉产业集群创新进行案例分析。

产业集群创新是一个历史的实践学习过程，为此，为了深入分析陈村花卉集群的学习过程，首先分析与学习、创新相关的集群演进过程中的历史事件。集群创新的物质基础是价值发展，根本方法是在“组织过程中学习”，提高地方能力，一是满足不同发展阶段的能力需要；二是实现知识创新。创新是一个实践学习过程，离不开必要的支撑性机制来规范，针对集群这样的网络组织，主要的机制是网络关系治理，也就是要激活网络的经济“交易”和社会“适应”功能，实现合作行动，发挥协作效率。

8.1 基于 NRCE 模型的陈村花卉集群演进分析

由 NRCE 模型我们知道，一个产业集群的持续创新发展源于四个方面：一是以企业知识基础衡量的本地企业技术能力，它是集群内企业创新绩效显著提高的内生要素；二是获取外界知识资源的全球联结能力。在知识分工为基础的产业集群环境中行动者要创新，就要从外部获取或动用他人所拥有的资源；三是对外联结或互动过程的便利性（包括方便性和低成本），这取决于企业的组织模式和地方政府对创新活动运作环境的培育；四是在“地方－全球”的互动学习场中，是否形成独特的企业家精神。这四者共同构筑了产业集群创新发展的地方能力。需要说明的是，企业家精神（E）的行为主体是人，具有主观能动性，它可以操控网络（N）、资源（R）和能力（C），换句话说，E 与 N、R 和 C 分别存在着主观互动关系。基于此特点，为对企业家精神做详细分析，在本节分析中着重关注“网络—资源—能力”三个因素，而把企业家精神单独集中分析。

8.1.1 路边市场发展阶段（1999 年以前）

陈村以漫长的千年时间储藏了深厚的花卉人才技艺和文化传统根基，经历了文化大革命造成的发展停滞后，20 世纪 80 年代的改革开放使得陈村花卉迅猛发展，自发形成了路边市场，本地人开办了大量花场、苗圃。到 1997 年，陈村镇已有大小花场 1000 多个，花卉生产面积已达 1200 公顷，占农业用地 45%，花卉产值达 4 亿元，占全镇农业总产值 50%，占全省花卉产值 1/3，花卉市场交易活跃，年交易额达 5.7 亿元。

1. 网络

离散的生产个体和交易理性的市场关系。在路边市场形成和发展阶段，花卉产业集群尚未形成。生产还是以当地农民为主的相互离散的自主生产，交易则是传统的城市或乡村路边市场，“点—点”的即时市场交易，这样的关系是交易理性的、单纯的随机买卖关系。与此同时，台湾商人也开始来此投资创业。我国台湾地区当时正值花卉市场饱和，土地、人力成本上升和利润变薄，花卉从业者逐渐开动了大规模的产业转移，他们除了把生产环节转移过来以降低生产成本、获取更大收益，还致力于在中国大陆培育新消费市场。

2. 资源

“历史偶然因素”在集群的形成中扮演了重要的角色。然而，重要的是在“偶然因素”之中的意义、比喻和语言本身引发的独特的历史意群，在这个意群里人们组合事实，将世界理论化，创造知识，并转变了人的思想，指导了行为。形成类似组织文化——“过去学习的累积”[3]——的一种根深蒂固的地区产业文化，可以把这种资源看作是历史的“遗传密码或组织记忆”。[4]如陈村镇上的标志性铜像雕塑——年桔，陈村当地农民种植年桔有千年历史——以及“千年花乡”的称号等花卉文化标志性的符号映射了陈村这个地方蕴藏的一种与花卉息息相关的精神元素和人文气质。其次，优良的适宜花卉种植的气候等自然资源和市场资源都为花卉业的发展提供了优良的资源基础。这些都是陈村花卉由路边市场走向正规市场的重要历史性资源基因。

3. 地方能力

在这一阶段，花卉产业的地方能力主要表现为简单的、传统的花卉种植生产能力，且这些各种生产技能是分散在传统花卉种植户中，还未形成“制度化的知识”。但是，陈村以其独有的历史遗传资源在吸引台湾的产业资金、技术以及管理模式进入，这些产业转移“足迹”为后续地方能力发展提供了更多的拓展领地。1997 年已有成美园艺公司、七巧园艺公司以及亚洲园艺公司等多家台商进驻陈村。经陈村进口的巴西铁原棍达 200 货柜、发财树超过 100 货柜、苏铁头 30 多货柜以及大量西洋杜鹃、凤梨类花卉，还有棕榈科、南洋杉等观赏植物种子10多吨。这些进口种子、种苗就是后来国内南海、中山、番禺及湛江等地种植者自产进口棕榈科植物的主要种质资源来源。荷兰、美国、日本、韩国及中国台湾地区等通过陈村这个贸易窗口销往全国各地的花卉价值达2000万美元。

8.1.2 产业集聚发展阶段（1999—2001年）

1999年花卉世界正式开张营业标志着该花卉企业在空间上开始聚集。花卉世界的成立逐步完善了产业区的基础设施。花卉世界共完成了1200米长的一河两岸的挡土墙和绿化工程，完善了水电设施配套和吸排水系统，按二级公路要求建设9公里长的交通道路网，开发建设了一条24米宽、6.8公里长的花卉大道贯通原有1333公顷花卉生产基地，并安装了路灯。280余家企业入驻市场，约30%是陈村以外中国大陆企业，40%是分散在陈村的本地花卉企业，30%是我国台湾公司和海外企业。

1. 网络

路边市场成为历史，正式的交易网络和信息共享平台开始运作。首先，“花卉世界”的运营建立直接促成了集群的初步形成，实现了企业在空间集聚发展，它为原本分散的花卉企业提供了交流平台和贸易基地，这种组织制度创新有效统一了政企利益。其次，有助于信息、品种和技术认知传播的花卉世界网也于1999年（www.flowerworld.com.cn）开通。这些资讯的联结渠道有效促进了市场、技术等产业信息快速传递和共享，通过“信息平台”的建设，大大降低了单个企业培植“联结能力”的初始成本。而且还有助于集群整合网络资源，在瞬息万变的信息社会中抢占先机。2000年，花卉世界引入花卉拍卖模式，希望引用欧洲市场颇为成熟的贸易机制以提高当地花卉产业整合效率。虽然这是一次失败的创新尝试，却从试错中学到了宝贵的经验，比如通过这次失败发现拍卖模式在中国走不通，分级分销模式更适合中国国情，所以有了后来的阴生植物市场和浙江村。

2. 资源

陈村花卉产业一方面在专业市场的带动下开始聚集发展；另一方面，产业发展所需的资源也呈现新的形式，一个最大的表现是：资源通过台资企业的进口贸易带入新的物质内容，而且相对于本地企业而言，这个过程是非主动性的，将大量国际上较为成熟的花卉新品种、养护技术引入内陆市场，比如富贵竹造型技术，以及佛肚树等进口景观大树的养护技术。同时，七巧园艺、今日科技等台资企业雇用了大量本地员工，后来的发展说明花卉世界存在大量人才、技术溢出现象，因此可以说台商不仅带来了新品种和新技术，为当地花卉产业注入大量资金，也带来了先进的企业管理经验。这时候，本土企业尚未形成足够的竞争意识和能力，台资企业与本土企业之间是弱竞争的关系。

3. 地方能力

原有传统种植生产能力开始发生变化，开始与“外来”的种植技术、养护技术和流程管理等知识进行联结而得到进化；同时，形成初步的“本地—台资”企业之间的联结能力；但是，组织模式的调试能力尚未被触及，本地企业仍处于低效的自产自销模式，主要经营阴生植物等传统品种，以生产为主，销售功能弱。

聚集阶段台资—本土企业互动特征　　表8－1

企业	模式	角色	优势	技术表现	网络互动
台资	进口贸易	贸易功能	新品种、信息优势	新品种、养护技术	花卉世界网
本土	传统品种生产	零星销售	无优势	种植技术、养护技术	少数的企业间互动

（资料来源：根据调研记录整理）

8.1.3　产业网络发展阶段（2001—2004年）

2001年第五届中国（国际）花卉博览会暨第三届中国花卉交易会的召开是陈村花卉集群演进过程中的重大里程碑，从此“陈村花卉”这一品牌进入了全球花卉界人士的视野。

1. 网络

网络关系开始复杂化和多样化，形成了“专业市场—国际会展”的内部—外部网络互动格局。会展是集群获取创新要素的重要且特殊的平台。其本质功能在于促进信息、技术和知识的交流，这与产业集群创新内在逻辑很吻合；会展上的信息流和知识流形成机制在于各行为主体之间的交流与互动，各种信息和知识成为集群跨界联系的主要内容[5]，而且大型展会可以有助于提升区域品牌效应。花卉企业对花卉会展的主要功能的看法都比较一致："（会展）主要在于信息交流，并不会带来多少新客户"、"展览会主要是交流，没有太多订货"、"很积极参加展会，并获取很有用的市场信息。并借机推广自己优势的品种，如红花檵木等。"

2003年花卉世界举办了首届广东盆景雅石博览会、中国国际植物展（IPM CHINA）等多个大型展会，尤其是后者的举办为打造国际品牌迈出重要一步，德国埃森展览有限公司是国际最著名植物大展IPM主办方之一，对欧美、中东等国的采购团有着丰富的招展经验，而《中国花卉报》是国内花卉行业最具影响力的专业媒体，拥有强大的宣传力度，花卉世界与它们共同合办国际性展会可谓强强联手。

2. 资源

资源在整合的基础上开始伴随新企业的衍生产生聚集和裂变的演进状态。本地企业家精神开始出现，主要表现在企业衍生，也正是基于此现象，资源的内容开始逐步导向关系资源，这为建立新的业务和合作行动建立了行动基础。随着产业市场规模的扩大，许多大型花卉公司开始裂变，一些技术骨干纷纷自立门户，成立新的花卉公司，它们有的成为原公司的客户，有的成为其直接的竞争个体。"很多员工从维生出去，前后有约27个，都自立门户，成立自己的企业，而且还成为维生供货的下游企业，保持很好的合作关系"。而这种企业繁衍所伴随的便是知识、信息溢出，这使得集群内部网络关联更加复杂、密切。2002年经省市批准设立的多个研发机构及技能鉴定部门，有效促进了集群内部的合理分工协作及产业网络的形成发展，也促进了劳动力的高效配置，配套部门的完备加速了入驻花卉世界的企业的周转速度，为他们赢得成本优势，真正引领集群发展步入快车道。

3. 地方能力

地方能力初步形成。一是，联结能力在多种互动形式所形成的信息网络中得以显著提升。第一，高级技术人员脱离原来的台资企业而开创本土的新企业，形成竞争与合作关系。第二，还表现在通过从台资企业那里购买新品种而逐步建立的战略合作关系。第三，与研发机构的社会网络。如粤山园林绿化的H经理所言"研发企业社会网络也很重要，老总以前与科研院所有较密切的联系，因此，在科研院所的人脉为该企业的发展提供了较好的基础。"目前科研单位具有一定的研发能力，但产业化意识很弱，或研发成果与市场需求脱节，而有钱的花卉企业无能力进行研发，因此需要有联系科研机构与企业的平台。企业对研发的投入能力还是充分的。如粤山园林绿化可以投资几十万到百万投入到研发。第四，企业间的非正式沟通交流非常重要。如新天地X经理之言："平时同行业的经营者经常有非正式的信息交流，对企业发展助力较大。"调研时，不少企业也反映了一个问题，即企业与协会的联系不紧密，而且认为协会的作用很有限。信息交流主要依靠企业之间人员的非正式交流，"企业间多是相互需要的协作关系，没有一家企业可以生产出全部产品。一般同行业业主之间的非正式交流相当多，企业间也经常调配资源。""与其他同类型企业间的关系很好，如与维生之间有产品的互通有无、信息交流等，没有恶性竞争。"花卉世界正是提供了这样一种非正式交流的环境。第五，员工的交叉任职。员工在不同关联单位的交叉任职，有助于员工"干中学"，如维生的几位员工是花卉世界技能鉴定所教师。

二是，本地企业技术能力中的投资能力进一步成形，首先表现在本土企业开始在台资企业的市场范围内构建自己的销售网络，实施市场扩张的战略；其次，"模仿"和"合作"是技术本地化的两个重要机制。本土企业采取了"跟随战略"，对台资企业进行模仿。本地企业的"模仿"策略是相关先进技术能力本地化的重要机制。此外，注重在合作中迅速提升自身的技术水平。巨扬园艺有限公司C经理坦言"和台湾企业的合作，使得需要多年实践才能掌握的蝴蝶兰培育与运输技术迅速得到提高。"除了模仿或跟随、技术外溢等非正式途径之外，也有授权、许可、合作等正式手段。

产业网络阶段台资—本土企业互动特征　　　表8-2

企业	模式	角色	优势	发展战略	技术表现	网络互动
台资	国产—内销	贸易功能	技术、信息	生产扩张	新品种	花卉世界网
		生产基地			市场运作	企业间社会互动
本土	国产—内销	销售网络	成本	市场扩张	企业管理	国际花卉展会
				跟随战略	技术本地化	交叉任职

（资料来源：根据调研记录整理）

8.1.4 成熟转型发展阶段（2004 年—2007 年）

转型主要表现几个方面，一是产品向高附加值的转型。从相对较为单纯的花卉产品批发销售萌生若干重要升级方向——高附加值的蝴蝶兰种植环节、带有文化特点且相对附加值较高盆景奇石方向、花卉旅游方向等。二是市场运作模式转型。2004 年花卉世界内建立了子市场——综合批发市场，这是集群走向多样化经营道路的第一步，扩展了竞争要素范围。2005 年的兰花生物科技园以及艺术品市场的动工建设、2006 年中国盆景大观园项目的正式启动，无不彰显该集群的综合转型。三是企业发展战略模式转型。

1. 网络

网络互动形式呈现跨界的融合趋势。网络范围的扩展在于联结形式的多样性，联结形式的外在表现就是对外业务运作模式的相应调整。在陈村花卉集群中，网络范围的扩展，主要有两种形式：

（1）内部生产体系与外部合作网络相结合。如“今日”公司的蝴蝶兰生产业务，尽管企业不具备开发新种苗的能力，但却能够通过多种方式及时且大量掌握蝴蝶兰的种苗。在此基础上，今日公司致力于组培瓶苗以及从小到大的兰花苗培育。沿着蝴蝶兰生产环节的向后推移，所需要的设备、土地、人力等也在大幅度的增加。但是，今日公司不可能也没必要在非常大规模的尺度上实现所有环节的内部化经营，也不能完全将某一环节放弃。因此，他们的策略是首先建立自身的系统化的栽培体系，确保自身能够具有完全控制的体系化的生产能力。尽管这种能力并不能完全覆盖所有的市场，却能保证在这一行业的重要位置。进一步，为了扩大关键环节——组培瓶苗方面的能力，今日公司需要其他企业加入其生产体系中以支持小苗、中苗、大苗环节的生产，迅速扩大其生产能力。但其他企业进入这一生产体系（即购买瓶苗培育成大苗出售）面临着众多的困难：1）栽培技术不过关，无法完全达到今日公司同样的品质；2）企业销售渠道不具备和今日公司同样的渠道，即合作企业很可能不能及时卖出产品；3）如果合作企业大量掌握今日公司所有能力的话，很可能会变成未来的今日公司的潜在竞争对手。这些需求与困难决定了需要找到适合的方式来拓展蝴蝶兰的产业链组织。在需要合作的前提下通过大量的努力来实现。这就意味着今日公司需要高度介入到合作公司的运作中：1）对小、中、大苗等相对技术含量较低的环节进行分离；2）对这些环节的管理与技术进行支持；3）指导其销售，形成对其产能的控制力。这就意味着，需要在细化的环节内培养合作企业的能力，但在整个产业链的控制力上，保持着对于较为核心环节——组培瓶苗阶段的控制以及销售的控制，对于需要大量土地、劳动力的相对较为简单的环节则让合作伙伴协助实现。但合作由于涉及非常多的需要协调的方面，所以进展的速度会比较慢。

（2）终端销售模式从批发向零售转向。这个转向反应的是市场对象的转换，一种新市场联结的重建。如七巧公司将自己的产业经营重点转移到多样性盆花零售，回避了花卉批发业目前激烈竞争和日益饱和的市场，不失为明智之举。目前，七巧零售针对人群政府采购、工程设计、个体零售等，努力打造“一站式购物”（One Shopping Step）的多样性盆花零售。在销售业绩上，从去年到今年苗木批发增长大约20%~30%，而多样型盆花零售增长了大约200%。现在七巧每天零售都可以达到2~3万。可以看出，在花卉苗木市场未来发展中，批发再增长和再开拓新市场的阻碍较大，而零售市场却是一块大蛋糕，其增长与开拓的潜力比较大。为了进一步扩大销售市场，完善自己的花卉零售网络，七巧将绿化苗木批发所得利润全部转到盆花零售的投资上。绿化苗木批发只是维持现有规模，不打算继续再扩大再生产或再开发市场。

2. 资源

各种关系资源也在转型，包括经济交易关系、社会交换关系等均有因时而变的现象。有以下几个方面的导向：一是，很多台资企业的经营模式转变为将本地生产的货品出口至国外，同时，台资企业也积极走出广东省，开拓全国市场，在全国范围内扩张生产基地，这时原来的新品种已经被本地化，因此成本低、数量多，外销利润大，台资企业迅速根据市场变化转型，同时继续引入新品种保持优势。二是，一些本地企业转型为出口业务为主，由于自产货成本低、外销利润增大，他们开始通过自己的销售网络进行出口，或者与台商合作，通过台商实现自产货品的出口。本土企业与台资企业之间的关系也由之前的“强竞争”关系向“既竞争又合作”演变。

3. 地方能力

地方能力走向成熟。一是，全球联结能力与地方技术能力呈现相互融合的发展态势。2005年兴建了兰花生物科技园，投资了大量生产兰花的温室等基础设施。由于从日本等地进口的九里香、罗汉松等昂贵盆景需要带土入关，国通物流城提供了熏蒸技术，这为企业升级提供了必要条件。二是，地方技术能力开始出现衍生。这些盆景的养护需要娴熟的修剪、弯折技术，这使盆景造型技工身价倍增。创意农业是指奇石、盆景、字画以及组合花卉的经营，这种理念的指引不仅使产品附加值变大，而且使市场内经营逐渐多样化，更具生命力。三是，组织模式运作能力和企业家精神得到提升。2005年，花卉世界有限公司成功运作了洋兰、艺术品（包括奇石、字画等）以及锦鲤等高风险投资项目，这是其他花卉专业市场轻易不敢招商的项目，花卉世界果断抢得招商先机，具有先发优势。而且，花卉世界具有其他专业市场很难复制的组织模式。如以蝴蝶兰为例，生产技术只掌握在少数公司手上，并非有资金投入就能成功，除建设蝴蝶兰专用温室设备外，员工因地制宜对待植物的能力特别重要，比如在广西种植蝴蝶兰与在广东就有较大差异，即便种出好产品，又必须确保运输技术过关——克服从陈村到欧洲海运28天对出口的蝴蝶兰苗的不利影响，一个货柜40~50万株，一旦损耗率超过50%，或者有腐烂，不但失约于欧洲购买商，还要另付2万美金在欧洲就地烧毁。蝴蝶兰项目的复杂性在于提高生产环节的育良率、降低运输环节的损耗率，这是其他专业市场不敢大规模招商的原因之一，因此花卉世界的模式很难被其他专业市场轻易复制。

成熟转型阶段台资—本土企业互动特征　　表8-3

企业	模式	角色	优势	发展战略	技术表现	网络互动
台资	国产—内销—出口	生产/贸易 全国市场	规模 新品种	经营模式转型	新品种 物流技术	花卉世界网 产业融合
本土	国产—内销—出口	生产/贸易 拓展国际市场	成本 文化适应性	创新转型	检验检疫	国际花卉展会

（资料来源：根据调研记录整理）

8.1.5　转型扩张发展阶段（2007年至今）

产业扩张最终都表现在产业综合生产能力的扩大、产业地域空间的扩展、产业内部各个部门的同步扩张和产业组织的扩充等方面。陈村的花卉产业主要是基于产业链的地域空间扩展为主，也即陈村花卉产业以陈村花卉世界的经济活动区位为基础，向湛江、广州花都和海口等地区的经济区位扩张。

1. 网络

网络互动方向由同区位上主体互动向跨地域网络关系扩张。主要表现在两个方面：一是，扩大市场份额，实行园区品牌战略连锁开发。陈村花卉世界将在全国范围内，从南到北、从东到西，精选具有花卉产业基础、消费力强、盈利潜力大的城市进行战略布局，进行花卉产业园区的品牌连锁经营开发，重点开发面向生产地的批发市场、位于物流节点的花卉物流园、面向消费地的花卉市场等三种市场形态，形成全国花卉大物流圈，打造陈村花卉世界国内一流的花卉产业综合服务商和园区开发商的良好形象，提升花卉世界的品牌价值。二是，“点·线”结合，构筑现代花卉物流网络服务体系。通过点对点的园区开发模式探索现代花卉物流新体系，以分布在全国各地的花卉品牌连锁园区（市场）为载体，在此基础上实现花卉世界信息、研发、物流、贸易、会展、培训等服务平台的延伸，同时采用“点·线”结合加强区域间的发展与合作，构筑现代花卉物流网络服务体系，实现规模化的园区品牌连锁开发，使花卉世界成为国内一流的产业园发展商，延伸“花卉世界”品牌。

2. 资源

在陈村花卉产业集群展开升级扩张的阶段，面临了硬性资源约束的现实问题。如何启动“资源活化战略”是陈村继续发展和扩大的重要战略。2006年底，原陈村花卉世界有限公司进行体制改革，分化出物业管理有限公司，彻底将国有资本——土地剥离出去，而注入了民间资本的贸易股份公司部分更具经营活力。同时，由于花卉产业是土地密集型产业，随着经济的发展、城市化进程加快，地方建设对房地产用地的需求越来越大，现有土地已经无法满足该集群不断扩张的土地需求，一些拥有技术和经验的陈村花商开始走出陈村，或到周边地区承包土地发展花场，或以技师身份帮助周边地区管理花场。目前，高明、番禺、三水、南海、鹤山、台山等珠三角地区都遍布陈村花商的影子。花卉世界为了巩固一级市场，开拓二级市场，正在陈村镇以外积极寻求飞地扩张市场。

3. 地方能力

陈村花卉产业的地方能力出现了新的转向，开始由初期的重视地方企业技术能力和全球联结能力向更加强调组织模式调试能力和企业家精神转变。这也符合事物发展的一般规律，在发展的中后期更加强调的是在原有发展规模基础上如何通过组织模式创新和充分发挥企业家精神来实现新一轮的再发展、再创业。根据陈村花卉世界的发展规划，在未来3年内，立足陈村花卉世界，并逐步开发广东、海南、福建、广西等华南地区的花卉市场，重点考虑湛江、海口、漳州或厦门、南宁、长沙等城市作为生产基地园区，武汉作为物流节点的花卉物流园，构建华南地区花卉物流圈，实现花卉世界品牌输出，成为华南地区一流的花卉产业综合服务商和园区开发商。并考虑在未来3~5年内，在华南地区花卉园区成熟开发的基础上，逐步拓展到长江流域，重点考虑开发长江三角洲具有花卉产业基础的上海、南京、苏州、金华、昆山等城市，形成长江以南的大花卉物流圈。

8.1.6 企业家精神与陈村花卉产业集群演进

纵观陈村花卉产业集群的演进历程，各方面都有显著进步：集群的核心——花卉世界专业市场招商从第一期到第四期，进驻企业由280余家增加至430多家，已经引入资金20多亿元，花卉品种由过去的2000多个增加到5000多个，经营项目由最初低附加值的盆花、绿植植物为主，变为棕榈类植物、蝴蝶兰苗、景观大树及进口造型盆景为代表性的四大经营品类，它们共同的特点都是高附加值，例如蝴蝶兰苗的产值高达30万元/亩，而经营进口造型盆景的企业至少要有500万的现金供平日周转。2006年的数据显示，花卉世界种养项目总产值66500万元，每公顷年产值达40万元，比1998年（下同）增长96%，产品销售总额13亿元，增长5倍；利润总额3亿元，增长90.8%；出口创汇2200万美元，增长175%；土地增值一倍，平均租金达7000~8000元/亩（最高1.3万/亩）；农民人均所得15000元，增长150%。

在这些令人欣喜的数字背后，我们不能忽视企业家精神的作用。尽管企业家才能在经济增长中的作用，已经在经济学领域有诸多的研究，但是根据本文的理论研究，企业家精神与创新是内在统一的，是地方能力演进的重要保障。那么，究竟企业家精神在陈村花卉产业集群演进起到什么作用呢？从战略、企业和集群三个层面来看企业家精神与集群演进的相互关系。

1. 台湾地区企业家的领导型战略与大陆企业家的跟进型战略

据不完全统计，目前进园企业中，外资企业及合资企业约占 30%（其中台资约占 20%），外省企业约占 30%，省内及本地企业约占 40%。2007 年本书作者前往陈村调研，花卉世界董事长郑志民先生谈起入驻企业比例曾表示：1998 年市场招商时他们就有意控制着这些比例，坚持优先考虑外资、尤其是台资企业，因为同样租金下，这些企业会带来更多的新品种、技术和管理经验，从而为本地企业家提供更多学习机会，全面带动本地企业，使花卉产业更加本地化。台湾今日景艺生物科技有限公司（以下简称“今日”）是蝴蝶兰苗生产、贸易龙头企业，在 2001 年决定到大陆发展时本来在陈村和芳村花博园之间犹豫，而最终选择陈村就是因为当时的老镇长（现在已经过世）对今日非常重视，在病床上还不忘询问，令今日的董事长非常感动。陈村对台资企业的重视得到了良好回报：后来的发展轨迹确实表明，在集群形成初期，台资企业的经营者更倾向于选择领导型战略创新，而大陆企业则更多选择了跟进型战略创新；当集群发展到能够实现自我“造血”功能时，越来越多的大陆企业加入到“领导”的行列中，而另一些跟进型企业则有了明显的专业化分工趋势。

从 1980 年代后期开始，经营花卉的台商开始进入陈村，他们最初的经营模式大多是进口——内销，台商利用在台湾本土积累的大量贸易经验和人脉关系，向大陆引入并推广国际流行的新品种，同时也带来资金、技术和先进的管理经验。当时进口货品成本高、数量少，新品种都处于少数几家、甚至一家台商的垄断控制之下，因此内销利润大，这时台资企业落在大陆的环节以贸易为主，大型一体化台湾花卉企业的生产功能仍然留在台湾地区，陈村本地生产能力较弱；进入 2000 年后，台商在其台湾花场囤积的货品已经消化大半，而大陆有理想的自然条件、廉价的土地和人力资源，因此台商纷纷在花卉世界周边开拓生产基地，这些企业靠推广新品种建立了稳定的大陆客户网络，进行自产自销。由于货品本地化生产后，成本下降、数量增多，因此内销利润变薄，于是台商继续靠引入新品种来维持优势；2004 年前后，由于原来的新品种早已被本地化，因此成本低、数量多，外销利润大，所以台资企业迅速根据市场变化转型，除继续引入新品种保持优势外，他们还积极走出广东省，开拓全国市场，在全国范围内扩张生产基地，很多台资企业的经营模式转变为将本地生产的货品出口至国外。

自从花卉进入大规模产业化生产以来，大陆本地企业大都秉承自产自销模式，2000 年之前，他们主要经营附加值较低的传统盆栽品种，生产为主，销售功能弱；新世纪初，当台商引入的新品种开始流行于市时，本地企业家开始迅速跟进。对于本地企业来说，资本积累相对薄弱，无力抵抗大的市场风险，而第一意味着会遇到很多意想不到的问题，作为跟进者，却可以看到他人犯下的早期错误而迅速进入到相继产品中去。因此本地企业家将新品种本地化栽种，这样一来市场开始涌现大量低成本的自产货品，成本优势大过进口货。与此同时，一些从台湾企业跳槽出来创业的本地企业家也开始分享台商的部分销售渠道；2004 年后，大陆市场趋于饱和，且自产货成本低、外销利润增大，因此本地企业转型为出口业务为主，他们开始通过自己的销售网络进行出口，或者与台商合作实现自产货品的出口。

2. 从集群层面看企业家精神对集群演进的作用

实际上，在集群发展的每个阶段，都可以发现企业家精神的内在属性——创新对经济活动中的驱动。根据德鲁克对创新的三大分类——产品创新、管理创新以及社会创新，对陈村花卉产业集群不同演进阶段大事件进行归类分析，观察创新对集群演进的推动作用。集群层面的创新多为管理创新和社会创新，这与德鲁克所指出的“创新不一定必须与技术有关，甚至根本就不需要是一个‘实物’”不谋而合。然而，这里的企业家精神却具有一定的特殊性，因为花卉世界是一个具有强烈政府支持背景的实体运作公司，负责花卉园区的整体运作和管理。这样具有“双重”身份的企业家容易驱动一定范围的资源。

陈村花卉产业集群时空演变及创新举例　　表 8－4

演进阶段	大事件举例	创新类别	战略优势
1999 年—2001 年 产业集聚阶段	• 政府创办陈村花卉世界有限公司	管理创新	组织制度创新有效统一了政企各方利益
	• 开通花卉世界网	社会创新	抢占信息宣传先机，IT 业与花卉业融合

续表

演进阶段	大事件举例	创新类别	战略优势
2001 年—2004 年 产业网络阶段	• 设立研发机构和技能鉴定部门	管理创新	所提供的服务加快企业周转速度，使竞争对手无法与之抗衡
	• 与德国埃森公司和中国花卉报合办国际植物展	社会创新	重新优化部门功能，提升展览部运作的方法过程，强强联合
2004 年—2007 年 综合转型阶段	• 成立阴生植物综合批发子市场	社会创新	扩展竞争要素范围，提供一站式服务
	• 大规模引入洋兰温室	社会创新	发展竞争对手难以掌握生产和运输技术的复杂性产业
	• 大力发展创意农业	社会创新	引入竞争对手无力染指的艺术品、锦鲤等运营门槛高、附加值高的产业，与花卉业一起打文化牌做宣传销售
	• 在物流城引入植物入关熏蒸消毒设备	社会创新	提供别人不能提供的独特技术服务，获得垄断性利润
2007 年至今 升级扩张阶段	• 注入民间资本的体制改革	管理创新	组织制度创新有效统一公私各方利益
	• 成为丹麦 CC 物流公司产品中国总代理	社会创新	在中国首次引入盆花出口国际标准运输工具
	• 以连锁模式开发湛江花卉专业园区	管理创新	因地制宜地输出成功商业模式
	• 与冰岛怡之航冷链合作	社会创新	冷链运输技术与花卉产业的融合

3. 从企业层面看企业家精神对集群发展的作用

本书作者在大量实地访谈中发现，在企业层面，企业家精神的功能范围主要体现在对产品创新的持续革新上。

不妨先看一个我国台湾地区企业的案例。台湾源茂园艺有限公司（以下简称“源茂”）是一个台资家族企业，于 1961 年由现任总经理陈冠华之父陈光茂创办，到 1984 年该公司占有了台湾仙人掌市场 70% 的份额，源茂早期在台湾的成功积累了雄厚的资本和丰富的供销人脉，这些都为其后来领导大陆花卉市场埋下伏笔。

至1996年，陈冠华开始涉足大陆南方市场，率先推广自己熟悉而大陆鲜有所闻的高档仙人掌产品——金琥等，为培育消费市场做着不懈努力。1999年花卉世界一期建成招商时，源茂正式入驻陈村并将总部落户于此。2000年前后，源茂对金琥的推广宣传初见成效，陈冠华便将美国金琥大供应商所生产的成品全部订购下来，成为中国最大的金琥囤货商，垄断了品种意味着拥有定价权，金琥项目的成功彰显了源茂雄厚的资金实力，并为其在大陆花卉界的领导地位奠定了基础。从此后很多大陆本地企业都依源茂的品种更新来决策自身的运营项目，比如金琥热方兴未艾之时，同样位于花卉世界的福建成洲园艺（老板陈先生是福建人）、顺杰园艺（老板张先生来自深圳）等企业迅速跟进金琥市场。到了2004年，由于金琥的货源越来越多，进口、国产品质参差不齐，消费市场渐趋饱和，利润变薄，源茂开始从金琥项目中抽身。而源茂推广的另外一个品种——阴生盆栽植物金钱树在2002年开始得到市场认可，源茂除了在台湾栽培了大量金钱树外，还在广东省内花都狮岭镇、开平市及恩平市沙湖镇设立了生产基地，直接做到自产自销；在山东济南、青州设立了生产基地，开拓北方市场。到现在，金钱树已经成为最畅销的盆栽品种，跟进该品种的本地企业众多，如文金园艺（老板陈先生为漳平市人）、鸿茂园艺（老板刘先生为湖北人）等，这些企业在海南乐东的专项生产基地共达2000亩，出口旺季9~10月份出100个货柜，淡季也有30~50个货柜，源茂的品种领导极大丰富了市场、带动了大陆本地花卉企业。而源茂则进一步实行多角化经营，在夯实进出口业务的基础上，实现了大量供应棕榈、绿化树、灌木花草、盆景、观叶植物年宵花以及多肉植物的能力，还同时经营园艺资材、石材和锦鲤，并涉足景观工程、家具建材和珠宝等行业。陈冠华作为“第一个吃螃蟹的人”，也并非每个项目都成功。在上海新桥区和海南海口市设立的园艺批发场都逐渐淡出了源茂的发展计划，在福建彰埔、武汉和郑州建立的分公司最终被撤销。

另举一例本地企业。鸿茂园艺是花卉世界里一家普通的本地花卉企业，其老板刘先生在1990年代末是台湾七巧园艺的一名业务经理，在台资企业打工几年之后，刘先生从七巧学到了很多种植、管理经验，建立了自己的业务网络关系，决定自己创业。2003 年—2004 年，由台商引入的外国棕榈科植物风行大陆景观工程市场，而能得到货源的人并不多，刘先生迅速跟进，每棵中东海枣能赚1000 元以上，每个月可以赚6 万元以上。但随着品种更新换代，且棕榈科植物病虫害增加引起的高死亡率，棕榈的利润逐渐下降，刘先生将业务重点转向了市场盛行的金钱树。他还表示，现在网络信息发达通透，不像 20 世纪末那样买方信息只有少数贸易公司掌握，因此自己在销售上不再具备优势，转而做好生产供应才是明智之举，只要产品对路、品质过关，利润一定有保障。

8.2　陈村花卉产业集群创新发展的成功因素

8.2.1　外部信息网络和内部企业关系演化是地方能力－集群共同演化的界面

网络互动往往是基于技术相似性和技术关联性在行业内部和行业间展开，它是作为战略资源的默会知识得以转移的重要机制。[6] 因此，外来技术源与本地技术具有相容性是能力发展的前提，但关键还在于促进技术转化为能力的演化界面研究。在本案例中，外部信息网络和内部企业关系演化共同构成了外部技术源得以与集群相容、地方能力与集群创新共同演化的界面在信息网络和企业互动网络的演化界面下，集群发展不同阶段与地方能力有相应的演化变化内容，如在聚集发展阶段，联结能力萌芽、技术能力感知，意识到技术能力差距；在成熟发展阶段，联结能力与技术能力相互融合、技术能力衍生——→产业融合、强调组织模式调适能力和企业家精神——新商业运作模式。

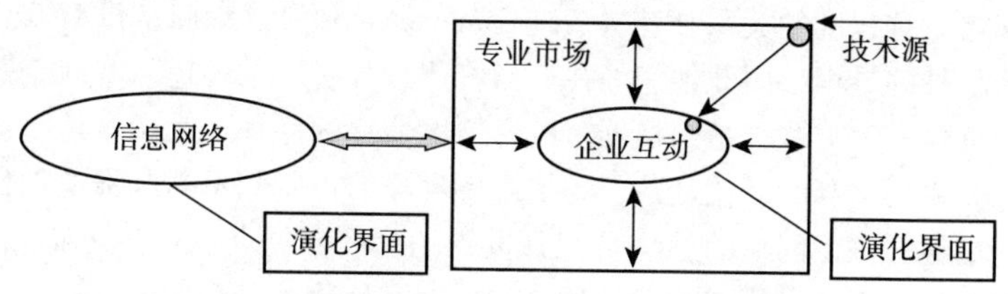

图 8－1　陈村花卉集群“能力－集群”演化图

陈村花卉集群发展阶段与能力、关系演化关系表 **表 8－5**

集群发展阶段	能力演化	本地－台资企业关系演化
聚集（内部互动 → 信息网络）	➢ 联结能力萌芽 ➢ 技术能力感知——以意识到技术能力差距	弱竞争关系
网络（内–外互动 → 信息网络）	➢ 联结能力形成 ➢ 技术能力形成和提升（合作、模仿） ➢ 组织模式调适能力增加	强竞争关系
成熟（内–外联动 → 信息网络+联动机制）	➢ 联结能力与技术能力相互融合 ➢ 技术能力衍生→产业融合 ➢ 强调组织模式调适能力和企业家精神——新商业运作模式	合作竞争
转型（内–外联动 → 信息网络+跨地区联动机制）	➢ 全球联结能力 ➢ 生产技术标准化 ➢ 探索新型组织模式，企业家精神发挥“二次创业”	战略关系 关系重组

8.2.2 企业间关系随集群演进由弱竞争—强竞争—竞合的关系演变

在陈村花卉产业集群的整个形成和发展过程中，本土企业和台资企业始终贯穿其中，而且二者的关系随着集群演进的不同阶段处于动态的变化中，由先期的弱关系到强的竞争关系再到最后的竞争合作关系。关系演变的背后是“物质内容”的变化，这是本土企业得以借助台资企业快速发展的关键。通过上文对台资企业与本地企业的描述，能够发现二者存在某种程度的关系互补（Ties Complementarty），台商从没有放弃过对新品种的寻求，因此他们往往充当着“领导者”的角色，本地企业不断跟进台商，一些种植门槛低、极容易本地化的品种在大量本地企业和农户介入后，利润开始变薄，为了维持自身的扩张和不断高涨的地价需求，最终这些低门槛的植物被花卉世界的台商弃做（如阴生植物），得以保留的是那些高附加值的品种（如棕榈类植物、景观大树、造型盆景及蝴蝶兰）。而整个市场也就是在这样的良性交互循环中得以繁荣，这螺旋式上升的过程，最终导致花卉世界的主营品种是高端货品。

8.2.3　网络联结能力随着网络互动内涵的深化逐次提高

这部分源于完善的信息网络建设。在整个集群的演进历程中，网络互动始终在伴随主体间学习过程的深化而不断发生变化：离散的生产个体和点—点市场关系、专业市场内部互动（基于交易网络和信息共享平台）、内外的网络互动、基于信息网络的跨地界内外联动发展机制。在网络互动形式的发展和变革过程中，始终伴随着企业网络联结能力的逐次增强。

8.2.4　本地企业技术能力随着与外来企业关系的演变不断增强，进而促进地方产业技术升级

在陈村花卉产业集群的整个形成发展过程中，本土企业和台资企业的关系随着集群演进处于动态的变化中，由先期的弱关系到强竞争关系到竞争合作关系再到关系重组等，这一系列关系演变的背后是“物质内容”的变化，这是本土企业得以借助台资企业快速形成和提升技术能力的关键界面。(1) 在关系内涵的演变中，本地花卉产业技术沿着：观望—模仿—合作—提升—细化—融合的技术发展路径演化。(2) 模仿与竞争促使花卉品质的不断更替。如一些种植门槛低、极容易本地化的品种在大量本地企业和农户介入后，利润开始变薄，台商不得不放弃这些低门槛的植物（如阴生植物），而从事高附加值的品种（如棕榈类植物、景观大树、造型盆景及蝴蝶兰）生产。整个市场也就是在这样的良好交互循环中得以繁荣，这螺旋式上升的过程，最终导致花卉世界以高端货品为主营品种。

8.2.5　网络联结形式随集群演进由简单线性到复杂多样性

在整个集群的演进历程中，网络始终在伴随主体间学习过程的变化而不断发生变化。前后经历如下变化：离散的生产个体和交易理性的市场关系、正式的交易网络和信息共享平台开始运作、网络关系的复杂化和多样化——形成了“专业市场—国际会展”的内部－外部网络互动格局、网络互动形式呈现跨界的融合趋势——网络范围的扩展在于联结形式的多样性，联结形式的外在表现就是对外业务运作模式的相应调整，包括：第一，内部生产体系与外部合作网络相结合。第二，终端销售模式从批发向零售转向；到升级扩张阶段，网络的互动方向由同区位上主体间的互动方式、内容向网络的跨地域界限的网络关系扩张。在网络关系形式的发展和变革过程中，始终伴随着资源的

动态调整。

8.2.6 集群资源随集群演进经历量变到质变再到新企业衍生

资源是集群发展的核心要素，它既包括有形的物品也包括无形的符号物品。从陈村花卉产业集群的演进过程中，我们发现资源从初期的在空间聚集到中期的对高级资源要素，如技术、管理等资源的慢慢质变，再到中后期资源在既成网络关系中发生了新的裂变，衍生出新的企业，再到后期的升级扩张阶段，对土地等自然资源的活化，整个过程都是一个“资源流”在整个花卉集群结构中的流动和再生的系统过程。

8.2.7 地方能力在产业集群演化不同阶段呈现出差序性特征

陈村花卉产业集群演进的四个阶段表明，不同阶段所需地方能力的组合层次是不同的，能力演化呈现出差序性特征。如在集聚形成阶段，强调本地企业技术能力的核心作用；在网络化扩张阶段，本地企业技术能力逐次增强，网络联结能力大大增强，且组织模式调适能力和企业家精神（如企业衍生等）也开始出现；在成熟、转型发展阶段，则越来越依赖于组织模式调适能力和企业家精神来展开“二次创业”。

产业集群演进阶段与地方能力的互动关系[7],[8]　　表 8－6

集群发展阶段	本地企业技术能力	网络联结能力	组织模式调适能力	企业家精神
集聚形成阶段	＋＋	＋	－	－
网络化扩张	＋＋＋	＋＋	＋	＋
成熟发展阶段	＋＋＋＋	＋＋＋	＋＋	＋＋
转型扩张阶段	＋＋＋＋＋	＋＋＋＋＋	＋＋＋＋＋	＋＋＋＋＋

8.2.8 陈村花卉产业集群创新演化的关键在于地方能力的动态调整

地方能力是地方产业集群创新的核心力量。但是我们从陈村花卉产业集群的演进历史中发现，地方产业集群演进所需要的地方能力是动态的、发展的。也就是说，如果不能与时俱进，即使拥有了地方能力也未必能够实现地方产业升级。一个地区的产业发展在外部事件的冲击下，主体聚集所形成的群体路径是否有助于主体（包括企业、区域或国家）地方能力的形成，严重依赖于主体地方能力演进性状和群体网络结构嵌入方式。[9]当陈村花卉产业在 A 点受到外部力量的冲击

（即花卉世界专业市场的成立），引起了原有产业发展路径的突变，导致了原有地方能力内涵的转变，相关企业在陈村花卉世界的空间聚集（图中的阶段I）。

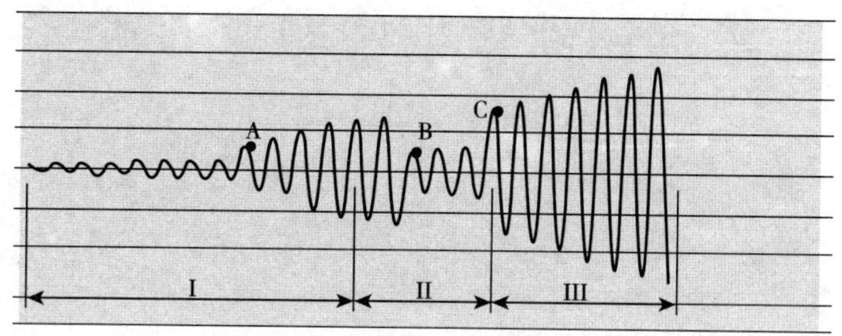

图8－2　地方能力演进阶段[10],[11]

在集群演变的中期阶段（A－B点），产业联系阶段，以本地企业的跟随模仿为主要机制的技术本地化过程为主，集群内的企业在关系质量和形式上更加的优质和多样性，而且在这一阶段，随着新技术在集群内的扩散和市场化，整个花卉产业的市场规模在逐渐增加。技术表现形式主要有新品种种植技术、市场拓展、员工培训等。

但是，地方能力的演进并不是线性发展的，产业发展路径创造的机会跟地方能力演进的阶段性特征有很强的内在关系。如果地方能力不随集群发展的阶段、环境做适度的调适，则将陷入“能力陷阱”令集群陷入升级困境。也就是在集群形成与发展向集群转型升级之间存在潜在陷阱。而陈村花卉产业集群在“本土—台资”企业跟随互动中适时地调整了地方能力的内涵，从而在集群演变的后期，成功地实现了转型升级，避免了升级困境，也即越过了图中II阶段：本地化的技术开始出现改良、细化、渗透等现象。

8.2.9　企业发展战略随集群演进而在实时调整

战略的不同是源于自身要素禀赋和发展目标的不同。企业的战略是随着外部环境的变化而进行调整，从陈村花卉产业集群的演进历程中，可以发现本土企业的战略变化是在与台资企业的关系互动中进行不断调整的，从中期的市场扩张和模仿跟随战略，到中后期的创新转型和合作竞争战略，均体现了企业作为一个组织对外部环境的应变能力，提高了企业的创新能力，最终推动集群创新。

第9章
陈村花卉产业
集群创新转型问题及对策

9.1 花卉产销网络：一个后天不足的问题

目前在市场成熟的国外或地区，花卉业都实现了“产销分离”的运作模式。然而，在我国，“产销分离”的实现是困难而又漫长的。花卉世界的企业主的观点反映了这个后天不足的问题“产销分离才是市场成熟的表现，中国最终应该如此，但现在只是刚有苗头。”正如理论部分的阐述，产销关系的结构改变，市场意识的真正成熟，要在集群协作生产网络的生产效益无法与劳动力、环境成本上升或国外市场需求巨变相抗衡的时候，才会变成是企业具体而全面性的问题。产销分离是花卉产业走向成熟的必然趋势，但是，就目前我国花卉产业的发展状态来看，仍有不少问题存在。

在对陈村花卉世界台资企业进行调研之后，发现台商企业原本进入陈村是做销售，但后来发现像他们在台湾那样采取产销分离的运作模式在陈村有很大问题，均认为：目前，我国大陆与台湾地区相比较，台湾市场较成熟，信息对称，中介人的中介费用透明化。台湾在散户生产和销售之间有一个强有力的纽带——产销班，负责收购农户生产的花卉，统一生产标准并联系销售商，服务做得非常好。在大陆，一是，大陆花卉产销链上缺乏中介环节，经常出现农户生产花卉产品无法找到稳定的收购渠道，而销售商也无法找到稳定的、质量有保证的货品供应渠道。二是，个人消费尚未形成主流，市场不稳定。三是，产品尚未标准化，收购成本大。四是，其他的一些阻碍花卉产业实现产销分离的因素还包括花卉品种的技术、运输、劳动力、市场需求等方面。五是，台湾的行业协会大多是从事这一行业的业主组织成立的，真正了解这一行业的发展需求，并真正代表行业业主的利益同政府谈判，也在打破贸易壁垒方面发挥作用。中国大陆的行业协会多是政府行为，负责人多是政府官员，对行业了解有限，难以发挥应有的作用。六是，本地企业或农户生产的产品技术不过关，台商企业不敢与其他们合作，尤其是对于高附加值的产品而言，质量最重要。

在存在这些问题的背景下，台商企业根据自身能力和所从事产品的特征采取相应的对策，同时也形成了产销关系演变的路径，从最初的单一销售功能向产销一体化，再到目前的部分分离，逐渐向产销分离转变（就目前的市场条件来看，还有相当长的路要走）。如今日集团采取“合作生产+统一销售”的模式，“今日”负责提供人员培训，广东、武汉、兰州等地的生产企业与今日合作外销，这些企业不用担心销售，只把生产做好，风险由今日承担。其次，如以富贵竹生产为特色的绿林来说，就形成了销售中心+生产基地的模式。其中，销售中心设在陈村，起到接单、展示的作用，而生产基地则分布在台山（300亩）和湛江（400亩，其中200亩专用于富贵竹生产）。采取这个模式：一是对于相对容易种的富贵竹只有保证供应的质量与数量方能打开更高端的市场；二是一般农户中所生产的富贵竹达不到基本的要求，质量参差不齐，难以控制，且供应不稳定。因而建立能够保证质量的生产基地势在必行。而这一基地的形成，对于形成富贵竹的出口优势起到重要的作用。另外，作为高端艺术品的盆景，培养需要10~20年时间，对护理技术要求较高，过程极为漫长清苦，合作生产就不适合盆景，多人共同养护，定价难以达成一致。不过，也有企业认为，做生产可以使自己更有主动权，能保证最低的利润要求。

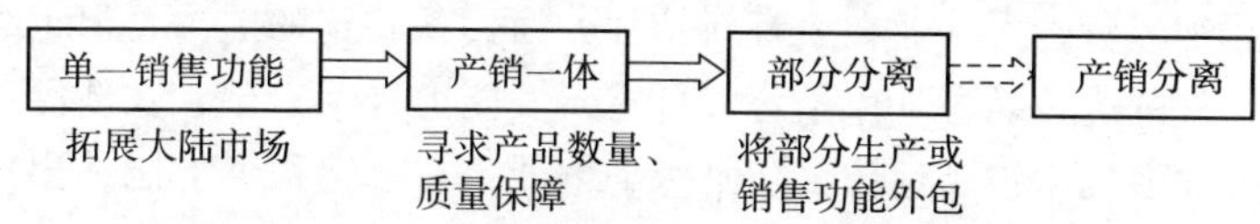

图9-1 台商企业在陈村花卉园区的产销关系演变路径

9.2 土地资源匮乏：一个先天缺陷的问题

在前面我们分析了城镇化土地需求的日益向郊区扩张，对布局于城市边缘的花卉业的持续发展来说，构成了双重压力。一方面，花卉业有可能被迫转移潜在威胁；另一方面，花卉业也不得不提高产品价值量以提高单位土地产值，保住自己的位置。陈村土地租金较高，且周边房地产较多。根据市场经济发展规律，花卉业面积将缩减，或者向高端方向进一步发展，总之农业发展空间有限。中山东兴镇的几千亩的花木市场，周边也是房地产，6～7年后将部分转移。高附加值的精品将保留在原地，被高端市场淘汰的企业或者品种，如规格容器苗生产企业将转移过来。花卉种植上，珠三角如中山南海顺德番禺的生产基地租金一般为1000元以上，租金也有高达8000元左右，且将会越来越高。种植不得不转移到台山、恩平、高明、新兴等珠三角边缘地区，比较分散，中间商的利润将向湛江、茂名、阳江等粤西地区转移。因此，在产业转移和土地匮乏的双重压力之下，花卉世界的持续发展，提高进入花卉世界的门槛这条道路或许只是权宜之计。

9.3 研发能力薄弱：一个缺乏后劲的问题

自然条件对花卉产业的影响越来越小，而花卉研发技术的投入则对产业发展起到极大支持作用；陈村花卉产业集群内部有为数不少的科研机构，但就整体效果而言，企业内部研发的效率和商业化效果远远高于校企联合。笔者在实地访谈中发现，台资企业要么把新品种研发放在其台湾总部（如今世华兰园），要么只对本地化栽培和物流技术做研发。把研发功能放在其台湾总部，一是因为台湾有长期的种质资源积累、有技术熟练的育种员工；二是避免新品种被不尊重新品种保护权的同业人士顺手牵羊、轻易“复制”。多数种苗和资材需要进口，自主研发能力较弱。园区内的中小企业多以直接选择成熟且性状优的品种经营，大企业在培育新品种方面具备一定的能力，但也多是选择国外的优良品种加以培育，自主研发能力极为有限，在新品种的推广方面多处于被动地位。技术水平偏低也在一定程度上制约出口贸易的扩张。

花卉世界总经理张新峰曾说：“花卉业真正的优势是品种”。欧洲、日本花卉虽然贵但也能大量进口，就是因为拥有独特的品种。在新品种保护意识薄弱的现状下，企业为了赢得利润不得不暂时放弃新品种研发，为了在产业中也有话语权，便要“退而求其次”获得生产环节的垄断地位。放弃新品种研发对希望“做强做大”的花卉企业来讲是权宜之计，因为这不仅需要雄厚的资金储备，需要长期的种质资源积累，更需要新品种保护权成为业内主动遵守的共识；对广大的科研院所来说，则需要真正了解市场需求、与企业联手，实现产学研结合是我国各个领域里的共性问题。当生产和销售达到一定的实力和规模后，科技研发能力便成为企业进一步升级的关键因素。尽管陈村花卉产业的科技水平在全国领先，但新品种贡献很少，与发达国家相比仍有很大差距。没有一定的技术做支撑，拓展市场就缺乏足够的信息，“在过去，我国地区台湾花卉品种的内外销各 60%、40%，我国地区台湾内一年自消耗 1500 万株。日本、美国是台湾蝴蝶兰最大的出口国。这主要因为台湾的技术过关，因此只要技术有保证，对其他地区的市场开拓也有信心。”

9.4　已有优势受损：一个亟待调整的问题

9.4.1　人民币升值导致出口优势下降

从全球角度看，中国花卉业的优势是劳动力和土地成本低，比如蝴蝶兰苗期生产是需要大量人工的，因此这一环节在中国生产极具优势。但人民币升值带来中国外向型企业的出口量大幅下降，这在花卉业也不例外。陈村的花卉出口企业颇多，大部分是分包生产环节，今日负责人在 2007 年末告诉笔者：“出口一株蝴蝶兰苗损失 1 块多，一年卖 100 万苗就要损失 100 多万，结账都不敢用美金。”同时，出口企业原材料涨价、柴油涨价、工人工资上涨，但苗价不能涨，因为面对国际市场，苗期生产是广泛分散在发展中国家的一个环节，中国企业没有品种权，便没有定价权。

9.4.2　沿海地区贸易转移导致陈村进口量下降

10 年前，大花蕙兰贸易走向主要是由韩、日流向我国台湾地区，祖国大陆闻所未闻；不久，台资花卉企业进入珠三角地区，他们带来了新的品种，也带来了资金、技术和先进的管理经验，台商引进的进口大花蕙兰成花以其美丽高贵的形态迅速俘获了珠三角花消费群体，2000 年后，90% 的大花蕙兰从珠三角流入祖国大陆；其后，大花蕙兰的主要流入趋势由东南沿海一路北上，以上海为核心的长三角、以北京为核心的环渤海地区具有巨大的购买力，有市场需求牵动，很多企业为节约运输成本，开始尝试直接从韩、日经这两个区域的港口将货品进口到祖国大陆，于是 2005 年前后，一部分份额开始明显转移；而根据 2006 年的情况，珠三角地区占整个中国大陆的大花蕙兰流入比例已经下降到不足 50%，环渤海地区进口量增加，究其原因——从韩国直接到威海、烟台等地海运3日即可，而到珠三角则要10日。

9.5 协会功能不足：一个合作瓶颈的问题

目前陈村花卉世界的信息平台建立还不完善，其中一个主要的问题是本地协会提供服务不够或没发挥作用。例如，从国外争取优惠政策、提供贷款以及销售渠道等方面还没有相关行动。在我国台湾地区，行业协会大多是从事这一行业的业主组织成立的，真正了解这一行业的发展需求，并真正代表行业业主的利益同政府谈判，也在打破贸易壁垒方面发挥作用。而中国大陆的行业协会多是政府行为，负责人多是政府官员，对行业了解有限，难以发挥应有的作用。此外，多数企业主急切呼吁成立大陆同行共同组织的协会来协调相互间的关系，尽量避免恶性降价损害整个行业。

9.6 陈村花卉产业集群创新转型对策

9.6.1 立足陈村发展飞地园区

1. 在新形势下重塑地方能力

花卉世界目前生产立足于本地，引进国外畅销园林花卉品种，巩固热带兰花卉种植优势，积极引进技术，发展符合本地园区特色的花卉产业。对于具有成本优势的花卉品种积极拓展出口渠道，提高技术含量，加强检验检疫效率，提高出口份额，加强陈村花卉产品在国际上的竞争力。要适时应对新的竞争优势，适时的重塑地方能力。根据不同的发展要求，调整全球联结能力、企业技术能力以及组织模式调适能力的各自重点。积极鼓励企业家精神，鼓励资源整合创新行为。从集群层面上讲，花卉世界要积极搭建好服务平台，努力完善产业配套设施，实施产业融合，与世界级相关企业进行强强联合，重视管理创新和社会创新；从企业层面讲，要不断进行产品创新，满足不断进步的外部市场需求，通过互动学习获取知识储备，在贸易或非贸易交流中不断壮大。

坚持经营高附加值、高进入门槛的产品，比如蝴蝶兰产值达到30~40万元/亩，而景观大树和罗汉松、九里香等造型盆景售价高达几十万甚至上百万。只有用这样的思路，才能高效利用现有土地资源。而花卉世界作为服务企业的平台，必须不断完善这些高附加值的产品配套设施。

2. 积极而慎重地进行基于产业链的空间拓展

产业链是以生产某一种最终用途的产品和服务为导向，由所有相互联系、相互依赖、彼此之间具有供求关系的生产和服务环节构成。无论是一个企业，还是一个区域、一个国家都不可能拥有产业链上每一个环节的优势，也不可能在所有环节上均处于劣势。要实现一个产业价值最大化，必须认真权衡产业链上的每一个环节，保留和控制自己处于优势的环节，放弃处于劣势的环节。针对陈村花卉世界当前所面临的一些劣势，陈村花卉世界就需要积极稳步地进行空间拓展。首先园区内地价和劳动力成本上升，使园区内仅保留大部分销售和流通功能，而将大部分生产功能转移到区外劳动力和地价较低的地方；其次，进出口贸易不断扩大，使陈村需要拓展具有良好空运和海运条件和税收优惠措施的进出口基地；再次，陈村的花卉产业在全国已经有较大影响力，但由于气候条件的制约，陈村的花卉苗木以亚热带和热带花卉为主，一些观赏苗木难以越过长江，因此有必要在北方建立基地，一方面建立适应北方气候特点的苗木花卉市场，一方面可以近距离地与日、韩的花卉产业保持交流合作。因此，陈村应根据当地的气候、政策、产业基础和自然区位条件有计划、有步骤地实施空间拓展，进一步扩大陈村花卉产业的影响力。

事实上，花卉世界已经采取了连锁园区的开发模式，并着手在湛江、广州花都以及海口建立新的花卉专业市场，将花卉世界内部的生产环节逐步转移到新的飞地园区。这就形成了既将物流等附加值高的环节控制在自己手中，又将生产等基础环节妥善安排在自己控股的园区内的局面。

9.6.2　构筑农业创新平台，积极发展创意花卉

花卉产业已经走出 20 世纪 90 年代的暴利时代，开始利润平均化的过程。但花卉产业的附加值仍有很大的提高空间。如富贵竹的造型，盆景的造型艺术可以大大提高其价值，同类型的花卉苗木，其价值可能因造型师手艺的差别而相去甚远，因此应积极开拓创意农业，构筑农业创新平台。首先，积极引进具有创新能力的人才，其次，开办各种创意花卉比赛或展览，推动花卉产业创新水平的提高，再次，推广创意花卉的培训。

9.6.3 发掘文化底蕴，引领全球花卉时尚

延伸花卉产业链条，引入与花卉园林相关的奇石、书画产业，增添花卉世界的文化气息，提升花卉产业的内涵与外延。依托中国悠久的文化，为花卉世界注入文化活力。紧跟时代潮流，塑造既有民族特色，又能适应市场需求，紧跟时代潮流的花卉产业。

9.6.4 依托多样化的花卉产业资源，发展以生态、文化为主的休闲观光游

园区内各种花卉、奇石、盆景、景观大树不仅是可以经营的花卉资源，也是丰富的旅游资源，陈村花卉世界被评为“佛山新八景”和“顺德新十景”的称号，并被评为“广东最美乡村”称号，这些丰富的旅游资源应加以充分开发，以提高陈村的知名度。要开发本地旅游资源，花卉世界应在基础设施，管理、宣传方面加大力度。

9.6.5 汇集全球花卉资讯，提供高水平专业化综合性的展览体系

能够及时准确获取市场信息，把握花卉产业发展方向是花卉企业成败的关键。花卉世界应在信息平台建设方面加大力度，首先定期举办高水平专业化、综合性的展览，使园内企业即时了解到市场信息，有机会向外界展示自己的产品，其次，通过展会提高陈村花卉世界的知名度，加强其作为南方花卉中心的地位。

9.6.6 积极加入新品种保护推广工作

新品种研发的成功确实不是单凭某家企业便可独立完成，尤其在发展中国家，知识产权保护意识薄弱，而花卉组培技术发达的今天，复制变得轻而易举，育种人多年的心血很可能由于缺乏有效保护手段付之东流。因此花卉世界要想将新品种研发功能“锁定”在园区内，也就是使园区内企业将总部设置于此，必须致力于推动新品种保护工作。

9.6.7 完善海关检疫与物流配套建设

全球一体化下海运技术的不断创新，使得海运成本日趋下降，而随着中国沿海经济的不断发展，有能力发展港口的城市都愈加认识到海港的巨大优势，纷纷加大港口建设力度。当环渤海区域城市港口崛起后，顺德附近的港口（顺德港、深圳蛇口港等）不再是花卉进出口企业的唯一选择。换句话说，港口之间的竞争会影响地区产业的兴

衰，陈村必须防范这种危机。

因此陈村必须加强海关检疫服务、完善物流配套建设。香港大学港口专家王缉宪在与笔者交流时曾指出："花卉是有生命的，其储运必须连贯、专业，如果某地港口要提供花卉的专项出口海运服务，必须备齐整条冷链。"花卉的物流，缺少哪个配套环节都会使商品质量大打折扣。

除此以外，陈村应继续抓住利基市场，如果能确保提供物流服务的独特性和唯一性，便能避免进出口的流失。比如陈村镇的国通物流城提供的熏蒸技术独一无二，由此，该物流城成为中国大陆唯一允许从日本等地进口带土入关的九里香、罗汉松等昂贵盆景的关口。

第10章 中国花卉产业创新对策

10.1 集群适合花卉产业的发展，但要对集群创新环境加强治理

根据本书对世界花卉业发展模式和陈村花卉产业集群的案例分析，均充分证明，集群是适合花卉产业发展的。就像陈村一样，以专业市场为核心集聚了大量企业，它们之间有着很高的产业关联度。这些具有共性或互补性的企业之间既竞争又合作——共用设备、合作营销及共同培训工人；既有分工协作优势，又能充分利用规模效益；企业衍生加速了社会网络关系的形成；企业家们由于地理上临近，在非正式交流中获取有效信息，从而降低了信息成本；企业之间长期、稳定合作往来形成的信任感降低了管理成本。因此，园区要致力于创建一个便利资源（信息、知识、技术等符号物品）可转移的环境，这对促进组织学习和知识创新非常重要。正如陈村企业主所感受的一样"交流信息主要依靠企业之间人员的非正式交流，而园区正是提供了这样一种非正式交流的环境。"产业集群作为一种产业发展的组织形式，其不会自发促进创新的发生，尤其是在我国集群当前的发展状态下，因此，从园区层面看，关键的是不断通过管理、社会创新来便利（或激发）企业群体的创新活动，一是降低企业创新对资源需求的搜索成本；二是形成良好的交流环境或场域。

10.2 重视培育花卉专业市场，同时也要有生产基地做保障

专业市场是花卉业集群的核心，企业间各种学习活动都是通过市场活动得以进行。马路市场可以因需求自发形成，但要产生品牌效益，有一定美誉度，使产业发展可持续，就必须建立专业市场。生产基地规模化是建立市场的必要条件，也就是说当花卉生产面积达到一定规模时，成立专业市场是明智的。根据陈村的经验，企业办市场、

企业管市场和市场企业化的路子是可行的，这一组织制度创新有效协调了政企利益；另外，市场决策人的选拔非常关键，我国有很多市场同样采取由政府下派公务员对市场做企业化管理，但并未都成功。历年的统计数据显示，1994 年到 2006 年我国花卉交易市场十年净增 2240 个，平均每个省（市）有 70 多个花卉交易市场，但与数量的激增相比，真正涌现出的叫得响的品牌市场屈指可数，如何能使市场成功运营，还需要进一步思考。开办专业市场必须有一定数量的生产基地作为保障。花卉产品不耐运输、产销难分，因此当地必须具备生产基地。花卉世界运作连锁市场，条件之一便是生产基地保障。

10.3　加强产业链的资源整合，增强企业的根植性

有些其他地区的花卉专业市场提出学习陈村，但最后都无不发现陈村模式难以复制。其实难以复制的原因就在于，陈村花卉产业集群强大的资源整合能力——通过有限的内部资源（土地、人力等都是有限的）尽量多地控制外部资源。他们积极整合展会、物流、旅游、包装和植物检疫等资源，将企业总部留在陈村，疏导企业在其他城市寻找新的基地……没有这些整合创新，陈村的企业之间只是彼此孤立的，一旦其他地区有合适的优惠条件，他们便很容易就会转移，而通过有意识地全方位整合，产销程序连贯起来，对企业来说缺少某一个配套环节便是致命的（比如进口盆景的熏蒸技术），这使得企业无法离开，集群内部结构更加稳固，其内的企业根植性也随之加强。总之对于一个花卉产业集群来讲，简单拥有某资源未必就能成功，而是要使该资源创造不可替代的竞争优势，这往往需要整合创新来实现。

10.4　不断创新花卉融资渠道，互助抱团融资担保模式适合花卉业

金融危机对全球产业的影响是广泛的，尤其是对于收入弹性大且正在发展中国家处于蓬勃发展阶段的产业而言，这种外部的冲击是巨大的。例如，由于全球金融危机和气候变化的双重打击，肯尼亚预计 2009 年将有 100 余家鲜花出口商倒闭，占肯尼亚全国鲜花出口商总数的 50% 以上，倒闭的将主要是一批中小规模企业。同样的处境也出现在其他发展中国家，如埃塞俄比亚、乌干达、卢旺达等国的鲜花产业

更是由于发展还不成熟而备受打击。这些现象深刻表明，花卉业的融资问题是花卉业持续创新发展的关键问题。本书在专栏3中详细介绍了浙江新街镇“联户参股”和山东李营镇“大联保体”两种新型的“互助抱团”融资担保模式。我们认为这种模式适合花木业融资担保。一是行业协会在这时所起的牵头作用非常关键，不仅要做金融和担保机构的载体，而且对筛选“互助抱团”的成员有很强的话语权。二是“抱团”融资担保的花木企业首选当地农信社，农信社也应该积极推进类似李营信用社的业务创新。

新街与李营融资担保模式对比表　　表10－1

变量	浙江新街镇“联户参股”	山东李营镇“大联保体”
牵头组织/参与人数	新街镇花木协会/22人	李营镇苗木协会/15人
合作金融机构	中国农业银行萧山支行	济宁市李营农村信用社
担保方式	风险抵押金担保，共3350万元，各股东贡献不同	信用担保，存预贷总款的3%
贷款额度	每人每次可贷风险抵押金的20%	申请款全额
利率	基准利率	比基准利率上浮40%（较农户、个体工商户贷款正常利率下调30个百分点）
贷款技巧	增加诚信股东数量，减少单个股东参股金额	按时还贷，有更大利率优惠

（资料来源：调研整理）

10.5　有意识地面向领导型企业招商，但是要适当控制其比例

花卉世界的企业里，20%是台资企业，这些企业在集群形成初期，带来了大量新品种、资本和技术，极大地带动了本地企业的发展，促进了集群的成长。企业“扎堆”的结果就是，越来越多的领导型企业意识到知识、信息是流动的、开放的，任何一种能力总会被模仿，除非他们能坚持持续的更新，因此这些企业必须培养不断创新的能力（表现在台商对新品种的持续关注）；越来越多的跟进型企业自动选择进阶领导型队伍中，他们根据市场需求对经营项目做迅速调

整，致力于差异化经营，最终形成优胜劣汰的良性循环（表现在本地企业对产品的改良研发）。所以对集群内领导型企业的比例控制尤为关键，这一点应该为广大花卉专业市场学习。

10.6　营造宽容、公平的创业环境

顺德地区广受赞誉的"包容性"文化使来此投资的外地人感到舒适。顺德被誉为中国大陆包容性最强的区域之一，任何凭借自己能力工作的人都能在这里开拓事业，外地人创业不会受到排挤，即便失败也不会遭受同行歧视。企业之间互通有无，同行之间奉行差异化竞争策略。台湾的蝴蝶兰企业今日景艺董事长念念不忘他们刚来到陈村创业时的老镇长（现在已经过世），当年老镇长在病床上还不忘过问该企业落户陈村的情况。

10.7　对园区地价的控制

花卉世界经过 10 年的发展历程，地价的上涨并不明显，最初是 3000 元/亩，而目前均价 7000 ~ 8000 元/亩（最高 1.3 万/亩）。花卉世界采取鼓励转让，控制原始合同地价的办法。鼓励转让或转租首先是因为这一市场行为不是花卉世界能够控制的，其次是因为土地流转靠市场行为更有活力，企业进入优胜劣汰的良性循环，想入驻"花卉世界"并享用这一区域品牌的企业，必须能够负担转让的高地价，也就必然要经营高附加值产品；控制原始合同地价是因为，园区地价越高越不容易形成市场，政府想要赚钱没必要只从地价收益入手，设收费广告牌等都可以。也就是说，作为提供服务的政府，要想重点扶持某个产业，必须想办法将地价风险通过其他管理创新或社会创新手段化解。花卉世界能够很好行使这项权利，也得益于其决策者的政府公务员身份。

10.8　采用业内人士运作园区

德鲁克在提出创新的七个来源时，指出前四大来源存在于机构内部。也就是说，只有熟悉产业的人才可能发现这些机遇。市场决策人的经营思路至关重要，他们对机遇的敏感度决定着集群的演进状况。陈村的成功究其原因是下派的决策人是花卉业内人士，这样的管理者

能够跟上花卉界日新月异的新动向，清楚花卉产业的特殊性，才能确保作出恰当的决策。比如花卉世界的几位决策人将做好“服务”摆在首要位置，当国内蝴蝶兰苗刚有出口苗头时，他们及时启动了兰花生物科技园区项目；当国内工程企业对进口罗汉松趋之若鹜时，他们及时在国通物流城引进了带土植物入关的熏蒸消毒技术；当市场周边房地产价格越来越高时，只有经营高附加值花卉产品才有出路，于是他们策划“创意农业”。

第 11 章
本书主要结论

本书从产业集群创新的理论基础开始展开理论上的逻辑推理，提出 NRCE 的集群创新分析框架，接着总结了不同国家或地区花卉产业集群发展的先进模式，最后就国内陈村花卉产业集群案例进行深入分析。得出了以下结论或观点。

1. 产业集群属性及其特征

集群作为产业发展的一种组织形式，适合花卉产业的发展。花卉产业集群在发达国家或地区已显示出较强的竞争优势和创新能力。产业集群是基于特定价值链及其扩展活动的网络组织，价值发展是其本质的物质内容。产业集群具有三个内在联系的属性：市场交易属性、企业科层的生产属性和社会互动属性。产业集群是以交易理性和关系理性为理性基础的中间性网络组织。它具有自身的特征：（1）价值链内的经济交换；（2）组织间的战略关系；（3）专业化；（4）合作性竞争；（5）创新与扩散；（6）共同的文化情景和产业空间。

产业集群作为一种组织形态，有其自身的生命周期。在集群发展的每个阶段，集群状态的内涵会有相应的变化。主要表现在两个方面：一是集群发展阶段的内涵变化；二是企业间关系变化。产业集群作为一种产业组织形式，其发展的根本特征是企业间的竞争与合作的关系演变。也就是说，无论产业集群生命周期处于哪个发展阶段，始终伴随的是相互关系的演变：不稳定关系→稳定而内部导向的关系→不稳定关系。在集群中，基于关系理性所建立的“绑定关系”既可以弥补交易理性和科层权威命令的不足，带来高的配置和交换效率，同时在阶段演变中又会形成固化的、稳定而内部导向“盲目关系”，这会降低集群对外部环境变化的敏感度，从而阻碍集群的发展。到集群转型阶段，这种僵化的关系又要面临解构和再重组，再次形成不稳定的关系，进入下一个循环。

2. 产业集群创新的内涵

集群创新是一个组织间的动态学习过程。这个过程是以企业为行动主体，通过网络治理，各主体得以进行联合行动、发挥协作效率，形成健全的地方能力，实现价值增值和知识创新。

作为一种网络组织，产业集群的生产力增进与竞争持续，都是在这些企业网络互动中进行；作为社会建构的资源，不仅在网络中能被高效率配置，而且还能被创造并被动用，这是产业集群存在并最终实现价值发展的内在原因。网络互动是作为战略资源的隐性知识得以转移的重要机制。学习网络是集群创新的场所，产业集群的竞争优势源泉在于通过学习网络源源不断的创造隐性知识，并通过网络互动实现转移，逐步形成健全的地方能力。但是，这个过程要满足以下几个条件：（1）学习网络建构及知识积累；（2）隐性知识能得以通过网络互动实现转移；（3）组织间协调成本能够降低；（4）网络间不存在学习的结构性障碍和协调失灵。

3. 花卉产业特征

花卉产业是一个富有收入弹性、对外部环境依赖度极高且具有综合性特征的产业。从发展特性看，原先的物种资源和土地资源密集的产业特征正逐渐弱化，花卉产业正日益走向技术化，并成为受消费市场规模影响很大的产业；另外，花卉产业的发展极易受到政府支持的影响，或者说，花卉产业的发展离不开政府的支持。

4. 花卉产业集群及先进发展模式

花卉产业集群，是以产销一体化企业及专业贸易公司为主，其他关联企业为辅，在花卉专业市场所在区域集聚而形成的价值创造网络。这个价值创造网络的竞争优势在于集群这种组织形式能够不断促进企业学习创新活动的发生。

全球产业梯度转移给花卉业在发展中国家提供了一个发展大趋势，但是，花卉业在发达国家和发展中国家的发展路径各有差异。从对典型国家或地区的花卉业集群发展先进模式总结来看，有以下观点：一是，在发达国家，企业主要依靠现代化的设备、技术和科学的管理手段，进行专业化、现代化、工厂化的花卉生产。政府主要侧重于对技术研发等辅助性活动的支持。二是，在发展中国家，企业更多的是充分利用本国气候资源优势、简易的栽培设备和廉价的劳动力发展花卉生产，并快速打入国际市场；政府则更多的是对花卉产业的直接支持和生产相关活动提供帮助。其次，发展中国家也可以充分利用本国独特的资源和气候优势，生产单一、优势花卉品种，并成为该品种市场的领先者。

5. 花卉产业集群创新与升级的动力机制

本书提出了集群创新分析的 NRCE 模型，它是初步尝试解决集群创新要满足的几个条件，也是集群创新与升级的内在动力机制。其中，地方能力包括：全球联结能力、本地企业技术能力和组织模式调适能力。因为，一方面企业自身的知识基础，尤其是建基于此的本地企业技术能力对企业创新绩效有显著影响，是企业间展开有效对话和互动的基础；另一方面，获取或动用其他知识源的联结能力也是能力建构的核心。在以知识分工为基础的产业集群中，行动者要创新就要具备联结能力，从外部获取抑或动用他人所拥有的资源，这是创新发生的物质条件；三是企业的组织模式调适和地方政府对创新活动运作环境的治理。目的是实现对外联结或互动的便利性（包括方便性和低成本）。因此，本书提出集群创新的系统性分析框架（NRCE 模型）：网络（Network）—资源（Resource）—能力（Capability）—企业家精神（Entrepreneurship）。

地方能力是产业集群创新的核心力量。潜在地方能力提高的要求与实际地方能力增长缓慢之间的矛盾必然会导致集群所在区位失去最佳的生产要素边际成本优势，给地方产业集群创新转型发展带来压迫性的考验。而且，这种压力来自地方能力组合的调适性及其与集群演进阶段的匹配性。在全球产业愈来愈地方化，地方产业愈来愈全球化的时空背景下，地方集群能否成为全球网络中重要的功能节点，越来越取决于地方能力的三个构件：全球联结能力（GLC）、地方技术能力（LTC）和组织模式调适能力（OAC）与集群演进阶段的组合匹配性。四者之间具有一定的内在适配关系。

地方能力的演进并不是线性发展的，产业创新发展路径创造的机会跟地方能力演进的阶段性特征有很强的内在关系。因此，如果地方能力不随集群发展的阶段、环境做适度的调适，则将陷入“能力陷阱”令集群陷入升级困境。也就是在集群形成与发展向集群转型升级的过程中存在潜在的陷阱。陈村花卉产业集群在“本土—台资”企业跟随互动中适时的调整了地方能力的内涵，从而在集群演变的后期，成功的实现了转型升级，避免了升级困境。

同时，本地化的技术开始出现改良、细化、渗透等现象。技术表现形式有检疫熏蒸技术、盆景造型技术、运输物流技术等。这个阶段有三个主要原因：一是，鉴于嵌入全球价值链中的升级压力。陈村花卉产业集群嵌入在全球价值链中的生产环节，由于很难在研发等高端环节有大的突破，就得通过组织模式的创新“另辟蹊径”来增加这个环节的控制力。二是，企业家精神的充分发挥。在转型升级阶段，企业家精神的发挥和领导魅力很重要。三是，市场规模的扩大，促进了知识分工的专业化，这进一步促进了技术知识的细化和技术跨产业边界的融合。

参考文献

第1章

[1] 胡建绩. 产业发展学. 上海财经大学出版社, 2008.

[2] 王缉慈等. 超越集群——中国产业集群理论探索. 北京: 科学出版社, 2010.

[3] 项本武, 俞伟悦. 我国农村消费结构的变迁实证. 统计观察, 2004 (10): 81 - 82.

[4] 王宏伟. 中国农村居民消费的基本趋势及制约农民消费行为的基本因素分析. 管理世界, 2000 (4): 163 - 174.

第2章

[1] 同第1章 [2].

[2] [美] 曼纽尔·卡斯特. 网络社会的崛起 [M]. 夏铸九, 王志弘等译. 北京: 社会科学文献出版社, 2003.

[3] 芮明杰. 21 世纪的选择: 新经济、新企业与新管理 [J]. 学术月刊, 2004, 2: 86 - 93.

[4] Powell, W. W. 1987. Hybrid Organizational Arrangements: New Form or Transitional Development? [J]. California Management Review, 30 (1): 67 - 87.

[5] Lundvall B. 1992. National systems of innovation: Towards a theory of innovation and interactive learning [M]. New York: ST. Martin' s Press.

[6] Nelson, R. R., 1993. National Innovation System: A Comparatives Analysis [M]. Oxford University Press.

[7] Cooke P. 1996, Regional Innovation System: An Evolutionary Approach [M]. In Baraczyk, Cooke P. and Heridenreich R (Eds.). Regional Innovation System. London: University of London Press.

[8] Feenstra, R. 1998. Integration of trade and disintegration of production in the global economy [J]. Journal of Economic Perspectives, 12 (4): 31 - 50.

[9] 唐海燕. 全球化与中国开发战略 [M]. 上海: 华东师范大学出版社, 2003.

[10] [英] 彼得·迪肯·全球性转变: 重塑 21 世纪的全球经济地图 [M]. 刘卫东等译. 北京: 商务印书馆, 2007.

[11] Storper, M. 1997. The Regional World: Territorial Development in a Global Economy [M] . New York: Guilford.

[12] Martin, R. , Sunley, P. , 2003. Deconstructing clusters: chaotic concept or policy panacea? [J], Economica Geography, 3: 5 –35.

[13] Feser, E. J. , and Bergman, E. M. , 1999. Industrial and Regional Clusters: Concepts and Comparative Applications [OL], Regional Research Institute. http: //www. rri. wvu. edu/WebBook/Bergman – Feser/contents. htm.

[14] Wang J, Zhu H, and Tong X. 2005. Industrial Districts in a Transitional Economy: The Case of Datang Sock and Stocking Industry in Zhejiang, China, in Arnoud Lagendijk and P? ivi Oinas (eds), Proximity, Distance and Diversity: Issues on Economic Interaction and Local Development, Aldershot: Ashgate: 47 –67.

[15] 理查德·斯威德伯格．经济社会学原理 [M] ．北京：中国人民大学出版社，2005.

[16] Marshall, A, 1920. Principles of Economics [M] . Macmillan: London.

[17] Harrison, B. 1992. Industrial Districts: Old Wine in New Bottles? Regional Studies, 26 (5): 469 –483.

[18] Saxenian. A, 1994. Regional Advantage: Culture and Competition in Silicon Valley and Route 128. [M] . Cambridge: Harvard University.

[19] Granovetter, Mark. 1999. Proposal to the Bechtel Initiative: A network study of Silicon Valley. Unpublished proposal.

[20] Staber, U. 1996. Accounting for Variations in the Performance of Industrial Districts: The Case of Baden-Württemberg [J] . International Journal of Urban and Regional Research, 20 (2): 299 –316.

[21] 林竞君．网络、社会资本与产业集群周期研究 [M] ．上海人民出版社，2005.

[22] 同 [17] .

[23] Hamel, H. & Y. L. DOZ, 1989. Collaborate With Your Competitors and Win [J] . Harvard Business Review, 1 (2): 190 –197.

[24] Bulow, Jeremy L, John D. 1985. Geanakoplos, and Paul D. Klemperer, Multimarket Oligopoly: Strategic substitutes and Complements, Journal of Political Economy, 93 (3): 488 –511.

[25] Porter, M. E. 1998. The Adam Smith Address: Location, Clusters, and the 'New' Microeconomics of Competition. Business Economics, 33 (1): 7 –13.

[26] 同 [17] .

[27] Gilboy, G. J. 2003. Nodes without Roads: Pockets of Success, Networks of

Failure in Chinese Industrial Technology Development [D], MIT.

[28] Williamson, O. 1979. Markets and Hierarchies - Analysis and Antitrust Implications. New York: The Free Press.

[29] Granovetter, M. 1985. Economic Action and Social Structure: The Problem of Embeddedness. American Journal of Sociology, 91 (3): 481 -510.

[30] 李君华，彭玉兰. 产业集群的制度分析 [J]. 中国软科学，2003，9：127 -132.

[31] 吴德进. 产业集群的组织性质：属性与内涵 [J]. 中国工业经济，2004，7：14 -20.

[32] 李恒. 交易费用、聚集经济与跨国公司区位 [J]. 中国软科学，2005，2：131 -137.

[33] 陈国宏，李凯. 产业集群的组织分析逻辑：组织本质、效率与边界 [J]. 财经问题研究，2009，1：37 -45.

[34] 同 [31].

[35] 同 [33].

[36] 李世杰. 产业集群的组织分析 [D]. 东北大学博士学位论文，2006.

[37] 同 [33].

[38] Simmel, G. 1950. The Sociology of Georg Simmel. Gleucoe, IL: Free Press. 转引自 [43].

[39] Weber, M. 1947. The Theory of Social and Economic Organizations [M]. New York: Oxford University Press. 转引自 [43].

[40] Radcliffe-Brown, A. R. 1952. Structrure and Funciton in Primitive Society. New York: Free Press. 转引自 [43].

[41] Malinowski, Bronslaw. 1922. Argonauts of the Western Pacific. London: Routledge & Kegan Paul. 转引自 [43].

[42] 转引自 [43].

[43] [美] 林南. 社会资本——关于社会结构与行动的理论 [M]. 张磊译. 上海人民出版社，2005.

[44] 同 [43].

[45] 胡建绩. 价值发展论 [M]. 上海：复旦大学出版社，2004.

[46] 同第1章 [1].

[47] 芮明杰. 管理学：现代的观点（第二版）[M]. 上海：世界出版社集团，2005.

[48] 同第1章 [1].

[49] Swedlberg, R, Granovetter, M, 1992. Introduction in The Sociology of Economic Life [M], edited by Marke Granovetter & Richard Swerdlberg, West-

view Press.

[50] 张其仔．新经济社会学［M］．北京：中国社会科学出版社，2001.

[51] 转引自［15］.

[52] Thomas，W. Valente，1996. Social network thresholds in the diffusion of innovations［J］，Social Networks，18：69～89.

[53] Webster，Morrison，2002. Network Structure and Industrial Diffusion：A Comparison of Tie Strength，Social Equivalence and Structural Holes，ANZMAC 2002 Conference Proceedings，2571～2579.

[54] Giuliani. Elisa. 2007. Networks and heterogeneous performance of cluster firms［M］. Chapter 8 in：K E Giuliani – Applied Evolutionary Economics and Economic Geography.

[55] Gilsing，Nooteboom，2005，Density and strength of ties in innovation networks：An analysis of multi-media and biotechnology［OL］http：//ideas. repec. org/p/dgr/kubcen/200541. html .

[56] 同［55］.

[57] 杨锐．基于网络视角的集群创新研究——以苏州 IT 产业为案例分析［D］．上海理工大学优秀硕士学位论文，2007 年.

[58] 王辑慈等．创新的空间－企业集群与区域发展［M］．北京：北京大学出版社，2001.

[59] 同［29］.

[60] 彼得·圣吉．第五项修炼——学习型组织的艺术与实务［M］．郭进隆译．上海三联出版社，1998.

[61] Granovetter，M.，2005. The impact of Social Structure on Economic Outcomes［J］，Journal of Economic Perspectives，19（1）：33～50.

[62] Reagans，R.，E. Zuckerman，and B. McEvily，2003 . How to make the team? Social networks vs. demography as criteria for designing effective projects. Working paper，Columbia University Graduate School of Business.

[63] Coleman，J. S. 1990. Foundations of Social Theory［M］. Cambridge：Harvard University Press.

[64] Walker，Kogut & Shan，1997. Social Capital，Structural holes and the Formation of an industry Network［J］. Organization Science，8：109～125.

[65] Burt，R. S. 1992. Structural holes：The social structure of competition.［M］Cambridge MA：Harvard University Press.

[66] 杨锐．网络结构、关系互动对创新活动的影响——苏州 IT 产业集群实证分析［J］．科学学研究，2010 年，即将刊出.

[67] 同［65］.

[68] Reagans, R., & Zuckerman, E. W. 2001. Networks, diversity, and productivity: The social capital of corporate R&D teams. Organization Science, 12 (4): 502~517.

[69] 同 [62].

[70] 罗家德. 社会网分析讲义 [M]. 北京: 社会科学文献出版社, 2005.

[71] Freeman, L. C., 1979. centrality in social networks: conceptual clarification [J], Social Networks. 1: 215~239.

[72] 同 [65].

[73] 同 [65].

[74] 同 [65].

[75] 芮明杰. 21 世纪的选择: 新经济、新企业与新管理 [J]. 学术月刊, 2004, 2: 86~93.

[76] 苗长虹. 空间中的创新: "学习场"的结构与演化 [C]. 第七届产业集群与区域发展国际学术会议, 河南大学, 2008 年 6 月 13-15 日.

[77] 同 [54].

[78] Becattini, G. 1990. Industrial districts and Inter-firm co-operation in Italy [M]. International Institute for Labor Studies, Geneva, 37~52.

[79] Dei Ottanti G., Tra mercato e comunità: aspetti concettuali e ricerche empiriche sul distretto industriali, Franco Angeli, 1995.

[80] Bellandi M., "Il distretto industriale in Alfred Marshall", L' industria, III, N. 3, 1982.

[81] Capello R., 1999. Spatial Transfer of Knowledge in Hi-tech Milieux: Learning Versus Collective Learning Progresses [J]. Regional Studies, 33: 352~365.

[82] Lawson C., Territorial clustering and high-technology innovation: from industrial districts to innovative milieux, ERSC Working Paper 54, 1997.

[83] Asheim, B. T. and A. Isaksen, 1997. Localisation, Agglomeration and Innovation: Towards Regional Innovation Systems in Norway? [J] European Planning Studies 5 (3): 299~330.

[84] Manskell P., Malmberg A. 1999. Localised learning and industrial competitiveness [J], Cambridge Journal of Economics, 23.

[85] Cowan R., Foray D. 1997. The economics of codification and the diffusion of knowledge [J], Industrial and Corporate Change, 6: 595~622.

[86] Cowan, R., David, P. A., Foray, D., 2000. The Explicit Economics of Knowledge Codification and Tacitness [J]. Industrial and coporate Change, 9 (2): 211~254.

[87] 同 [86].

[88] Breschi, S., Lissoni, F., 2001. Knowledge Spillovers and Local Innovation Systems: A Critical Survey [J]. Industrial and Corporate Change, 10 (4): 975 ~ 1005.

[89] 同 [62].

[90] 同 [88].

[91] Archibugi D., Lundvall B – A. 2001. The Globalizing learning economy [M], Oxford University Press.

[92] Antonelli C., 2000. Collective Knowledge communication and innovation: the evidence of technological districts [J], Regional Studies. 34 (6): 535 ~ 547.

[93] Maskell, P. 1997. Regional Specialisation and Localised Learning: Possibilities for Prosperity in Small Open Economies. NordREFO 8: 165 ~ 168.

[94] Homans, G. C. 1950. The Human Group. New York: Harcourt, Brace.

[95] 同 [43].

[96] Lane PJ, Cannella AA Jr., Lubatkin MH. 1998. Agency problems as antecedents to unrelated mergers and diversification: Amihud and Lev reconsidered [J]. Strategic Management Journal. 19 (6): 555 ~ 578.

[97] 同 [63].

[98] Schrader, S., 1991. Informal Technology Transfer between Firms: Cooperation through Information Trading [J]. Research Policy, 20: 153 ~ 170.

[99] 董颖，杨锐．集群内知识流动的空间不均衡性 [J]．科学学研究，2007，25 (4): 745 ~ 749.

[100] Borgatti S, Everett MG, Freeman LC. 1999. UCINET 5 for Windows: Software for Social Network Analysis (5th edn). Analytic Technologies: Natick, MA.

[101] 同 [57].

[102] [美] 理查德.L. 达夫特. 组织理论与设计（第9版）[M]. 清华大学出版社，2008.

[103] David Ulrich and Jay B. Barney, 1984. Perspectives in Organizations: Resource Dependence, Efficiency, and Population [J]. Academy of Management Review, (9): 471 ~ 481.

[104] Pfeifer, J. and Salancik, G. R. 1978. The External Control of Organizations: A Resource Dependence Perspective [M], New York: Harper & Row.

[105] Judith A. Babcock, 1981. Organizational Responses to Resource Scarcity and Munificence: Adaptation and Modification in Colleges within a University [D], Pennsylvania State University.

[106] Peter Smith Ring and Andrew H. Van de Ven, 1994. Development Processes

of Corporative Interorganizational Relationships, Academeny of Management Review, 19: 90 ~ 118.

[107] Pugh, Derek S. and Hickson, David J., 1996. Writers on Organizations [M], 5th ed. Thousand Oaks, Calif.: Sage.

[108] Knoke, D., 1990. Political Networks: The Structural Perspective [M]. England: Cambridge University Press.

[109] 许秋起，刘春梅．权力关系的网络组织：企业的性质的再解读［J］．经济学研究，2007，7：32 ~ 39.

[110] 埃哈尔．费埃德伯格．权力与规则——组织行动的动力［M］．张月等译．上海人民出版社，2005.

[111] Cumbers A, MacKinnon D, Master R. 2003. Institutions, power and space: assessing the limits to institutionalism in Economic Geography [J]. European Urban and Regional Studies, 10 (4): 325 ~ 342.

[112] Smith A. 2003. Power relations, industrial clusters, and regional transformations: Pan-European integration and outward processing in the Slovak Clothing industry [J]. Economic Geography, 79 (1): 17 ~ 40.

[113] Stoper M. 1997. The Regional World: Territorial Development in a Global Economy. New York: Guilford Press.

[114] 杨友仁，夏铸九．跨界生产网络的组织治理模式——以苏州地区信息电子业台上为例［J］，2005，24（2）：253 ~ 265.

[115] 杨道宁．生产联结相关之理论比较：从“权力关系”取径研究生产网络的重要性［J］．世界地理研究，2005，14（1）：9 ~ 15.

[116] 文婷，曾刚．全球价值链治理与地方产业网络升级研究——以上海浦东集成电路产业网络为例［J］．中国工业经济，2005，7：20 ~ 27.

[117] 芮明杰．再论 21 世纪企业新管理［J］．上海财经大学学报，2006，8：41 ~ 49.

[118] 同［47］．

[119] Teece, D. J., Pisano, G. and Shuen, A., 1997. Dynamic Capabilities and Strategic Management [J], Strategic Management Journal, 18 (7): 509 ~ 533.

[120] Helfat, C. E., 1997, Know-How and Asset Complementarily and Dynamic Capability Accumulation: The Case of R&D [J]. Strategic Management Journal. 18 (5): 339 ~ 360.

[121] Eisenhardt, K. and Martin, J., 2000, Dynamic Capability: What Are They? [J] Strategic Management Journal, 21 (1): 1105 ~ 1121.

[122] Zollo, M. and Winter, S., 2002. Deliberate Learning and the Evolution of Dy-

namic Capabilities [J], Organization Science, 13 (3): 339 ~351.

[123] Zott, C. , 2003. Dynamic Capabilities and the Emergence of Industry Differential Firm Performance: Insights from a Simulation Study [J], Strategic Management Journal, 24 (2): 97 ~125.

[124] 巫立宇. 资源、社会资本、路径相依与动态能力之研究 [M], 管理评论, 2006, 28 (1): 121 ~140.

[125] Pavlou, 2004, IT-Enabled Dynamic Capabilities in the New Product Development: Building a Competitive Advantage in the Turbulent Environments [D], University of Southern California.

[126] Pettus, M. L. , Kor, Y. Y. and Mahoney, J. T. , 2007. A Theory of Change in Turbulent Environments: The Sequencing of Dynamic Capabilities Following Industry Deregulation [W], Working Paper.

[127] Teece, D. J. , 2007. Explicating Dynamic Capabilities: The Nature and Micro-Foundations of (Sustainable) Enterprise Performance [J], Strategic Management Journal, 28 (13): 1319 - 1350.

[128] Wang, C. L. and Ahmed, P . K. 2007. Dynamic Capabilities: A Review and Research Agenda [J], International Journal of Management Reviews, 9 (1): 31 ~51.

[129] 同 [43] .

[130] Cohen, W. M. , & Levinthal, D. A. , 1990, Absorptive capacity: A new perspective on learning and innovation. [J] Administrative Science Quarterly, 35: 128 ~152.

[131] Rajesh S. & Rajiv K, 2004, Social Capital as an Antecedent of Absorptive Capacity of Firms [C], Papers presented at the DRUID Summer Conference June 14 ~16.

[132] Szulanski, G. , 1996. Exploring Internal Stickiness: Impediments to the Transfer of Best Practice within the Firm [J], Strategic Management Journal, 17: 27 ~43.

[133] Zander, U. and Kought, B. , 1995. Knowledge and the Speed of the Transfer and Limitation of Organizational Capabilities: An Empirical Test [J], Organizational Science, 6 (1): 76 ~92.

[134] 同 [132] .

[135] 同 [130] .

[136] Lane, P. J. , Koka, B & Pathak, S. 2002. A thematic analysis and critical assessment of absorptive capacity research [J] . Academy of Management Proceedings, BPS, M1: M6.

[137] Romer, P. 1986. Increasing Returns and Long-Run Growth [J]. Journal of olitical Economy, (94): 1002 ~ 1037.

[138] Stokey, N. L. 1988. Learning by Doing and the Introduction of New Goods [J]. Journal of Political Economy (96): 701 ~ 717.

[139] Young, A. 1991. Learning by Doing and the Dynamic Effects of International Trade [J]. Quarterly Journal of Economics, 106: 369 ~ 406.

[140] Lucas, R. E. 1993. Making a Miracle [M]. Econometrica, 61 (2): 251 ~ 272.

[141] Galbraith, J. K. 1971. The New Industrial State, 2nd ed. Boston: oughton-Mifflin.

[142] [韩] 金麟洙著. 从模仿到创新—韩国技术学习的动力 [M]. 刘小梅、刘鸿基译. 北京: 新华出版社, 1998.

[143] Rosenberg, N. and C. Firschtak, 1985. International Technology Transfer: Concepts, Measures and Comparisons [M] eds. N. Rosenberg and C. Firschtak, Praeger: New York.

[144] Biggs, T., Shah, M. and Srivastava, P. 1988. Technological Capabilities and Learning in African Enterprises [C], World Bank Technical Paper, No. 289, African Teaching Department Series.

[145] 同 [142].

[146] Borgatti, S. P. and Cross, R. 2003. A Social Network View of Organizational Learning [J]. Management Science. 49 (4): 432 ~ 445.

[147] 杨锐等. "地方 - 全球"力量下地方产业集群升级: 地方企业商业模式创新与地方能力形成 [J]. 科学发展, 2008, 12: 97 ~ 105.

[148] 杨锐. 沿海产业集群转型之网络整合策略: 以宁波为例 [J]. 科学发展, 2009, 11: 34 ~ 44.

[149] Maryann P. Feldman. 2007. Perspectives on entrepreneurship and cluster formation: biotechnology in the US Capitol region. The Economic Geography of Innovation. Cambridge University Press, England.

[150] Casper S. 2007. How do technology clusters emerge and become sustainable? Social network formation and inter-firm mobility within the San Diego biotechnology cluster [J]. Research Policy, 36: 438 ~ 455.

[151] 玫·笛德, 约翰·本珊特, 基思·帕维特著. 管理创新——技术变革、市场变革和组织变革的整合 [M]. 王跃红, 李伟立译. 清华大学出版社, 2008.

第 3 章

[1] 同第 2 章 [147].

[2] 李萍．基于 NRCE 模型的集群创新与升级研究——陈村花卉产业集群为例［D］．北京大学硕士学位论文，2009.
[3] 同第 2 章［57］.
[4] 魏江，申军．传统产业集群创新系统的结构和运行模型［J］．科学学与科学技术管理，2003（1）：14～18.
[5] 魏江．创新系统演进和集群创新系统构建［J］．自然辩证法通讯，2004，26（1）：48～56.
[6] 曹红军，张红霞，王鹏．产业集群创新体系研究［J］．商业研究，2006（4）：49～49.
[7] 胡恩华，刘洪．基于协同创新的集群创新企业与群外环境关系研究［J］. 科学管理研究，2007，25（3）：21～25.
[8] 朱杏珍．产业集群创新网络的行为机制分析［J］．经济论坛，2006，6：4～8.
[9] 顾志刚．发展中国家产业集群创新网络构建和技术能力提高［J］．经济地理，2007，27（6）：961～965.
[10] 徐占忱，何明升．接近性、互动网络与区域企业集群创新［J］．科学学与科学技术管理，2005，6：87～92.
[11] 何明升，徐占忱．区域集群创新：一个基于生成式的分析框架［J］．自然辩证法研究，2007，23（4）：54～59.
[12] 魏江．小企业集群创新网络的知识溢出效应分析［J］．科研管理，2003，24（4）：54～61.
[13] 陈瑶瑶，池仁勇．产业集群发展过程中创新资源的聚集和优化［J］．科学学与科学技术管理，2005（9）：63～67.
[14] 吴先华，胡汉辉，郭际．本地知识溢出（LKS）影响我国产业集群创新的理论研究［J］. 科学学与科学技术管理，2007，6：49～56.
[15] 魏江，朱海燕．集群创新系统的创新桥梁：知识密集型服务业［J］．浙江大学学报（人文社会科学版），2007，37（2）：52～61.
[16] 魏江，叶波．企业集群的创新集成：集群学习与挤压效应［J］．中国软科学，2002，12：38～43.
[17] 刘锦英，聂鸣．产业集群的创新动力及其形成机制分析［J］．经济经纬，2006，3：40～44.
[18] 高闯，潘忠志．产业集群企业创新行为的动态博弈研究［J］．商业研究，2006，22：1～6.
[19] 蔡宁，吴结兵．产业集群的网络式创新能力及其集体学习机制［J］．科研管理，2005，26（4）：22～30.
[20] 吕志元．基于学习型产业集群的创新机制与系统构建［J］．河南大学

学报（自然科学版），2007，37（3）：327～331.
［21］王步芳．集群创新：从“学习型组织”到“创新型组织”［J］．软科学，2005，19（3）：82～85.
［22］王敏等．集群创新系统（CIS）的学习效率探析［J］．研究与发展管理，2007，19（6）：38～45.
［23］同第2章［16］．
［24］同第2章［18］．
［25］同第2章［19］．
［26］同第2章［20］．
［27］Child，J. 1997. Strategic choice in the analysis of action，structure，organizations and environment：Retrospect and prospect［J］. Organization Studies，18：43～76.
［28］同第2章［66］．
［29］同第2章［10］．
［30］梅丽霞．全球化波动下传统产业集群转型研究——以我国自行车产业为例［D］．北京大学博士学位论文，2009年．
［31］同第2章［147］．
［32］同［2］．
［33］Becker . G. S and Murphy. K. M. ，1992. The Division of Labor，Coordination Costs，and Knowledge［J］. The Quarterly Journal of Economics，CVII（4）：1137～1160.
［34］同［2］．
［35］同第2章［66］．
［36］Powell，W. W. 1987. Hybrid Organizational Arrangements：New Form or Transitional Development?［J］. California Management Review，30（1）：67～87.
［37］Teece，D. J. and Pisano，G. 1994. The dynamic capabilities of firms：An introduction［J］. Industrial and Corporate Change，3（3）：537～556.
［38］Powell，W. W.，1998. Learning From Collaboration：Knowledge and Networks in the Biotechnology and Pharmaceutical Industries［J］. California Management Review，40（3）：228～240.
［39］同第2章［78］．
［40］同第2章［57］．
［41］同第2章［99］．
［42］同第2章［91］．
［43］同第2章［86］．

[44] Hotz-Hart, B. 2000. Innovation networks, regions and globalization. In The Oxford Handbook of Economic Geography [M]. Edited by G. L. Clark, M. P. Feldman and M. S. Gertler. Oxford: OUP.

[45] 同第2章 [66].

[46] 同第2章 [148].

[47] 杨锐等. 群体路径、自生能力演化与路径创造——宁波传统产业与苏州IT产业集群比较研究 [J]. 科学发展, 2009, 3: 70~79.

[48] Anderson, J. R. 1995. Learning and Memory: An Integrated Approach. New York: John Wiley and Sons.

[49] Powell. W. W., Koput. K & Simit-Doerr. L, 1996. Interrorgantional Collaboration and the Locus of Innovation: Networks of Learning in Biotechnology [J]. Administrative Science Quarterly, 41: 116~145.

[50] 同第2章 [66].

[51] 王缉慈, 林涛. 我国外向型制造业集群发展和研究的新视角 [J]. 北京大学学报（自然科学版）, 2007, 2 (2): 1~8.

[52] 同第2章 [57].

[53] 同 [2].

[54] 同第2章 [54].

[55] 杨锐. 产业集群创新: NRC分析框架——三个案例比较研究 [J]. 科学学研究, 2010年即将刊出.

[56] 同第2章 [99].

[57] Klepper, S. 1996. Entry, Exit, Growth, and Innovation over the Product Life Cycle [J]. The American Economic Review, 86 (3): 562~583.

[58] 同 [30].

[59] 徐康宁. 产业聚集形成的源泉 [M]. 北京: 人民出版社, 2006.

[60] 同 [30].

[61] 秦夏明, 董沛武, 李汉铃. 产业集群形态演化阶段探讨 [J]. 中国软科学, 2004, 12: 150~155.

[62] 同第2章 [148].

[63] Markusen, A. 1996. Sticky Places in Slippery Space: A Typology of Industrial Districts [J]. Economic Geography, 72 (3): 293~313.

[64] 同第2章 [17].

[65] 同 [63].

[66] David, P. A. 2007. Path Dependence and Historical Social Science: An Introductory Lecture [C], paper presented at the Symposium on Twenty Years of Path Dependence and Qwerty-Effects, Russian University-Higher School of Econom-

ics, Moscow, 13 May, 2005. SIEPR Policy Paper No. 04 ~022.

[67] 林毅夫．“东亚奇迹”与可供替代的发展战略［A］．收录于中国经济专题［C］．北京大学出版社，2008：105 ~145.

[68] Martin R. & Sunley P. 2008. The Place of Path Dependence in an Evolutionary Perspective on the Economic Landscape [M], Chapter in: Boschma, R. and Martin. R. (Eds) Handbook of Evolutionary Economic Geography, Chichester: Edward Elgar, 2008.

[69] David, P. A. 1985. Clio and the Economics of QWERTY [J]. American Economic Review, 75: 332 ~337.

[70] Mahoney, J. 2000. Path Dependence in Historical Sociology [J]. Theory and Society, 29: 507 ~548.

[71] Mahoney, J. 2006. Analysing Path Dependence: Lessons from the Social Sciences [M], Ch. 9 in Wimmer, A.

[72] Castaldi, C. and Dosi, G. 2004. The Grip of History and the Scope for Novelty: Some Results and Open Questions on Path Dependence in Economic Processes [C], Working Paper 2003/02 Laboratory of Economics and Management, Sant' Anna School of Advanced Studies, University of Pisa. 2004.

[73] Lopez, J. and J. Scott, Social Structure [M], Buckingham and Philadelphia: Open University Press. 2000, 3 ~5.

[74] Bahr, D. B., & Passerini, E., 1998. Statistical mechanics of opinion formation and collective behavior: Micro-sociology [J]. Journal of Mathematical Sociology, 23: 1 ~27.

[75] 同［47］.

[76]［美］雅各布斯．城市与国家财富：经济生活的基本原则［M］．金洁译．北京：中信出版社，2008.

[77] Jessop, B. 1999. Reflections on Globalization and its (Il) logics (draft), published by the department of Sociology, Lancaster university. Retrieved August 10, 2000 from http: //www. Lancaster. ac. uk /sociology/soc013rj. html.

[78] 李碧涵．全球化与劳动体制的新发展［C］．论文发表于《台湾社会学会2001年年会“生活/社会新视界：理论与实践的对话”》学术研讨会，2001年11.2 ~3.

[79] 李碧涵．信息经济的社会镶嵌性—信息经济下的产业发展与社会选择［C］．网络与社会研讨会台湾清华大学人文社会学院，2002年5月31日 ~6月1日.

[80] 同［77］.

[81] 同［79］.

[82] 杨锐，胡宇杰，张玲．宁波与新加坡、韩国产业转型发展的比较研究．收录于《宁波市现代服务业发展研究》，浙江大学出版社 2009 版，第 1～12 页．

[83] 林涛．产业集群的合作行动研究［D］．北京大学博士学位论文 2009 年．

[84] 杨瑞龙，冯健．企业间网络的效率边界：经济组织逻辑的重新审视［J］．中国工业经济，2003，11：5～13.

第 4 章

[1] Browning, Jon E. 1980. How to select a business site [M]. New York: McGraw-Hill, Inc.

[2] 薛益忠．社会的空间组织［M］．台北：幼狮文化事业公司 1985 年版．

[3] 陈奉瑶．农地释出区位选择之研究［D］．台湾政治大学地政研究所，1996.

[4] 钱铭贵．台湾地区花卉产业生产区位选择之研究［D］．国立中山大学，2000.

[5] 王红姝．中国花卉产业发展问题研究［M］．哈尔滨：东北林业大学出版社，2006.

[6] Dolan C., John Humphrey. 2000. Governance and trade in fresh vegetables: the impact of UK supermarkets on the African Horticulture industry [J]. The Journal of Development Studies. 10: 147～176.

[7] Chaminade C., Jan Vang. 2008. Upgrading in Asian Clusters: Rethinking the Importance of Interactive Learning [J]. Science Technology & Society. 13: 61～94.

[8] Riisgaard, L.. Global Value Chains, 2009. Labor Organization and Private Social Standards: Lessons from East African Cut Flower Industries [J]. World Development. 2 (37): 326～340.

[9] Bolo M. 2006. Knowledge, Technology and Growth: The Case Study of Lake Naivasha Cut flower Cluster in Kenya [R]. Knowledge for Development (K4D) Program World Bank Institute.

[10] Cortright Joseph, 2000. Provo John. Metropolitan Portland's Nursery Industry Cluster [R]. Regional Connections.

[11] 同［7］．

[12] Hsieh, S. C., 2001. Taiwan Assisted Flower Production and Marketing in Paraguay [R]. ICDF report. Taiwan: International Cooperation and Development Fund.

[13] Kusi Hornberger, Nick Ndiritu, Lalo Ponce-Brito, Melesse Tashu, Tijan Watt. Kenya' s Cut-Flower Cluster. 2007.

[14] Chris Collinson. 2001. The Business Costs of Ethical Supply Chain Management: Kenyan Flower IndustryCase Study [R]. Natural Resources and Ethical Trade Programme.

[15] 同[5].

[16] 郑风田，程郁．创业家与我国农村产业集群的形成与演进机理——基于云南斗南花卉个案的实证分析[J]．中国软科学，2006，1：100~107.

[17] 章银柯．浙江省花卉苗木产业发展现状与前景分析[D]．浙江大学硕士学位论文2005年.

[18] 陈汉能，陈万灵．陈村花卉业市场化创新及其启示[J]．南方农村，2006，1：35~37.

[19] 石大立．专业化产业区生成机理研究[M]．北京：中国农业科学技术出版社，2007.

[20] 李萍，郑志民，杨锐．技术创新与陈村花卉产业集群演进[J]．广东农业科学，2009，6：4~9.

[21] 同[19].

[22] 陈永轩．从田尾到陈村：两岸盆花、苗木产业的跨界产销网络[D]．国立台湾大学，2002.

[23] 同[20].

[24] 同[19].

[25] 同[18].

[26] 叶玉琴．培育企业核心竞争能力的启示——来自国家级现代花卉龙头企业陈村花卉世界[J]．农业经济，2006，2：70~71.

[27] Dijk, M. P. van. 1999. Experiences of Local Economic Development in Clusters in the Netherlands and West Africa [R]. A contribution to the Strademed Studies Cycle in Milan.

[28] 同[10].

[29] Sajiki, Takahiro. 2002. Economic analysis of shared information functions in the common grading and shipping system of cut flower production [D]. Memoirs of the Graduate School of Agriculture Hokkaido University. 24 (2): 179~223.

[30] 刘昭吟，林德福．生物技术、信息处理与网络节点：蝴蝶兰的跨界产销网络[J]．城市与设计学报. 2000，11~12.

[31] Jaffee, Steven. 1993. Exporting High-Value Food Commodities: Success Stories from Developing Countries [R], World Bank discussion Papers.

[32] Coyle, William, William Hall and Nicole Ballenger. 2001. Transportation Technology and the Rising Share of U. S. Perishable Food Trade [R] . In Changing Structure of Global Food Consumption and Trade, U. S. Department of Agriculture (USDA), USDA Agriculture and Trade Report. 31 ~40.

[33] Coetzee, J, H. , 2000. The South African indigenous flower industry: Challenges and limitationsa [C] . Proceedings of the XXV International Horticultural Congress, Book Series: ACTA HORTICULTURAE. 524: 269 ~274.

[34] Cunden M. , Heck E. V. 2004. Bargaining Power and Information Technology in African - European Business Relationships: Case of the Dutch Flower Auctions [J] . European Management Journal, 22 (5): 573 ~587.

[35] Heck van, E. 2001. Innovative electronic auctions in supply and demand chains: Empirical research in the flower industry [J] . Journal on Chain and Network Science, 1 (1): 65 ~76.

[36] Frans J. H. M. Verbees, Matthew T G. 2004. Market Orientation, Innovativeness, Product Innovation, and Performance in Small Firms [J]. Journal of Small Business Management. 42 (2): 134 ~154.

[37] 同 [16] .

[38] 尤晨，魏世振，陈良珠，陈传明．农业产业集群形成机制分析及启示 [J] ．福建论坛（人文社会科学版），2007，6：35 ~38.

[39] 陶金国．传统产业集群与专业化市场发展 [J] ．中国流通经济，2005，5：42 ~45.

[40] Lansiti M. Technology Integration: Making Critical Choices in a Dynamic World. Harvard Business Press. 1997.

[41] 同 [31] .

[42] 同 [32] .

[43] 同 [34] .

[44] Tang H K. 1998. An integrative model of innovation in organizations [J]. Technovation, 5: 297 ~309.

第5章

[1] Meier V. 1999. Cut-flower production in Colombia—a major development success story for women? [J] Environment and Planning. 31: 273 ~289.

[2] Newman C. Gender, 2002. Time Use and Change: The Impact of the Cut Flower Industry in Ecuador [J]. The World Bank economic review. 16: 375 ~396.

[3] Dolan C. S. 2004. On Farm and Packhouse: Employment at the Bottomof a Global Value Chain [J] . Rural Sociology. 69 (1): 99 ~126.

[4] Hale A., Maggie Opondo. 2005. Humanising the Cut Flower Chain: Confronting the Realities of Flower Production for Workers in Kenya [J]. Antipode, 37 (2): 301 ~ 323.

[5] Greta Friedemann-Sanchez. 2006. Assets in Intrahoushold bargaining among Women Worders in Colomia's Cut-Flower's Industry [J]. Feminist Economics. 12 (1-2): 247 ~ 269.

[6] Martin Donohoe 2008. Flowers, Diamonds, and Gold: The Destructive Public Health, Human Rights, and Environmental Consequences of Symbols of Love [J]. Human Rights Quarterly. 30 (1): 164 ~ 182.

[7] 王雁，吴丹. 荷兰观赏植物生产环保项目 [J]. 世界林业研究，2005，18 (2): 73 ~ 76.

第6章

[1] Jensen, Michael Friis, 2005. Capacity Building for Pro-Poor Trade: Learning from the Limitations in Current Models [R], Human Development Report.

[2] 同 [1].

[3] Hornberger, K., Ndiritu, N., Ponce-Brito, L., Tashu, M., Watt, T., 2007. Kenya' s Cut-Flower Cluster [C], Final Paper for Microeconomics of Competitiveness, May 4.

[4] 同 [3].

[5] Kambil A. and E. van Heck, 1998. Re-engineering the Dutch Flower Auctions: A Framework for Analyzing Exchange Organizations [J], Information Systems Research, 19 (1): 1 – 19.

[6] 同第4章 [7].

第8章

[1] 同第3章 [51].

[2] 文嫮，曾刚. 全球价值链治理与地方产业网络升级研究——以上海浦东集成电路产业网络为例 [J]. 中国工业经济，2005，7：20 ~ 27.

[3] Schein, E. H. 1993. How Can Organizations Learn Faster? The Chanllenge of Entering the Green Room [J]. Sloan Management Review, 4 (2): 85 ~ 92.

[4] Nelson, R. R. & Winter, S. G. 1982. An Evolutionary Theory of Economic Change. Cambridge [M], MA: Belknap Press.

[5] 仁宝. 会展促进产业集群跨界联系和创新研究 [D]. 北京大学硕士学位论文 2007 年.

[6] 同第2章 [66].

[7] 同第3章 [55].
[8] 同第3章 [2].
[9] 同第3章 [47].
[10] 同第3章 [55].
[11] 同第3章 [2].

后　记

此书的问世，是多种偶然因素碰撞的必然事件。这些偶然因素包括：“集群创新”一直是我早期硕士学习的研究方向；我通过地方集群研究网论坛（www. clusterstudy. com）认识北京大学王缉慈教授并得到她的悉心赐教；珈汶长期致力于花卉产业记者工作并最终师从王缉慈教授专门研究“花卉产业集群”；2008 年 6 月在河南大学举办的第七届产业集群与区域发展国际学术会议上，珈汶和我初次相见并成为彼此人生中崭新的开始；珈汶硕士毕业论文《基于 NRCE 模型的集群创新与升级研究——陈村花卉产业集群为例》也为此书的完成奠定了坚实的基础。当然，该书也受益于全球产业转移的大背景，尤其是花卉业在我国的蓬勃发展和学界、实务界对集群创新的重视。

此书的写作，可谓一波三折，尤其是 NRCE 模型的发展。本书提出的 NRCE 模型的演进和形成经历了近 4 年的时间。这个模型的雏形可以回顾到 2006 年底我撰写的硕士论文《基于网络视角的集群创新研究——苏州 IT 集群为实证分析》，在论文中，提出了一个集群创新机制模型（论文第 34 页）。硕士毕业后，我在宁波市发规院从事产业研究工作，是对所学的理论知识进行一次全面检验的好机会，借助工作机会，我同我的原领导胡宇杰研究员（现任产业研究部部长）展开了系列的企业调研和有针对性的问卷调查，收集了大量的一手资料和问卷数据。并借助工作之余撰写集群创新领域的学术论文并参加各类学术研讨会，如第七届“产业集群与区域发展国际学术会议”、上海社会科学院举办的“产业发展与企业创新国际研讨会”等会议，通过这些会议，与来自世界各国或地区的专家进行面对面的交流，不断汲取该领域最新的研究成果和把握最新的研究动向。经过这些积累和感悟之后，2008 年在一篇工作论文：《集群创新：一个分析框架——两个不同产业集群的比较分析》之中初步提出了 NRC 集群创新分析框架。

2009 年，NRC 模型的发展出现了一个转折点。珈汶在 2009 年 1 月撰写其硕士论文的时候，她经常与我交流，我也得以有机会深入浏览他们团队所建立的系统而详实的调查数据库，尤其是本书的研究案例陈村花卉产业集群，他们做了细腻而富有成效的调研访谈记录。通过研读、提炼和反思庞大的调研记录之后，发现 NRC 模型需要完善。珈汶也在其硕士论文中借用了 NRC 模型并拓展为 NRCE 模型，在答辩会上得到专家的一致认可，同时也指出了一些不足和有待进一步研究的方向。

到了 2009 年 9 月，我已进入复旦大学管理学院产业经济学学科攻读芮明杰教授的博士研究生。在芮明杰教授的指导下，对产业组织及知识创新等领域有了进一步认识和深入思考，尤其是在老师开设的博士生课程《现代管理理论》之中，通过理论逻辑思考，不断反思之前的 NRC 模型和集群创新的概念内涵。最后，我重新修改和完善了先前的工作论文，并完成了题为《产业集群创新：NRC 分析框架——三个案例的比较分析》的论文并被《科学学研究》录用。

巧合的是，我和珈汶都在不约而同想着一件事——希望能把近一年以来交流的成果合写成一本书，而适逢她在上海种业集团上海市花卉良种试验场从事花卉一线工作，对花卉企业运作有了更多的体认。我们的想法一拍即合之后，就紧密锣鼓地展开了系列工作，尤其是珈汶对转型中的上海花卉产业进行了深入而全面的思考，搜集了大量宝贵资料和数据，进一步充实了该书实践部分。而更重要的是，该书的想法也得到了珈汶之恩师王缉慈教授的大力支持，她慷慨资助我们出版了这本书。我经常想起，当年开封会议上王教授发现我与珈汶总是凑在一起说话，会后开玩笑对我说：我发现了你一个秘密……而当时我和珈汶还都不肯承认。现在，这已经不是“秘密”，此书的诞生就是一个答案。

此书的完成，离不开很多师长亲友的支持和鼓励。首先，要感谢王缉慈教授提供了一个大的平台，一是让我得以系统而持续进行产业集群的研究；二是提供了一个良缘让我和珈汶得以认识。王老师是一个真正为祖国的产业集群发展忧虑着、思考着的学者，是一个重视实践的教授。她高超的学术成就、严谨的治学态度、宽容的胸怀以及慷慨的品德都是我们今后的研究和生活的榜样。对珈汶来说，她在产业集群研究上“入行”较晚、学术功底浅薄，王老师不遗余力指导她从花卉文献资料收集、阅读等基础性的工作开始，珈汶才得以进入学术研究的轨道。对我来说，王老师的鼓励坚定了我在学术研究道路上走下去的决心，记得一次我撰写了一篇期刊论文，王缉慈教授不仅对论文框架的完善提出了切实的建议，还对论文进行了逐字逐句的修改，后来我得知王老师那时是带病为我修改论文。王老师和我非亲非故，她这种对青年学者的厚爱和一丝不苟的学术严谨之品质让我深感敬佩、深受鼓舞。

要感谢花卉界的朋友。广东陈村花卉世界董事长郑志民先生、总经理卢炜峰先生和总经理张新峰先生，有了他们对花卉产业集群研究的支持和理解，本书的案例研究才能顺利完成；感谢《中国花卉报》社长周金田先生、原副总编吴方林女士等对本书展开对花卉企业及协会的访谈顺利进行提供各种便利；感谢花卉界好友钱振权、宋波、黄正秉、韩旭、骆会欣和何小唐等，感谢原杭州花圃茶梅专家徐碧玉老师，与他们的屡次讨论让我们清晰地意识到研究离产业需求到底有多远，基于此，我们才得以不断反省、调整。感谢珈汶的本科毕业论文指导教师东北农业大学王崑副教授。当然，还要感谢调研过程中所有受访企业的领导和员工，感谢他们的配合。

同时，感谢上海市绿化与市容管理局副局长蔡友铭先生、上海种业集团董事长施文杰先生、总经理瞿宏伟先生以及总经理助理龚振德先生对珈汶的知遇之恩，感谢珈汶在上海市花卉良种试验场的所有同事。我也要深深感谢我原工作单位宁波市发展规划研究院院长詹荣胜、宁波发改委工业处副处长杨兵杰博士、办公室主任华弼天、产业研究部部长胡宇杰、投资研究部部长赵斌、综合研究部部长张滢等领导对我的关心和厚爱，还有我其他的好同事，如陈荧、滕进进、段亚男、励效杰博士、孙立锋、夏晖、杨代新、张洁琼、陈民恳、马丁玲博士等。

要感谢北京大学“花花草草项目组”成员。这是由王缉慈教授主持的国家自然科学基金重点项目“中国产业集群的理论与实证研究”的子课题，珈汶担任了该子课题的学生负责人。在此，要深深感谢子课题成员北京大学贺灿飞教授、师兄林涛博士、王俊松博士、傅蓉和朱祁连。

最后，把最深的感谢献给我们的家人——姥姥滕毓晶、姥爷李云麟、二姨李丽明和姨父解晓庚、妈妈马秀珍、姐姐杨敏以及老爸杨理富。想到他们对我们无私的爱，便不觉泪下。每每回老家，到了临行的日子他们都说："在学校安心工作读书，别挂记家里!"待到回到上海千里长途电话，却又心疼地说："别太累了，有时间就回家休息几天。"一个孩子有多少梦想、心里有多少路，为人父母的他们比谁都清楚，从来毫无怨言地支持、鼓励着我们。没有他们，就没有今天的我们。

此书同时献给我们已故的爷爷杨明志先生。

杨锐

于复旦大学管理学院李达三楼博士工作站

2010 年 2 月 1 日